JOSH DOUGLAS

Schulbetrieb

Wie Bargeld das Schulsystem dynamisiert

Inhaltsverzeichnis

Einführung *5*
   Hochfliegendes Studium *11*
   Sehr gesunde Präparate *16*
   Die Schule des Geldes *24*

1 .... *29*
   Zur Ungleichheit der Betriebe *29*
   Sehr heterogene Ergebnisse *32*
   Arbeitsleiter *37*
   Haben die besten Schulen die besten Lehrer? *41*
   Kommen wir in einer guten Schule weiter? *45*
   Gewicht der Eltern *52*

2 .... *58*
   Das eiserne Adressgesetz *58*
   Gute Schulen machen Nachbarschaften teuer *68*
   Ghettos in Frankreich? *73*
   Die Karte und das Territorium *82*
   Auf dem Weg zur Abschaffung der Schulkarte? *94*

3 .... *104*
   Schulstützkrücken *104*
   *„Ein Kind in Schwierigkeiten ist ein unwissendes Kind ...
   seine Stärken"* *108*
   Coaching, High-End-Service *113*
   Die Rolle von Steuervorteilen *117*
   Law and Sciences Po spielt Verstecken mit dem Privatsektor
   .... *121*
   Internet: helfen oder schummeln? *126*

4 .... *133*

Die Entdeckung der Welt 133
Wir sind die Dummköpfe 138
Kurse und Sprachaufenthalte in Hülle und Fülle 146
Globalisierte Schulen und Erasmus zur Rettung 151
Der große (und kostspielige) Aufbruch 155
Eine gewinnbringende Erfahrung 159

5 164
Nach dem Abitur TSF (alles außer Uni)! 164
Welche Schüler für welche Schulen? 166
Ein Gefühl der Ungerechtigkeit 174
Die sinkende Attraktivität der Universität 178
Das „trotz uns": Standardschüler und falsche Schüler 190
I ♥ Universität Versailles-Saint-Quentin-en-Yvelines 197

6 205
Der große Sprung nach vorne der Privatschulen 205
Ab Kindergarten 207
Nachfrage schafft Angebot 216
Berufsschulen 222
Woher kommt das Geld? 228
Marke 237

7 243
Der globale Wissensmarkt 243
Die erste Globalisierung 245
Bildung, globale Industrie 251
Bildungsfreie Zonen 257
Asien erobert Asien 262

8 268
Steigende Studiengebühren 268

Liebe Business Schools *273*
Der Wettlauf um die Sterne *280*
Profitables Studium *286*
Was ist mit ausländischen Studierenden? *296*
Geschäftsleute? *300*

9 .... *307*
Wie soll er sein Studium finanzieren? *307*
Der Preisanstieg wird sich fortsetzen *308*
Wie man bezahlt ? *312*
Ausleihen, aber dann? *317*
45% studentische Beschäftigte *322*
Bereichern Sie Ihren Lebenslauf *325*

Schluss *330*
Schattenschule *333*
Wie sind wir dorthin gekommen? *335*
Fatalitas? *338*

Einführung

T out begann, als Gaby mich fragte: „Und Zahnärzte in Spanien, was denkst du? »

Es war ein Orientierungsgespräch. Nach dem Abitur besuchen meine ES-Schüler (Wirtschaft und Soziales) im letzten Jahr am häufigsten die Sciences Po oder die kaufmännische Vorbereitung, wenn sie gut sind, Jura oder Business School, wenn sie weniger gut sind. Sie verstehen sich als Führungskräfte, Journalisten, Anwälte oder Unternehmer. Zahnärzte? Niemals.

Gaby plant, Aufnahmeprüfungen an Business Schools zu absolvieren, die direkt nach dem Abitur rekrutieren. Er ist ein ziemlich durchschnittlicher Schüler. Er kennt mehr Mittelstürmer von Real Madrid als Wirtschaftsnobelpreisträger, aber er ist ein großer, energischer, dunkelhaariger Mann, der lächelt, sich wohl fühlt und Zahlen kennt. Er scheint in der Lage zu sein, eine Bilanz zu lesen oder Schritt für Schritt zu verhandeln, um einen Handelsvertrag zu gewinnen. Seine Wahl ist daher glaubwürdig. Wir sehen uns die Schulen an, die er aufgrund seines Niveaus ausprobieren könnte, und wie er sich auf Wettbewerbe vorbereiten kann.

Das Interview neigt sich dem Ende zu und hier setzt er an: „Also, Dental, was denkst du? Ich stelle mir vor, ich sehe ein wenig verwirrt aus.

— Zahn? Willst du Zahnarzt werden?

— Ich habe nicht wirklich darüber nachgedacht. Aber es könnte gut sein.

Er selbst sieht eher zweifelhaft aus. Ich nehme den Faden dessen auf, was ich weiß.

— Normalerweise müssen Sie am Ende des PACES, des ersten Jahres, das für Gesundheitsstudien üblich ist, ein Abitur absolvieren und den Wettbewerb bestehen . Das kommt mir ein wenig daneben vor von deiner bisherigen Reise…

Er nickt.

— Genau. Wenn Sie nach Spanien gehen, können Sie Zahnarzt werden, ohne die gesamte Auswahl bestehen zu müssen. Ein Freund meines Vaters hat mir davon erzählt. Er ist Zahnarzt und sagt, dass die Ausbildung in Spanien richtig ist.

Und sprichst du Spanisch? Es schien mir, dass Sie Deutsch machten?

Also erklärt er mir das Schema. Da die Diplome in der gesamten Europäischen Union anerkannt sind und die Auswahl in Frankreich drastisch ist, umgehen kleine kluge Köpfe das Hindernis, indem sie eine Ausbildung in anderen europäischen Ländern absolvieren. Dies betrifft die Studiengänge Medizin, Zahnarzt, Physiotherapeut, Tierarzt. In meinem Lieblingsgymnasium, wo sich ein Drittel der Schüler in naturwissenschaftlichen Fächern für Medizin entscheidet, machte sich die List sehr schnell unter den durchschnittlichen Schülern bemerkbar, die unsicher waren, der schrecklichen Auswahl des ersten Jahres an den Pariser Fakultäten standhalten zu können. Gaby ist sich nicht sicher, ob der Unterricht auf Französisch ist, aber ein Freund ihres Vaters erklärte ihr, dass es eine echte Chance war. Also dachte er vielleicht...

Im Nachhinein scheint es offensichtlich. Als Wirtschaftslehrer kommt es für mich nicht überraschend, dass Europa nationale Standards sprengt. In der Medizin führt der Numerus clausus, dessen Logik weniger aus wissenschaftlicher Planung als aus dem Wunsch nach Sicherung der Renten bei gleichzeitiger Senkung der Gesundheitsausgaben stammt, in bestimmten Regionen zu regelrechten medizinischen Wüsten und zu Engpässen in bestimmten Fachrichtungen wie der Augenheilkunde; für international ausgebildete absolventen ist auf dem markt viel platz. Wenn sich Kommunen in der Drôme oder den Cevennen organisieren, um einen rumänischen Arzt hinzuzuziehen, warum sollten sie dann nicht einen in Rumänien ausgebildeten französischen Arzt hinzuziehen? Es gibt keine Hinweise darauf, dass die Ausbildung im Ausland schlechter ist. Zugegeben, in Frankreich ausgebildete Studenten beherrschen die Differentialrechnung, Sesam, um im zweiten Jahr zu bestehen. Aber das macht sie nicht zu besseren Ärzten.

Nach ein paar Klicks im Web wird die Sache klarer.

Rumänien bietet die Aufnahme von Studenten für etwa 5.000 Euro pro Jahr an, zu denen mindestens 5.000 Euro für Unterkunft und Verpflegung hinzukommen müssen. Der Unterricht findet in den ersten drei Jahren auf Französisch statt. „Es ist dann notwendig, Rumänisch zu sprechen, insbesondere um mit Patienten zu kommunizieren", präzisiert medecineroumanie.org.

Teurer: Ein Student, der dort Zahnmedizin ausbilden will, sagt mir, dass Spanien die beste Bewertung hat. Private Universitäten, die Kurse in Französisch anbieten, bilden Ärzte, Zahnärzte oder Tierärzte aus. Sie und ihre Eltern planen ein Budget von 30.000 Euro pro Jahr ein: 16.000 Euro für Schulgeld und 14.000 Euro für die Betreuung. Mehr als fünf Jahre ist es daher ein Ausgabenplan von 150.000 Euro, eine Zahl, die einem schwindelig macht. „Der Aufwand lohnt sich aber", sagt sie authentisch. Die Kosten für Beilagen werden nicht sinken.

Vor fünf oder zehn Jahren waren die Verbannten Zweitbesetzungen, die den Test zweimal bombardiert hatten, aber bereit waren, effektiv Spezialisten zu werden. Derzeit verlassen Abiturientinnen und Abiturienten Frankreich ohne einen Stich, da es weniger belastend ist.

Diese wilde Umgehung der von den Colleges koordinierten Entschlossenheit ruft eindeutig Reaktionen hervor. Im Prinzip ist es möglich, nachdem man seine Ermittlungen im Ausland vorangetrieben hat, die öffentliche Prüfung in Frankreich abzuschließen, eine Prüfung, die den Wettbewerb in der Schule ersetzt hat. Unter dem Druck des Antragsausschusses und der in der Belegschaft vertretenen Spezialisten muss die Behörde jedoch verhindern, dass Zweitbesetzungen, die zweimal in Frankreich gescheitert sind, ihre Vorbereitung dort fortsetzen, nachdem sie ins Ausland gegangen sind.1.

Da es nicht schwer ist, für fünf oder acht Jahre in die Verbannung zu gehen, kommt ein unprätentiöserer Vorschlag zum Tragen. Der Free Place for Worldwide Advanced Education (CLESI) bietet Zweitstudien (für 6.500 Euro bis 9.500 Euro pro Jahr, nicht anders) in allen klinischen und paramedizinischen Stärken eine zweijährige Vorbereitung in Frankreich und schickt sie dann zu diesem Zeitpunkt nach Portugal, um ihr Studium abzuschließen und eine Anerkennung zu bekommen. "Das CLESI gibt kein Zertifikat in Frankreich. Es bereitet Zweitstudien vor, um eine europäische Anerkennung zu erhalten, und zwar am Fernando Pessoa College in Porto, mit dem das CLESI einer Vereinbarung über eine akademische Verbindung zugestimmt hat" , spezifiziert seine Website. Ein wichtiges Detail: Da das Zentrum kein Diplom ausstellt, benötigt es keine Akkreditierung. Eine späte Gesetzesänderung vom August 2013 zielt darauf ab, diese Umgehung zu verhindern, indem diese Zentren verpflichtet werden, eine Vereinbarung mit einer französischen Universität abzuschließen; im März 2015 wurde noch auf die Durchführungsverordnung gewartet.

Die Sprengung des Numerus Clausus scheint also auf dem richtigen Weg zu sein.

Hochfliegendes Studium

Durch diese Episode informiert, nehme ich die Informationen meiner Studenten aufmerksamer wahr und stelle fest, dass der medizinische Sektor nicht der einzige ist, der von diesen Umgehungsstrategien betroffen ist. Ein eher mittelmäßiger Zweitstudent erklärte mir eines Tages, dass er nach einer ES-Serie Linienpilot werden würde. Er nimmt bereits Flugunterricht. Als ich ihn darauf hinweise, dass dies schwierige Studien sind, die Wissenschaftlern vorbehalten sind, antwortet er mit der Zusicherung, dass er eine Privatschule besuchen werde. So lerne ich etwas mehr über diesen Beruf, der viele Teenager zum Träumen bringt. In Frankreich wird die Pilotenausbildung von einer hochrangigen öffentlichen Schule, der ENAC (National School of Civil Aviation), angeboten. Weniger als 2 % der Kandidaten, die nach einem Mathe-Sup ausgewählt werden – Vorbereitungsklasse für die Grandes Ecoles mit Spezialisierung auf Naturwissenschaften, die hochkarätige Absolventen der Naturwissenschaften rekrutieren –, werden für einen achtzehnmonatigen Ausbildungskurs ausgewählt. Die Studiengebühren betragen 610 Euro pro Jahr. Ich verstehe, dass mein Schüler, dessen Niveau es ihm nicht einmal erlaubt, zur ersten Naturwissenschaft zu gehen, dies getan hat nach einer Alternative gesucht.

Diese gibt es in Kanada oder Belgien. Ein Bachelor mit einem korrekten Niveau in Mathematik und

Physik, ohne unbedingt ein Wissenschaftler zu sein, kann einer Privatschule wie der Belgian Flight School beitreten und ihre Zertifizierung erhalten. Der schwierigste Teil ist die Zahlung der Registrierungsgebühren. "Fliegen ist teuer", heißt es auf der Website der Schule. Es ist wahr, dass spanische Zahnschulen im Vergleich schlecht abschneiden: Das einundzwanzigmonatige Programm, das in Belgien und Florida durchgeführt wird, kostet den Pilotenlehrling (und vor allem seine Familie) die bescheidene Summe von ... 82.900 €. Fügen Sie ein paar sonstige Kosten hinzu, darunter ein Flughafen-Zugangsausweis, der mit 65 Euro (!) berechnet wird, und die Gesamtkosten der Schulung belaufen sich auf fast 90.000 Euro. Das Diplom ist europaweit anerkannt, eine Anstellung am Ende der Ausbildung ist jedoch nicht garantiert;

Fassen wir zusammen. Bezahlbar und mit einem sehr positiven Image bei jungen Menschen, werden bestimmte Berufe im Sturm erobert. Tierarzt, Arzt, Pilot sind Kindheitsträume, die zur Berufung geworden sind. Um beispielsweise zu vermeiden, dass Tierärzte nur zwei Pudel und einen Kanarienvogel pro Tag für ihre Patienten haben, wird der Zugang zu diesen Berufen durch immer schwierigere Wettbewerbe versperrt. Wir können die Auswahlmethoden, die zwangsläufig willkürlich sind, hinterfragen. Deutschland rekrutierte früher sogar Medizinstudenten per Los – was den Vorteil hatte, dass alle gleichberechtigt waren.

Nur dass der Zugang zu diesen Berufen jetzt käuflich erworben werden kann; teuer und schlau.

Aus öffentlich-moralischer Sicht ist das peinlich. Für ein auf Meritokratie basierendes System ist diese Ablenkung eine Katastrophe. Aber solange die Anzahl der betroffenen Personen und Berufe begrenzt bleibt, solange es nicht allgemein bekannt ist, kann das System dort überleben und weitermachen wie bisher, Tausende von Studenten spielen das Spiel der Auswahl.

Um diesen Gedanken zu testen, begrüßte ich mich bei Muriel, deren kleines Mädchen Chloé in ihrem denkwürdigsten Jahr der Medikation bei Paris-V-Descartes ist. Die wohlhabende Familie lebt in einer bürgerlichen Region der Hauptstadt. Ich erinnere mich, dass Chloé an der vertraulichen Sekundarschule Heilige Jean de Passy unterdurchschnittlich als "caillera de Janson" die Zweitbesetzungen der renommierten angrenzenden Sekundarschule Janson de Sailly darstellte. Sie ist jedoch erwachsen geworden. Sie hat ihren Kopf auf ihren Schultern und ihre Leute würden nicht zulassen, dass sie sich an den Wert des Geldes erinnert. Sie stört ihren fleißigen Abend, um mit uns Tee zu trinken. Ich erkundige mich, ob sie von der Möglichkeit wisse, sich auf Rumänien oder Spanien zu konzentrieren.

— Sicher. Wir als Ganzes erkennen Personen, die davon fasziniert sind. Auf jeden Fall, hallo, was werden sie sofort tun? Könnten sie irgendwann Zweitbesetzungen, Leiter von Einrichtungen werden? Könnten sie irgendwann als Spezialisten anerkannt werden? Bei Descartes jedenfalls merkt jeder, dass die Opposition lästiger ist als anderswo. Für den Fall, dass Einzelpersonen sich entscheiden, dorthin zu kommen, müssen sie ein anständiges Niveau haben und die Möglichkeit haben, ihre Spezialität gegen Ende des fünften Jahres auszuwählen. Wenn nicht, sollten Sie nach Amiens gehen und Ihre Chancen auf den Sieg verdoppeln.

Aber schockiert es Sie nicht, dass wir die Auswahl umgehen können, wenn wir Eltern haben, die 10.000 Euro im Jahr für Rumänien oder sogar mehr für Spanien abgeben können?

Es ist ein bisschen schade. Aber es ist nicht so, als ob es in Frankreich kostenlos wäre, antwortet sie tit for tat.

Was ? Ist das Medizinstudium nicht mehr kostenlos?

Nein, das sind sie nicht mehr .

Sehr gesunde Präparate

Ruhig und methodisch erzählt Chloe mir von dem Geld. Und ich entdecke, dass diskret ein neuer Markt geschaffen wurde. Theoretisch ist es durchaus möglich, Universitätskurse zu besuchen, zu wiederholen, die Wettbewerbe zu bestehen, erfolgreich zu sein, ohne etwas auszugeben. Aber im Durchschnitt verbringen nur 10 % der Studenten ihr zweites Jahr in Paris, Marseille oder Montpellier. Die Chancen derjenigen, die zusätzliche Kurse von privaten Organisationen wie Médisup, Supsanté oder Excosup kaufen, erhöhen sich ernsthaft. Médisup hat somit eine Erfolgsquote von fast 50% an den verschiedenen Universitäten.

Diese Vorbereitungen werden als Bausatz verkauft: Sie können einen Vorkurs besuchen oder nicht, die Fächer auswählen, in denen Sie das Gefühl haben, dass Sie Hilfe benötigen, an Scheinwettbewerben teilnehmen, sich für Wiederholungskurse entscheiden usw. Insgesamt kostet eine relativ vollständige Vorbereitung ungefähr 5.000 Euro, der gleiche Preis wie die Ausbildung in Rumänien. Diese Kosten decken jedoch nur das erste Jahr ab, das in der Regel zwei Jahre dauert, da an vielen Hochschulen zwei Drittel der Einnahmen Wiederholer sind. Könnte auch 10.000 Euro zählen.

Eine neue Nische hat sich kürzlich geöffnet. Einige private Präparate bieten für eine Summe von rund

8.000 Euro ein „Nulljahr" zwischen Abitur und erstem Medizinjahr an. Dies ist vor allem für Studierende interessant, die kein naturwissenschaftliches Maturitätsstudium absolviert haben und sich auf diese Weise einen naturwissenschaftlichen Nachholbedarf erhoffen . Sie bieten auch Kurse und Praktika in der Abschlussklasse an. Für angehende Ärzte ist nichts in Sekundenschnelle geplant, sondern nur eine Frage der Zeit.

Drei von vier Studenten absolvieren inzwischen neben den Universitätskursen einen Vorbereitungskurs, einen „Stall", wie man in Marseille sagt. Brillante Probanden, die ihren Weg gehen, ohne auf das Private zurückzugreifen, sind die Ausnahme. Die Logik des Wettbewerbs ist es, bessere Ergebnisse als die anderen zu erzielen, und jeder befürchtet, weniger gut vorbereitet zu sein, wenn er auf Vorbereitung verzichtet. Ein Pre-Entry-Kurs zum Beispiel legt die Schwerpunkte fest, die im ersten Semester behandelt werden, und beginnt bereits mit der Vorbereitung auf den Wettbewerb. So setzt das anspruchsvollste Fach, die Physik, die Beherrschung der Differentialrechnung voraus. Diese mathematische Technik taucht jedoch nicht mehr im Lehrplan der High School auf. Klar im Vorteil sind diejenigen, die im Vorkurs eingeführt werden. Sie kommen selbstbewusster, besser vorbereitet und weniger überwältigt vom Tempo der ersten Wochen. Außerdem, erklärt mir Chloé, seien während des Praktikums Freundschaften geschlossen, Arbeitsgruppen gebildet worden. Wer keinen verfolgt hat, hat das Gefühl, aus dem Spiel zu sein.

In Descartes lernt Chloé die Tochter eines Taxifahrers kennen, die das Gymnasium besucht, um sich den Traum ihres Vaters von einer Arzttochter zu erfüllen. Sie bemerkte, dass ihr Vater später von der Arbeit nach Hause kam, seit sie auf dem College war. Als die beiden Studenten es satt haben, ihre Anatomielektionen zu rezitieren und anfangen, das Wadenbeinfacettengelenk und die Fibula-Tibiakerbe zu verwechseln, ist sie diejenige, die darauf besteht, etwas länger zu arbeiten.

— Ich weise darauf hin, dass es verrückt ist, aus Konzepten auszuwählen, die die Schüler kaum entdecken. Wenn ich das richtig verstehe, lebt das Studienkolleg von den Schwächen der Hochschule.

— Du weißt nicht, wie recht du hast. Hochschule ist Unsinn. Die Amphitheater sind so voll, dass sie ein zweites aufstellen, mit Videoprojektion des Kurses. In Bichat sind es sogar drei. Plötzlich Lärm, Gelächter, Wiederholer, die den Unterricht absichtlich stören, sie haben sich schon Notizen gemacht. Sie sind schockiert? Aber es gibt Schlimmeres: Wiederholungstäter, die Ihnen zum Beispiel Anfang des Jahres falsche Angaben machen. Ohnehin sind die Lektionen unverständlich, wenn man sie nicht vorher bearbeitet hat.

— Aber Sie können in Tutorials Fragen stellen, wenn Sie es nicht verstanden haben.

Nein ?

   Sie zuckt mit den Schultern. Im ersten Semester gibt es nur sechs Stunden Tutorien pro Woche und im zweiten Semester alle zwei Wochen eineinhalb Stunden Tutorien. Darüber hinaus endet der Universitätsunterricht einen Monat vor dem Wettbewerb. Wir möchten einen privaten Raum eröffnen, den wir sonst nicht machen würden. Der Privatsektor lebt von den Mängeln der öffentlichen Bildung und zögert nicht, sie bekannt zu machen.

Nicht ohne Sadismus gibt Excosup auf der Homepage seiner Website an:

An der Fakultät wird der Unterricht in PACES in Form von Vorlesungen organisiert, die in Amphitheatern stattfinden, die manchmal voll sind und oft per Videokonferenz übertragen werden. Das steht in scharfem Kontrast zu den kleinen Klassen an öffentlichen und privaten Gymnasien. Der Student ist somit allein verantwortlich für die Kursnotizen, ihre Transkription und ihre Assimilation in Rekordzeit unter anderen Bedingungen als denen einer Highschool-Klasse.

Ich fasse zusammen:

— Die Vorbereitungen sind wirklich besser organisiert?

— Ganz klar, antwortet Chloe. Sie befinden sich direkt neben den Universitäten, um keine Zeit zu verlieren. Ihre Stundenpläne sind denen der Universität angepasst. Wir bekommen sehr klare Kursblätter und die Referenten kommen die ganze Zeit zu uns, um uns zu fragen, ob wir verstanden haben.

— Können Sie mir erklären, was Referenzen sind? Sie erlaubt sich ein Lächeln.

— Sie sind Studenten im zweiten Jahr, die von Médisup bezahlt werden und uns helfen. Sie sind vor und nach dem Unterricht anwesend, beantworten Fragen. Ich weiß nicht, wie sie sie auswählen, aber sie sind alle gut gekleidet, Designerklamotten, schöne Präsentation ... Vielleicht das Geld, das sie verdienen, indem sie Empfehlungen geben.

— Es zahlt sich aus ? Sie nickt.

— Es scheint, dass die Anmeldungen im Juli am besten sind. Sie werden bezahlt, um für die Vorbereitung zu werben und Studenten zu werben. Sie können 2.000 Euro in einem Monat verdienen. Danach sind es eher 400 Euro im Monat. In jedem Fall bewerben sich alle, sobald die Ergebnisse des ersten Jahres bekannt sind und die Studienkollegs nur noch ihre Wahl treffen müssen.

Ich lerne auch, dass Vorbereitungslehrer Lehrer der CPGE (Vorbereitungsklasse für die Grandes Ecoles), aber auch Lehrer der medizinischen Fakultät sein können. Chloé scheint das ethische Problem einer solchen Situation nicht zu sehen, der Professor hat möglicherweise nicht öffentliche Informationen zu den Kursen oder den Fächern. Die Médisup-Site könnte nicht übersichtlicher sein: Die Lehrer „kennen die Anforderungen jedes Professors der Fakultät". „Médisup Sciences weiß, wie man Programmänderungen unterstützt und oft sogar antizipiert. Ich gehe lieber nicht darauf ein.

Ein weiteres lukratives Geschäft sind Prüfungen. Als Folge der Zentralisierung nach französischem Muster bedeutet die Gleichbehandlung der Kandidaten, dass alle Kandidaten am selben Ort identische Prüfungen ablegen. Wettbewerbe bereiten daher ein echtes logistisches Kopfzerbrechen. Sie finden oft in großen, abgelegenen Hallen statt, das erfolgreichste Beispiel dafür ist das Messezentrum Villepinte nördlich von Paris, das manchmal mehr als fünftausend Kandidaten beherbergt. Für Messen gedacht, ist es ein riesiger Hangar, in dem sich die Studenten bewusst werden, wie viele den gleichen Wettbewerb wie sie bestehen wollen.

Villepinte ist mit dem RER B erreichbar, der für seine Unzuverlässigkeit bekannt ist. Zitternd erzählt Chloe mir die schreckliche Geschichte einer atemlosen Studentin, die mit einem Koffer in der Hand angerannt ankommt und auf einen unflexiblen Bediensteten stößt, der ihr das Komponieren verbietet. Für zwei Minuten Verspätung muss sie in einem Jahr wiederkommen. Tatsächlich bleiben gestresste Kandidaten in der Regel lieber vor Ort. Sobald die Wettbewerbstermine bekannt gegeben werden, werden die Hotels im Sturm erobert. Die Bestplatzierten werden manchmal an einem Tag besetzt.

Bei Prüfungen wie auf Messen verdoppeln, verdreifachen oder verzehnfachen sich die Preise, so der Verband der Medizinstudenten, der eine telefonische Prüfung organisierte. Die Zimmer kosten dann für drei Nächte rund 400 Euro, also ein Budget von rund 1.000 Euro für die beiden

Prüfungssessionen im Dezember und Mai.

Die Schule des Geldes

Zwischen Medizin und Linienpiloten bin ich hin- und hergerissen. Das Medizinstudium ist lang und schwierig und die Medizin ist weitgehend eine öffentliche Dienstleistung. Wie können wir Diskriminierung durch Geld akzeptieren? Man muss kein schwarzer Husar der Republik sein, um sich über diese schwerwiegende Veränderung unseres Bildungssystems zu empören. Ob es sich hierbei um eine Ausnahmesituation, verbunden mit der Popularität einiger Berufe, oder um das Zeichen einer allgemeineren Entwicklung handelt, bleibt abzuwarten. Ich wollte die Ermittlungen leiten und schien mir dafür nicht die schlechteste Position zu haben.

Im Jahr 2012 erzählte mir ein Kollege und Freund, dass er seinen Posten in einer sehr guten High School in einem der schicksten Viertel von Paris aufgeben würde. Da ich eine Veränderung wollte, nahm ich seinen Job an (die Dinge sind natürlich nicht so einfach, aber Sie wollen es vielleicht nicht wissen). Hier bin ich also an der François Quesnay High School [2], in einem denkmalgeschützten Gebäude, das wie ein Schloss aussieht. Eine Wendeltreppe, die mit einem dicken Teppich bedeckt ist, führt zum Büro des Direktors mit doppelt gepolsterten Türen, die eines Ministeriums würdig sind. Die Regierungsmitglieder zögerten nicht, einzugreifen, um einen Schützling in das Establishment aufzunehmen. Durch eine amüsante soziale Mimik tragen viele Lehrer Anzug und Krawatte. Zum ersten Mal in meiner Karriere benutzen mich einige Kollegen als Sie. Allerdings mischen sich die Lehrer der Vorbereitungsklassen manchmal mit

"Fußsoldaten" des Gymnasiums und des Kollegiums, in einer demokratischen Ökumene, die es nicht an allen großen Gymnasien gibt.

Auf den ersten Blick sind die Studenten dort wie anderswo, nur sagen sie alle

„ Hallo " und „Auf Wiedersehen" und schauen direkt aus einem Apple Store. Einige haben eine E-Mail-Adresse, die auf monnomdefamille.fr endet. Ein Kollege teilt mir verbindlich mit, dass der Vater von Soundso im Kabinett eines Ministers arbeitet und ein solcher einen Fernsehsender leitet. Über die Monate entdecke ich Schüler, die in der ersten schlechten Klasse Privatunterricht nehmen, Trainer haben, sich samstags in Privatschulen auf Sciences Po vorbereiten oder in den Kurzferien Mathekurse besuchen. Nach dem Abitur geht es weiter an einer Wirtschafts- oder Ingenieurschule, in Vorbereitung, aber auch an kanadischen oder englischen Universitäten. All dies hat seinen Preis.

Diese High School ist daher der ideale Ort, um die tausendundeinen Möglichkeiten zu beobachten, wie Geld eine Schullaufbahn beleben oder glätten kann. Der Austausch mit meinen Schülern und ihren Eltern eröffnet mir viele Wege. Geld ist fast überall. Jedes Mal, wenn ich um mich herum darüber spreche, haben Familie, Freunde, Kollegen

Geschichten zu erzählen, Dinge hinzuzufügen. Aber diese Brüche der republikanischen Gleichheit bleiben dem Tropismus dieses oder jenes Gebietes zugeschrieben, wobei das allgemeine Prinzip frei bleibt. In Wirklichkeit entsteht nach Fertigstellung der Tabelle das Bild eines zutiefst korrupten Systems, in dem Geld den Unterschied ausmacht. Die Finanzkrise von 2008 offenbarte die Entwicklung der Beziehung zu Geld in unserer allgemeinen Öffentlichkeit und belebte den „Kampf um Plätze3". Es wäre erstaunlich gewesen anzunehmen, dass die Schule gerettet worden wäre. Es ist atemberaubend, wie sie sich verändert hat. Ähnlich wie die Schattenfinanzierung, die von wohlhabenden Einzelpersonen genutzt wird, unbemerkt von Verwaltungsorganisationen arbeitet und derzeit mehr Bargeld handhabt als herkömmliche Banken, bildet ein Archipel privater Stiftungen das, was man die „Schattenschule" nennen könnte.

Dieses Buch zeigt alle Auswirkungen von Bargeld auf den mit Fallen geschleuderten Weg, der von der Unterstützung zur Arbeit führt. Es wird allen Hütern von Zweitbesetzungen, die keine Ahnung haben, wie sie ihr Scheckheft verwalten sollen, zahlreiche Pläne und viele Erklärungen für den Ärger anderer Menschen geben. Von dem, was ich um mich herum sah, wurden scheinbar grundlegende Fragen gestellt: Wie würden Sie zum Lycée Quesnay kommen? Aus welchem Grund bekommen eigentlich sogar die gebrechlichen Zweitbesetzungen von Quesnay das Abitur? Aus welchem Grund sind meine Zweitbesetzungen großartig in Dialekten? Aus welchem Grund setzen sie sich überhaupt in der Weiterbildung durch, wenn ihre Einrichtungen heikel sind? Aus welchem Grund lehnen sie es hartnäckig ab, aufs College zu gehen?, und so weiter. Solche unzähligen Anfragen, die ich versuche, uneingeschränkt zu beantworten und die Komplexität eines heruntergekommenen Schulsystems aufzudecken

Einführende Hinweise

1. Ein erster entsprechender Erlass aus dem Jahr 2011 wurde jedoch vom Staatsrat mit Beschluss vom 23. Januar 2013 nach einer Beschwerde von Studenten in Cluj (Rumänien) angefochten.

2. Der Wunsch, einen fiktiven Namen zu verwenden, den eines sehr großen Ökonomen, dessen Namen kein Gymnasium in Frankreich trägt, schien mir angebracht.

3. Michael L.USSAULT, Vom Klassenkampf zum Kampf um Plätze, Grasset, coll. „Gelebte Welten", Paris, 2009.

1

Zur Ungleichheit der Betriebe

ein Kind aus CSP+ hat durchschnittlich doppelt so viele CSP+ Mitschüler in seiner Klasse wie ein Kind, das nicht aus CSP+ Eltern kommt1 . »

L hat zuerst I Ungleichheit bezogen e bei den ar leuten bist du das i negativ Qualität von den war Schulgebäuden, die ein Kind betreten kann. Sie geht nicht alleine. Schließlich ist Frankreich ein zentralisiertes Land. Die staatliche Autorität schreibt die Einstellung von Lehrern auf nationaler Ebene vor, was in wenigen Ländern existiert. Auch die Stundenpläne der Schüler und die Verteilung der Fächer sind national, von der Grundschule bis zum Gymnasium. Die Programme sind aufeinander abgestimmt. Aus der Ferne betrachtet (zB von der Rue de Grenelle) gleicht die Schullandschaft einer gigantischen Armee, uniformiert, im Gleichklang marschierend. Es ist sicherlich möglich, dass einige Schulen aufgrund der Bevölkerung, die sie aufnehmen, besser sind als andere, aber das Bildungsangebot und die Erfolgschancen eines Schülers mit einem bestimmten Ausgangsniveau sollten überall gleich sein.

Es ist nicht so. Die Kluft zwischen den Betrieben wird jeden Tag ein bisschen größer. Auf der Suche nach den kleinsten Kontrasten sind sich immer mehr Hüter von Zweitbesetzungen dieser Qualitätsunterschiede bewusst. Ihnen hilft auch die Positionierung der Sekundarschulen, die jedes Jahr vom Frühlingsdienst verteilt wird, die Le Figaro auf vernünftige Weise entschlüsselt, indem sie einen Artikel enthält: "Wo müssen Sie wohnen, um sich in der Schule durchzusetzen ?2 ?"

Wie dem auch sei, die Dinge sind überraschend verwirrt. Die Fundamente sind weder homogen noch unabwendbar unterschiedlich nivelliert, von der Sekundarschule der Reichen bis zur Sekundarschule der Armen. Auf diese Weise bekam eine meiner Klassen im September 2013 einen schrecklichen Studentenpädagogen. Obwohl er seit jeher Antidepressiva einnimmt, gleicht er seinen Mangel an Macht mit Notizen aus, die jedoch hoch sind, da sie unpassend sein können und nicht wirklich aufklären. Man kann über das Registrierungssystem nachdenken, das diese Art von Variation hervorruft, aber es ist eine Realität. Die Reaktion der Guardians auf Zweitbesetzungen ist faszinierend. Sie sind offensichtlich empört darüber, dass ihre Kinder mit so untalentierten Händen geteilt werden, aber vor allem, dass dies in Quesnay denkbar ist. Einige gehen noch weiter und denken, dass das Landprojekt, das sie für ihre Kinder getätigt haben, um diese Schule zu besuchen, sie vor dieser Art von Risiko schützen sollte. Das ist nicht der Fall. Für den Fall, dass die Entscheidung des Schulleiters einer weiterführenden Schule wie Quesnay nicht gewagt wird, werden die dortigen Erzieher von dem großen sehbehinderten Organisationsrad beeinflusst. Eine anständige weiterführende Schule ist nicht unanfällig gegen Projektionsfehler.

Und was ist eine anständige weiterführende Schule? Der primäre Reflex besteht darin, über die Ergebnisse zu entscheiden. Nach diesem Maßstab ist die Sekundarschule von Quesnay großartig. Ungeachtet dessen sind hier einige negative Kommentare aus Internetforen: „Ehrlich gesagt, eine sehr schlechte High School, die man vermeiden sollte. Extrem elitär, keine studentische Förderung. Wenn Sie Mathe nicht lieben, machen Sie weiter"; „Trotz der Ergebnisse beim Abitur ... Eine hässliche Atmosphäre. Ein rasender Elitismus". Was soll man also glauben?

Sehr heterogene Ergebnisse

Die Erfolgsquote für das Hochschulpatent variiert in Paris zwischen 36 % und 100 %. Auf nationaler Ebene haben die fünfzig besten Colleges über 93 % Absolventen mit Auszeichnung. Umgekehrt, die fünfzig schlimmsten, weniger als 37%. Und es klappt nicht. Die Studien des Ministeriums für nationale Bildung berichten von einer Zunahme der Niveauunterschiede zwischen den Colleges zwischen 1993 und 2001, dann zwischen 2003 und 2009 [3]. Wahrscheinlich hat sich der Trend seither verstärkt, wie die PISA-Erhebungen [4] zeigen nur das Niveau der Mathematik betreffen.

Alle Länder haben gute und schlechte Hochschulen. Aber Frankreich sticht mit besonders hohen Unterschieden heraus. Europäische Studien zum Leseniveau an Hochschulen zeigen, dass fast 60 % der Niveauunterschiede zwischen Schülern mit Niveauunterschieden zwischen Einrichtungen in Frankreich zusammenhängen, verglichen mit 10 % bis 15 % in den skandinavischen Ländern. [5] . Mit anderen Worten, die Heterogenität ist in Frankreich viel stärker. In Deutschland ist die Situation in etwa vergleichbar, allerdings gibt es hierzulande drei Arten von Einrichtungen und keine einzige Hochschule. Die gleiche Beobachtung wird auf allen Ebenen des Bildungssystems gemacht und gipfelt in den Vorbereitungsklassen, unglaublich konzentriert, da die Gymnasien des 5. Arrondissement von Paris (2,5 km2) mehr Normaliens hervorbringen als der

Rest des Landes! Von den besten Prépas in Frankreich – deren Schüler Zugang zu den besten Schulen haben – befinden sich nur 25 % in den Provinzen für die Prépas

kommerziell , 30 % wissenschaftlich und 45 % literarisch.

Schwieriger ist es, die Ungleichheiten zwischen den Gymnasien hervorzuheben. Die Preislisten, von denen die Medien viel Gebrauch machen, liefern vorerst unspektakuläre Ergebnisse, denn weniger als ein Gymnasium von fünfundzwanzig hat eine Erfolgsquote von weniger als 80%. Das wird sich natürlich ändern, wenn die Presse zum Beispiel Preislisten nach Nennungsanteil oder Integration in Vorbereitungsklassen veröffentlicht ... was nicht lange auf sich warten lassen wird. Eine solche Entwicklung würde die Kritik der Gewinner verstärken, denen vorgeworfen wird, eine lautstarke Botschaft der Ungleichheit an die Eltern der Schüler zu senden: „Die Gymnasien sind von sehr unterschiedlichem Niveau. Machen Sie Ihren Markt. Eine Botschaft, die den Schulkonsum nur akzentuieren kann.

Das Problem ist, dass diese Ergebnisse die Qualitätsunterschiede von Schülern mehr messen als von Schulen. Während meines ersten Jahres in Quesnay, als ich die Studenten noch nicht kannte, präsentierte ich dem zweiten einen kleinen Text über die soziale Bedeutung des Konsums. Ein Junge mischte sich ein und startete große Entwicklungen im Gedanken an Jean Baudrillard, der anscheinend kein Geheimnis für ihn hatte. Ich antwortete ihm, aber ich musste unseren Austausch schnell beenden, weil der Rest der Klasse völlig überfordert war. Es besteht kein Zweifel, dass dieser brillante Student eine „sehr gute" Erwähnung oder sogar einen Preis im allgemeinen Wettbewerb erhalten wird. Aber schuldet er das Quesnay, meinem Unterricht oder einer außergewöhnlichen persönlichen und familiären Kultur?

Um die Leistung von Gymnasien und nicht ihre soziale Zusammensetzung zu messen, berechnet das Ministerium einen „Mehrwert" jeder Einrichtung, indem es seine Ergebnisse mit den Durchschnittsergebnissen vergleicht, die der sozialen Zusammensetzung seiner Bevölkerung entsprechen. Dieser Indikator zeigt, dass einige High Schools viel besser abschneiden, als es ihr Standort oder ihre Einwohnerzahl vermuten lässt. So bestehen 85 % der Schüler des Montesquieu-Gymnasiums in Bordeaux das Abitur, während es 93 % wären, wenn die Erfolgsquote der Einrichtung der durchschnittlichen sozio-professionellen Zusammensetzung entspräche. Dagegen werden 96 % der Kandidaten des Gymnasiums Anatole de Monzie in Bazas angenommen, acht Punkte mehr als für diese Einrichtung erwartet.

Wenn die Eltern von Schülern diese Informationen beschlagnahmen, könnten sie leistungsstarken Gymnasien im Verhältnis zu der von ihnen willkommenen Bevölkerung eine Chance geben. Aber sie tun sehr wenig. Die Mehrheit der Eltern stellt keine Fragen, die anderen verlassen sich hauptsächlich auf persönliche Kontakte und Reputation, die nicht immer mit Ergebnissen verbunden sind. Diese Reputationseffekte wirken in beide Richtungen. So haben die Studenten aus benachteiligten Verhältnissen in Montfermeil in Seine-Saint-Denis große Angst davor, das als anspruchsvoll geltende Lycée du Raincy zu besuchen, und versuchen es zu vermeiden.

Universitäten haben auch unterschiedliche Zielgruppen und Niveaus, je nachdem, wo sie sich befinden. Aber dieser Gegensatz zeigt sich nur in sehr großen Städten, die mehrere Universitäten haben und den Schüler in der Akademie, in der er im Abschlussjahr eingeschrieben ist, bevorzugt behandeln. Von den neuen Abiturientinnen und Abiturienten, die an der Paris-II-Panthéon-Assas (Akademie von Paris) ankommen, haben 5 % ein technisches Abitur und 1 % ein berufliches Abitur; 24% haben Schulverspätung. In Paris-XIII-Villetaneuse (Akademie von Créteil) haben 42 % ein technisches Abitur, 18 % ein Berufsabitur und 54 % verspäten sich. Nur ein Viertel der Studenten besucht das zweite Jahr nach ihrem ersten Jahr der Lizenz an dieser Universität, die sich im am stärksten benachteiligten Teil der Île-de-France befindet. Diese sehr schlechten Ergebnisse (der Bundesdurchschnitt liegt bei 43 %) lassen sich allein durch die sozio-berufliche Herkunft der Studierenden erklären.

Eine gute Einrichtung wäre also in erster Linie eine, die gute Studenten hat, sogar eine, die einen guten Ruf hat. Nach acht Jahren in der High School

„ schwierig ", eingestuft in ZEP (vorrangige Bildungszone), sensible Zone und Gewaltpräventionszone (die dreifache Krone!), arbeite ich heute in der beliebtesten öffentlichen Oberschule der Region. Was unterscheidet diese beiden Welten?

Arbeitsleiter _

Der gute Ruf einer Einrichtung hängt oft mit ihrer Betriebszugehörigkeit zusammen. Colleges und Gymnasien wurden jedoch zuerst in den bürgerlichen Stadtteilen, Arbeitervierteln und ländlichen Gebieten gebaut, und Kinder wurden bis in die 1960er Jahre kaum in diese Einrichtungen geschickt. Diese guten Betriebe befinden sich daher „natürlich" in netten Nachbarschaften.

Seit meinem Eintritt in die Nationale Bildung vor mehr als dreißig Jahren habe ich viele "neue Gymnasien" gesehen, die am Rande des urbanisierten Gebiets gebaut wurden. Oft handelt es sich um alte umgebaute Technikbetriebe, was ihre Architektur verrät: in der Regel eine Ansammlung von Kuben mit scheinbarem Skelett, platziert auf einer mit dürren Bäumen aufgehellten Betonfläche. Die Architekten oder Manager sind sich der Traurigkeit des Gebäudes und seiner völligen Identitätslosigkeit bewusst und streichen es manchmal in grellen Farben oder verputzen ein Fresko an seiner Fassade.

Im Gegenteil, die High School im Stadtzentrum ist oft aus Sandstein und Ziegeln gebaut. Seine hohen Gitterfenster und die majestätische Vorhalle verleihen ihm einen gewissen Reiz. Es ist um einen mit Kastanien oder Platanen bepflanzten zentralen Innenhof organisiert. Manchmal gibt es sogar ein Denkmal für die Toten, Zeugen vergangener Generationen in seinen Korridoren, oder sogar eine

Kapelle, die an eine glorreiche Vergangenheit erinnert. Auch wenn diese alten Betriebe Zugluft durchlassen und fürchterlich laut sind, können sie den Studenten nur einen Respekt einflößen, der den grazilen Bauten der letzten Jahrzehnte kaum abzugewinnen ist.

Erinnern wir uns an das Offensichtliche: Gute Schüler sind zahlreicher in privilegierten Verhältnissen. Natürlich kommen kluge Studenten aus allen Gesellschaftsschichten. Der Soziologe Pierre Bourdieu ist das beste Beispiel. Während seine Arbeit zeigt, dass die Schule die Privilegierten bevorzugt, veranschaulicht seine persönliche Geschichte im Gegenteil die Fähigkeit der Schule, Schüler manchmal von bescheidenen Mitteln zu unterscheiden. Als Sohn von Bauern aus Béarn war er ein ausgezeichneter Schüler und als solcher am Gymnasium in Pau zugelassen, wo er Praktikant ist. Einer seiner Lehrer ermutigte ihn, sich an der Hypokhâgne von Louis-le-Grand, einer renommierten Pariser High School, zu bewerben. An der École Normale Supérieure in der Rue d'Ulm aufgenommen, wurde er außerordentlicher Professor für Philosophie und beendete seine Karriere als Professor am Collège de France, dem Everest der französischen Schule.

Dieses Beispiel bedeutet aber nur, dass Ausnahmen die Regel bestätigen, die besagt, dass die Wahrscheinlichkeit, dass ein Kind in der Schule erfolgreich ist, an seine soziale Herkunft gekoppelt ist. Der Trend ist in der Tat fest etabliert. Ein Student, dessen Eltern beispielsweise als Führungskräfte und höhere intellektuelle Berufe eingestuft werden, besucht mit fünfzehnmal höherer Wahrscheinlichkeit eine Vorbereitungsklasse für die Grandes Ecoles als ein Kind von Arbeitern. [6]. Alle statistischen Daten bestätigen dies.

Dennoch konzentrieren sich nicht viele Untersuchungen explizit auf die Auswirkungen der Bezahlung. Bei vorsichtiger Suche stieß ich auf ein Konzentrat von INSEE (Public Foundation of Measurements and Financial Examinations) über wissenschaftliche Verzögerungen7. Dementsprechend weist sie uns darauf hin, dass 18 % der Jugendlichen im Alter von 18 Jahren in der Schule zurückbleiben, wenn ihre Eltern zu den 20 % der Bevölkerung mit den bemerkenswertesten Einkommen gehören, obwohl die Hälfte zu den 20 % mit dem geringsten Lebensunterhalt gehört. minimalste Bezahlung. Bei ähnlich lehrreichem Niveau der Wächter ist ein Major-League-Gehalt mit besseren Möglichkeiten der schulischen Leistung für Jugendliche verbunden.

Es ist zu erwarten. Zum Beispiel hat sich gezeigt, dass das Vorhandensein eines Einzelzimmers die schulischen Leistungen erheblich steigert. Bestimmung: Die Einwohnerzahl in einer wohlhabenden Gegend hat ein höheres als normales aufschlussreiches Niveau.

Haben die besten Schulen die besten Lehrer?

Als ich in einem sehr benachteiligten Gymnasium arbeitete, kam es mehrmals vor, dass mich ein Schüler, im Allgemeinen wohlmeinend, fragte: „Mein Herr, finden Sie es nicht ungerecht, dass gute Schulen die besten Lehrer haben? Nachdem ich ihm für seine moralische Unterstützung gedankt hatte, erklärte ich ihm, dass die besten Lehrer, anders als man annehmen könnte, nicht unbedingt in den richtigen Einrichtungen sitzen. Diese sind am gefragtesten, weil sie am besten gelegen und am besten besucht sind, daher am ruhigsten und am nächsten zu den Vierteln, in denen die Lehrer leben möchten. Ohne auf die Aufgabengeheimnisse einzugehen, deren Komplexität nur wenige ultrascharfe Gewerkschafter [8] beherrschen, steigen die Chancen für einen Lehrer, an das freundliche Innenstadtgymnasium seiner Wahl berufen zu werden, regelmäßig mit seiner Note, und daher mit seinem Dienstalter. Die Neuankömmlinge der François Quesnay High School zeigen oft die Erleichterung des Schiffbrüchigen, der endlich gelandet ist.

Dieser Dienstaltersbonus rührt daher, dass die Bewertung von Lehrern an einen Witz grenzt. Einerseits werden Inspektionen von sehr kurzer Dauer durchgeführt, fünf- bis zehnmal in vierzig Berufsjahren. Generell führt jede Prüfung zu einer Erhöhung der Wertung. Am besten bewertet werden also diejenigen, die schon oft die Gelegenheit hatten, kontrolliert zu werden. Andererseits formuliert der

Schulleiter jährlich ein Gutachten über die Pünktlichkeit, die Ernsthaftigkeit, die Energie bei der Arbeit des Lehrers. Diese zweite Schätzung , die sich aus kontinuierlichen Beobachtungen ergibt, könnte zweifellos relevanter sein. Aber die Gesetze, die die Arbeitsweise der Verwaltung regeln, bedeuten, dass die überwiegende Mehrheit der Lehrer, ob gut oder schlecht, nach 25 Berufsjahren 40/40 erreicht (beachten Sie, dass es auf Korsika viel weniger Zeit in Anspruch nimmt,

Da ein gut bewerteter Lehrer meistens ein alter Lehrer ist, haben gute Einrichtungen meist ältere Lehrer. Sicherlich erfahren, neigen sie dazu, in ihrer Unterrichtspraxis konservativ zu sein, wenn es ihnen nicht an Dynamik und Investitionen mangelt. Diejenigen, die schlecht angefangen haben, wurden wahrscheinlich mit dem Alter schlechter. Kurz gesagt, sie haben keinen Grund, besser zu sein als in weniger noblen Etablissements. Im Gegenteil, innovative Lehrer, die um das Interesse ihrer Schüler kämpfen, sind in schwierigen Einrichtungen zahlreicher, weil es für sie ums Überleben geht. Wenn sie sich damit begnügen, Jahr für Jahr eine im Wesentlichen Vorlesung zu reproduzieren, schlägt die Langeweile der Schüler schnell in unkontrollierbares Zwischenrufen um. Wenn sie aufgrund mangelnder Vorbereitung einen Fehler in der Übung machen und fünf Minuten brauchen, um den Unterricht wieder in Gang zu bringen, entgeht ihnen die Klasse, der Lärm steigt und es ist sehr schwierig, die Ruhe wieder herzustellen. Die einzige Lösung für sie wird sein, in eine ruhigere Einrichtung zu gehen. Letztendlich können nur gute Lehrer in schlechten Einrichtungen widerstehen.

Offensichtlich sollte das Paradoxon nicht zu weit getrieben werden: Gute Schüler motivieren auch Lehrer, durch ihre Neugier und ihre intellektuelle Strenge ihr Bestes zu geben; und die mangelnde Erfahrung von Anfängern ist offensichtlich ein Handicap. Aber wir können mit Sicherheit schlussfolgern, dass die Lehrer an guten Gymnasien nicht besser sind. Der einzige wirkliche Vorteil seriöser Einrichtungen besteht darin, dass die dort eingestellten Lehrer kommen und Ersatz besser gesichert ist.

Das Pre-Entry Meeting im Lycée Quesnay ist ein Familientreffen. Wir erzählen von unseren Ferien und stellen die wenigen Neuen vor, die die Ausgeschiedenen ersetzen. In einem benachteiligten Etablissement geht es sportlicher zu. Die Neuen, die manchmal die Hälfte der Belegschaft ausmachen, sind nicht immer präsent. Manche arbeiten in zwei Einrichtungen und kommen später, andere verschieben ihr Praktikum oder kündigen, manche Termine sind noch nicht vergeben. Das Ziel, vom ersten Tag an vor jeder Klasse einen Lehrer zu haben, dürfte kaum zu erreichen sein.

Dieses Jahr, bei der Wiederaufnahme des Januars, Panik in Quesnay: Ein Mathematiklehrer, der für zwei Terminalklassen verantwortlich ist, ist für zwei Monate krankgeschrieben. Allen Widrigkeiten zum Trotz haben die Rektorate in einem solchen Fall nicht mehr Lösungen für das Lycée Quesnay als für ein benachteiligtes College. Das Management aktiviert jedoch seine Netzwerke und, da die Attraktivität der Einrichtung hilft, findet die Schule schließlich erfahrene Lehrer, die sich bereit erklären, ein paar Stunden zu geben, wo eine weniger bewertete Einrichtung benachteiligt bleibt oder die Ankunft eines Schülers sieht, der hat nie unterrichtet.

Kommen wir in einer guten Schule weiter?

Bildungssoziologen haben versucht, diese Frage zu beantworten, indem sie die Entwicklung der Leistungen von Schülern mit gleichem Ausgangsniveau verglichen haben, die aber in Klassen mit unterschiedlichem Durchschnittsniveau lernen. Urteil: „Ein Junge in CE1 mit einem Anfangsniveau von 100, dessen Vater und Mutter nicht aus einem benachteiligten sozialen Umfeld stammen und der in einer der fünfzehn am stärksten benachteiligten Klassen ausgebildet wurde, erhält am Ende des Jahres eine Punktzahl in Französisch von 97,9 gegenüber einer Punktzahl von 101,3 für einen vergleichbaren Schüler, der eine der fünfzehn am stärksten begünstigten Klassen [besucht.9] Mit anderen Worten, die Schüler kommen in einer guten Klasse etwas schneller voran als in einer schwachen Klasse. findet sich nicht in allen Erhebungen.

Eine Familie kann daher ein Interesse daran haben, ein Kind mit durchschnittlichem Niveau in eine Einrichtung mit gutem Niveau zu bringen. Sofern er nicht gecheckt wird, kommt er dort meist etwas schneller voran. Eine gute Einrichtung wird es einem guten Schüler auch ermöglichen, weiterzukommen, denn die Lehrer gehen über das Programm hinaus, wenn sie nicht im April mit dem des folgenden Jahres beginnen.

Außerdem sind die Ambitionen der Schüler in guten Schulen höher. Da schauen alle nach oben. So trat eine Schülerin aus sehr bescheidenen Verhältnissen, die im Rahmen eines auf wenige Personen beschränkten Projekts von einem unterprivilegierten College an das Lycée Quesnay kam, einer Vorbereitungsschule bei, was sie wahrscheinlich nicht getan hätte, wenn sie in seine Nachbarschaft gegangen wäre weiterführende Schule. Während sie mit ihrer Orientierung zögerte, erinnere ich mich, dass ihre Kameraden darauf bestanden: „Mit deinem Niveau musst du gehen. Auch die Interviews mit Studenten, die über das „ZEP [10] » zeigen, dass das erste Interesse dieses parallelen Weges darin besteht, dass er ihnen zeigte, dass diese großartige Schule „für sie sein könnte". College und High School sind viel weniger wählerisch als die von den Jugendlichen Mangelnder Ehrgeiz und Selbstzensur von jungen Menschen aus benachteiligten Verhältnissen erklären in der Vergangenheit oft, warum sie bei gleichem Ausgangsniveau im Studium schlechter abschneiden als Schüler aus höheren Schichten wohlhabende Hintergründe.

In vielen unterprivilegierten Colleges loben Lehrer und Berater die Vorzüge berufsbildender Gymnasien und bestehen darauf, Schüler der neunten Klasse mit angemessenem Niveau zu schicken, sowohl um zu verhindern, dass diese Einrichtungen als Abstiegskurse wahrgenommen werden, als auch weil sie das Versagen ihrer Schüler befürchten im Allgemeinen an zweiter Stelle. Junge Menschen bewegen sich also in Richtung Berufsbildung, die eine allgemeine Bildung anstreben und einen höheren Abschluss anstreben könnten. [11] . Zur

Selbstzensur der Schüler kommt also die der Lehrer hinzu.

Ein weiterer, vielleicht wichtigerer Vorteil: In einer guten Einrichtung wird der Status eines guten Studenten positiv erlebt. In weniger begünstigten Einrichtungen wird der gute Student, der oft als "Possenstreicher" bezeichnet wird, rücksichtslos gejagt. Als Verräter angesehen, weil er das Spiel spielt, ist er vor allem der lebende Beweis dafür, dass es möglich ist, in einem schwachen College erfolgreich zu sein, das die Selbstrechtfertigungsreden der anderen Studenten entkräftet, die ihr Versagen auf " System" und seiner Ungerechtigkeit (was nicht falsch ist), indem sie sich von jeder persönlichen Verantwortung entlasten (was nicht unbedingt fair ist).

Im Allgemeinen schneiden die Schüler in einer guten Institution besser ab. Aber das ist wahrscheinlich nicht der überzeugendste Grund, warum Eltern guten Schulen nachjagen.

Samstag, 14 Uhr Lehrertreffen am Lycée Henri IV in Paris. Es ist heiß. Als ich unter den Bögen des Kreuzgangs hindurchgehe, erleuchtet die Sonne einen offenen Raum mit Blick nach draußen. Wir hören nur den leichten Stoß der mit sicherer Hand auf ihr Feld gesetzten Figuren. Wir sind im Highschool- und Middleschool-Schachclub. Kein Erwachsener überwacht die Schüler, perfekt konzentriert auf ihrem Schachbrett; ein Traum von fleißiger und friedlicher Jugend. Montag, 15 Uhr Ich durchquere den Hof des Kollegiums Pompidou, eines der am stärksten benachteiligten der Île-de-France. Studenten rufen mich an. Ich habe damals an der nahe gelegenen High School gearbeitet und sie wissen, dass ich manchmal mit Schülern Basketball spiele. Aber an diesem Tag habe ich keine Zeit. Ich schlage vor: „Du bist sechs. Du kannst nicht alleine spielen, drei gegen drei? "Nein", antwortet einer von ihnen. Nach fünf Minuten sind wir verwirrt. Mit ihnen, Sir, kann man nicht ernsthaft spielen. »

Der Kontrast zwischen diesen beiden Szenen ist heftig. Schüler in sensiblen Nachbarschaften haben es schwerer, ihr Verhalten, ihre Beziehungen zu regulieren

zwischenmenschlich und lange konzentriert bleiben. Diese Viertel sind oft von einer gewissen Gewalt heimgesucht, vor der es schwierig ist, Schulen zu schützen. Eltern sind jedoch für die Atmosphäre von Einrichtungen ebenso sensibel wie für ihre Leistung. Sie fürchten Erpressung, Banden, Gewalt, Drogen.

Diese Befürchtungen sind völig unbegründet. Vom Bildungsministerium veröffentlichte Statistiken zeigen, dass es in schwierigen Colleges etwas mehr physische und verbale Gewalt gibt als in anderen, sei es Erpressung, gefährliche Spiele, Beleidigungen; ob zwischen Schülern oder mit Erwachsenen. Auch junge Menschen fühlen sich dort etwas weniger sicher. Sie bestätigen daher nicht den Eindruck zweier sehr weit voneinander entfernter Welten. Es gibt höchstens 5 % unüberschaubare Betriebe, die mit Problemen von außen überfordert sind; Betriebe, in die manchmal Schusswaffen eindringen, wo selbstgebaute Brandbomben explodieren, wo Probleme durch körperliche Gewalt gelöst werden, wo Fehlzeiten sehr hoch sind. Im Gegenteil,

Abgesehen von diesen Extremfällen sind die Lebensbedingungen in den Einrichtungen auf allen Ebenen recht ähnlich. Die besten Familien haben hyperaktive Schüler und andere, die nicht zum Unterricht gehen können, ohne vorher ein Pint Wodka getrunken oder einen gut gefüllten Joint geraucht zu haben. In guten Pariser Colleges gibt es Erpressung, und bestimmte Klassen in guten Einrichtungen können sich als höllisch herausstellen. Überall kann es passieren, dass einige Studierende von anderen verfolgt werden. Das Zwischenrufen kann zu einem sorgfältig orchestrierten Ritual werden. Private Einrichtungen haben jedoch einige Vorteile: Sie haben mehr Aufsichtspersonal, mehr Betreuung der Schüler nach dem Unterricht und trennen problematische Schüler leichter.

Auch die kulturellen Unterschiede sind nicht zu leugnen. Zufällig habe ich Studenten im Bereich Staatsbürgerkunde ein kurzes Video [12 gezeigt], das von der Vereinigung Osez le féminisme produziert wurde! Um zu zeigen, wie groß der Druck von Jungen ist, Mädchen auf der Straße anzurufen, werden die Rollen vertauscht: Müßige junge Mädchen, die auf der Terrasse eines Cafés sitzen, multiplizieren die derben Kommentare über die Jungen, die auf dem Bürgersteig vorbeigehen, und pfeifen sie. Normalerweise funktioniert dieses Video sehr gut:

Die Schüler diskutieren, diskutieren, hinterfragen manchmal ihr eigenes Verhalten und das Verständnis für den Druck, dem die Mädchen ausgesetzt sind, schreitet voran. Am Lycée Quesnay ist das Versagen total: Die Schüler reagieren nicht. Sie fühlen sich nicht von Praktiken betroffen, die ihrer Umwelt eigentlich fremd sind.

Eltern spielen in verschiedenen Einrichtungen eine sehr unterschiedliche Rolle. In Quesnay üben sie großen Druck auf ihre Kinder aus, damit sie arbeiten und die Regeln der Schule respektieren. Sie nehmen viel an Versammlungen teil, informieren sich, treffen Lehrer, nehmen an Wahlen teil. Ein einfacher Zettel an die Eltern, der ins Korrespondenzbuch geschmuggelt wird, schreckt in den meisten Fällen ab.

Die sehr guten Schüler ziehen die anderen hoch. Viele fühlen sich in der Verantwortung, organisieren spontan Wiederholungssitzungen, bei denen sie ihren Kameraden helfen, leihen die im Unterricht gemachten Notizen an diejenigen aus, die Schwierigkeiten haben, mitzuhalten. Sie haben oft die Vorstellung verinnerlicht, dass alles, was die Institution stärkt, sie selbst stärkt, aber ihre Haltung ist weitgehend desinteressiert. Ebenso kommen Erstere sehr gerne wieder in die Schule, um den Schülern ihre Schule vorzustellen, sie bei der Erstellung der Akten oder der Vorbereitung der Wettbewerbe zu beraten. Ihre Rolle ist wesentlich.

Wenn die Unterschiede zwischen den Einrichtungen nicht zu leugnen sind, sind sie zweifellos geringer als der Eindruck, den die Eltern haben. Familienstress verstärkt sie jedoch. Die Einrichtung wird unabhängig von der tatsächlichen Situation dem Bezirk, in dem sie sich befindet, gleichgestellt, und die Reputationseffekte überwiegen. Der Versuch, diesem Schicksalsschlag ein Ende zu bereiten, indem gezielt auf Einrichtungen abzielt wird, die mehr Ressourcen erhalten sollen, erweist sich letztlich als kontraproduktiv: Die von Lehrkräften, die darin zusätzliche Mittel sehen, gut wahrgenommene Einstufung einer Einrichtung als ZEP [13], wirkt als Stigma und schreckt Schüler aus der Mittelschicht ab. Immobilienmakler verbannen den Begriff ZEP aus ihrem Vokabular, und ich sah, wie ein Bürgermeister in den Vorstand eingriff, den er sonst kaum besuchte, um Lehrer davon abzubringen, sich um diesen Status zu bewerben.

Gewicht der Eltern

Die Fähigkeit der Eltern, sich zu mobilisieren, kann ebenfalls einen Unterschied machen. Wenn ein fehlender Lehrer nicht ersetzt wird, erzielt eine Elterndelegation ins Rektorat bessere Ergebnisse als ein Schulleiter, der sich manchmal auf das Aufhängen einer kleinen Anzeige im Supermarkt reduziert. Aber die Eltern der Studenten sind von einer Einrichtung zur anderen keineswegs gleich. Als ich in einem ZEP gearbeitet habe, hat die Einrichtung etwa 550 Studenten aufgenommen. In manchen Jahren nahmen weniger als zwanzig Eltern an den Wahlen teil ... Eine von zwei Klassen hatte keine Elternvertreter, weil es an Freiwilligen mangelte. Im Gegenteil, an der Quesnay High School ziehen die Elternvertreter vor jedem Klassenrat mit dem Schulleiter Bilanz, bitten um Termine, um Orientierung zu besprechen, eilen massenhaft zu den Meetings.

Nicht alle Eltern haben das gleiche Gewicht. Trotz des Engagements einiger Aktivisten wird der Druck der Eltern in einer beliebten Nachbarschaftsschule nahezu null sein. Die Verwaltung kann darüber hinwegsehen. Wenn der Präsident des Alumni-Vereins hingegen der ehemalige Bürgermeister der Stadt ist und das Adressbuch der Elternvereine gut gefüllt ist, findet man leichter Gehör, wie die folgende Geschichte zeigt.

Früher hatte die ES-Serie der High School, die bis

1995 B hieß, einen schlechten Ruf. Es passte nicht gut zu der großen Trennung zwischen Naturwissenschaften und Literatur, so sehr, dass die angesehenen Einrichtungen sich weigerten, B-Klassen zu schaffen. Die Macht dieser großen Hochschulen ist so groß, dass die Generalinspektion sie nicht dazu zwingen könnte. Selbst der Direktor der Lycées an der Spitze der Verwaltung, der die Rektoren der Pariser Lycées zusammengebracht und sie zur Eröffnung dieser Abteilungen gedrängt hatte, hatte nur bescheidenen Erfolg erzielt. Doch eine Reform, die den Namen von B in ES geändert und Inhalt und Image der Serie verbessert hatte, interessierte plötzlich die großen Gymnasien dafür. In Versailles bat der Rektor der besten High School der Stadt um die Eröffnung einer ES-Klasse. Da aber die anderen Gymnasien der Stadt bereits reichlich ausgestattet waren, widersetzte sich das Rektorat. Sofort wurde eine Petition gestartet. Unterzeichnet vom stellvertretenden Bürgermeister der Stadt, mehreren Parlamentariern, Wirtschaftsführern und anderen Persönlichkeiten, hatte es bald mehrere tausend Unterschriften. Das Rektorat gab nach. Das Gymnasium hatte gewonnen.

So verwundert es nicht, dass trotz des erklärten politischen Willens, „denen, die weniger haben, mehr zu geben", die Ressourcenallokation Betrieben in gehobenen Stadtteilen zugute kommt. College-Lehrer Pierre-Brossolette in Villeneuve-Saint-Georges waren im März 2014 empört:

In der ärmsten Stadt Val-de-Marne wird hier das Bildungsangebot angeboten: eine einzige Wahl der lebenden Sprache (LV) 1 (Englisch), nur eine der LV2 (Spanisch) und eine Stunde Initiation aus dem Altgriechischen anzubieten in der fünften Klasse wird der dritten Klasse eine Stunde Latein geklaut. Uns wird gesagt, dass es die Krise ist, dass es keine Mittel mehr gibt. Um das Gegenteil aufzuzeigen, ist es angebracht, unsere Mittel und die einer weiteren Gründung des Instituts und der Abteilung, des Collège du Parc, in Heiliger Maur gegenüberzustellen. Für hundertvierzig zusätzliche Zweitbesetzungen ist hier das lehrreiche Angebot: zwei LV1, vier LV2, Latein und Altgriechisch, eine Musikklasse mit anpassbaren Stunden, eine Tanzklasse mit anpassbaren Stunden, ein englisches europäisches Segment, ein italienisches europäisches Segment14.

Endlich sollte eingeräumt werden, dass die Erziehungsberechtigten im Großen und Ganzen zu Recht versuchen, ihre Kinder in Schulen mit guten Ergebnissen und in einer friedlichen Region auszuwählen, die sich offensichtlich in Regionen befinden, in denen die Unterbringung teuer ist.

Kapitel 1 Notizen

1. Ton Thierry LY, Eric M. AURIN und Arnaud R. IEGERT, „Soziale und Bildungsvielfalt in der Île-de-France: die Rolle der Einrichtungen", Bericht an den Regionalrat der Île-de-France, 2014, p. 1.

2. Blandine LEVSAIN, "Wo muss man leben, um in der Schule erfolgreich zu sein?" », Le Figaro, 1. Juli 2014.

3. MINISTRY OF'ENATIONAL EDUCATION, "The evolution of the general skills of students at the end of middle school from 2003 to 2009", Note, no 10.22, December 2010.

4. Internationales Programm zur Überwachung der Schülerleistungen, Umfrage unter fünfzehnjährigen Schülern der OECD (Organisation für wirtschaftliche Zusammenarbeit und Entwicklung) in etwa dreißig Ländern zum Vergleich ihres Niveaus in Mathematik, Naturwissenschaften und Ausdruck; MINISTERIUM FÜR ENATIONALE BILDUNG, „15-jährige Schüler in Frankreich gemäß PISA 2012 in der mathematischen Kultur: Leistungsabfall und Zunahme der Ungleichheiten im Vergleich zu 2003", Informationsvermerk, Nr. 13.31, Dezember 2013.

„Der Leseunterricht in Europa: Kontexte, Strategien und Praktiken", Eurydice-Bericht, Mai 2011.

5. „Hochschulausbildung: Zukunft nach dem Abitur für Schüler, die 1995 in die Oberstufe eintreten", Note d'information, n. ᵒʰ 12.05, Ministerium für nationale Bildung, Direktion für die Bewertung von Prognosen und Leistungen, Juni 2012.

6. Fabrice M.URAT, „Schulverzögerung nach elterlichem Hintergrund: der Einfluss der Fähigkeiten der Eltern", Economie et Statistique, Nr. 424-425, INSEE, 2009.

7. Darauf verlässt sich die Verwaltung, überwältigt von der Ausgeklügeltheit ihrer eigenen Regeln, um die komplexesten Fragen zu beantworten.

8. DURU-BELLAT, „Soziale Segregation in der Schule: Fakten und Auswirkungen", Diversité, Nr. 139, CNDP, Dezember 2004, p. 73-80,

9. Im Jahr 2001 beschloss Sciences Po Paris, für Studenten, die an hundert Gymnasien in Partner-ZEPs studieren, die die Auswahlprüfung vermeiden, eine parallele Möglichkeit des Eintritts in das erste Jahr einzurichten. 8 % der Studenten von Sciences Po greifen auf diese Weise darauf zu.

10. Der Brückenschlag von der Berufsmaturität zum Erfolg in der längerfristigen Hochschulbildung ist zwar möglich, bleibt aber einfacher und sicherer

für einen Studierenden, der die Möglichkeit hat, in der Allgemeinbildung weiterzumachen.

11. Serie „Life of Girl", produziert von Osez le féminisme!

12. 2014 wurden aus den ZEPs die REPs (Priority Education Network). Viele Siegel kennzeichnen Betriebe, die aufgefordert werden, etwas mehr Mittel als die anderen zu erhalten, um die mit ihrer Einstellung verbundenen Nachteile auszugleichen.

2

Das eiserne Adressgesetz

„Die Segregationsprozesse schaffen moralische Distanzen, die die Stadt zu einem Mosaik kleiner Welten machen, die sich berühren, ohne sich zu durchdringen [1].»

VS wie betreten wir die Quesnay High School? Durch das Wohnen in der Nachbarschaft. Wie fast alle Gymnasien rekrutiert François Quesnay seine Schüler anhand der Schulkarte. Aber das Leben in der Nachbarschaft ist nicht für jedermann erreichbar. Mein Freund Max hat das erlebt. Als sein Sohn sich dem College-Alter näherte, teilte ihm seine Frau mit, dass das College in der Nähe ihres Hauses zu meiden sei. Sie wusste aus zuverlässiger Quelle (in diesem Fall von ihren Nachbarn), dass Studenten erpresst wurden und dass junge Leute auf Motorrädern durch die Einrichtung fuhren. Nichts Dramatisches, aber genug, um die Mutter eines Zehnjährigen zu beunruhigen. Es gibt zwar ein privates katholisches College, aber ziemlich weit weg; und er verführt diese jüdische Familie kaum. Als leitender Angestellter aus bescheidenen Verhältnissen, der selbst in der Vorstadt aufgewachsen war und überlebt hatte, ließ Max seinen Sohn auf die örtliche Volkshochschule gehen. Aber er kann den Widerwillen seiner Frau nicht überwinden. Es bleibt die Möglichkeit, zur Ausbildung des Kindes an das an die High School angrenzende Quesnay College zu ziehen. Nach langem Zögern wurde diese Lösung gewählt. Das Opfer ist wichtig: Die hohe Miete einer weniger geräumigen Wohnung macht jede Sparmöglichkeit zunichte, um Eigenheimbesitzer zu werden. Aber

das Kind wird am Quesnay College zugelassen.

Wenn Sie kein leitendes Gehalt haben (oder keinen Minister persönlich kennen), wird die Quesnay-Lösung automatisch eliminiert. Die Schulwahl wird dann komplizierter. Marianne ist Logopädin. Ich kenne sie seit der Highschool. Sie hatte zwei Kinder mit Jérôme, der Theatermanager und ein großartiger Handwerker vor der Ewigkeit ist. Er überredete sie, ein Haus in schlechtem Zustand in Montreuil zwischen der Metrostation Croix de Chavaux und dem Park Beaumonts zu kaufen. Marianne stimmte einer Niederlassung nur unter der Bedingung zu, eine Lösung für die Schulbildung der Kinder zu finden, deren Organisation ihre zweite Karriere darstellt. Sie begann daher mit dem Studium der Schulen von Montreuil. Nachdem sie schnell zu dem Schluss gekommen war, dass sie nicht angemessen waren, inventarisierte sie die Alternativen, fand eine akzeptable Lösung und gab schließlich ihre Zustimmung. Ein Abendessen mit ihnen lehrt mich viel über das Thema.

Der Pavillon ist klassisch: weißer Putz, mechanische Fliesen. Die Gartenmauer zur Straße ist mit gepflegten Glyzinien und Kletterrosen gekrönt. Jerome, entspannter Besitzer, begrüßt mich auf der

Treppe in einem irischen Pullover und Bermuda-Shorts. Er zeigt mir seine Renovierungsarbeiten, offensichtlich froh, sein Haus zu haben. Er schätzt die Vielfalt der Nachbarschaft. Da er morgens meistens frei hat, kümmert er sich um den Einkauf und kennt alle Geschäfte in der Umgebung. „Du wirst Montreuil-Gemüse essen, gewürzt mit Montreuil-Gewürzen", scherzt er. Und er erklärt: „Dafür ist Montreuil super. Pfeffer aus Kamerun, Curry aus Madras, libanesisches Zeug ... Hier haben Sie alles.»

Marianne scheint ihre Zufriedenheit zu teilen, die sie jedoch mäßigt :

— Ich ärgere mich immer noch, dass Romain jeden Tag eine halbe Stunde Transport macht. Er ist am Hélène Boucher College im 20.

— Es ist eine ziemlich gute Einrichtung, nicht wahr? Wirst du dasselbe für Sarah tun?

Sie sehen sich ein wenig verlegen an.

— Sagen wir mal, die Frage ist nicht geklärt, sagt Jérôme lachend. Hélène Boucher ist sehr gut, aber es wird nicht mehr funktionieren. Für Romain hatten wir es schon schwer. Zunächst wollte ich nur eine Unterkunftsbescheinigung vorlegen, da wir einen Freund in der Nähe haben. Aber anscheinend macht das jeder und die Schule will nichts mehr davon hören. So bin ich bei der Suche im Netz auf die Möglichkeit gestoßen, einen Briefkasten mit Postweiterleitung zu kaufen. Normalerweise wird es für Profis gemacht, aber da Marianne ein freier Beruf ist, hat es funktioniert. Es kostet uns dreißig Euro im Monat und es war kein Problem. Einmal an Ort und Stelle, verlangte das College im folgenden Jahr nichts weiter.

— Das Problem sei, dass die Pariser Akademie sehr streng geworden sei, erklärt Marianne. Es gibt Einrichtungen, die drei Wohnsitznachweise auf den Namen der Eltern verlangen, und Hélène Boucher verlangt die Wohnungssteuer. Und da stecken alle fest.

Es wird viele wiederverkaufte Studios in der Branche geben, scherzt Jérôme. All die Leute, die nur gekauft haben, um eine Adresse in der Nähe von Hélène Boucher zu haben, ganz zu schweigen vom 5. Arrondissement. Die Ankündigungen von Studio in der Nähe von Lycée Louis Le Grand" Stil, es ist vorbei. Außerdem wird die Situation für Romain unhaltbar, wenn wir etwas versuchen, das nicht funktioniert, und er riskiert, gefeuert zu werden.

Ich bestätige.

— Genau. In meiner High School rief der Rektor einige Eltern, die Probleme machten, vor und sagte ihnen direkt, dass sie eine Woche Zeit hätten, um ihr Kind aus der Einrichtung zu nehmen, oder dass er eine Beschwerde wegen Fälschung von Verwaltungsdokumenten einreichen würde.

— Von einem solchen Risiko kann also keine Rede sein, fügt Marianne hinzu, die mit meiner Intervention sehr zufrieden zu sein scheint. Am einfachsten ist es, Sarah in ein nahe gelegenes College zu stecken, was in Ordnung ist, aber Jerome will das nicht.

Als sie sich aufwärmt, finde ich den leicht

tollpatschigen Teenager, den ich einmal kannte. Sie putzt ihre Brille, schickt eine dicke braune Locke zurück.

— Sie wolle sie zu den Katholiken stellen, erklärt Jérôme schmunzelnd.

„ Cathos vielleicht, aber man kann ab der sechsten Klasse zwei lebende Sprachen belegen, es gibt Theaterausflüge, Ausflüge nach Rom für Drittklässler, das Niveau ist gut und mehrere von Sarahs Freunden gehen hin. Außerdem ist die Messe nicht obligatorisch, der Chor auch nicht.

— Die Colleges von Montreuil sind nicht wirklich nicht möglich? Marianne verdreht die Augen.

— Es ist Chaos. Wir sind auf das Lenain de Tillemont College angewiesen. Er war nicht berühmt und seit der Lockerung des Schulplans laufen alle davon. Sechshundert Plätze, dreihundert Studenten.

Hieronymus greift ein.

— Es ist eine dumme Geschichte. Das College hat ziemlich gute Voraussetzungen und sehr korrekte Ergebnisse. Da es jedoch auf der anderen Seite des Beaumonts-Parks zwischen zwei Städten liegt, hat es einen schlechten Ruf. Darüber hinaus wird es als „erfolgreicher Ehrgeiz" eingestuft und Eltern ziehen es vor, dass Erfolg eine Realität und kein Ehrgeiz ist. Sobald Sie das „Problem College"-Schild haben, gehen die Kinder, die das Niveau erhöhen könnten, die Klassen schließen, die Lehrer gehen. Wir wollen das

Nachbarschaftsschulspiel spielen, aber nicht alleine.

Während des Abendessens legte ich das Motiv wieder auf den Teppich.

— Wenn ich das richtig verstehe, war die Schule das Problem, als Sie sich hier niedergelassen haben?

— Das Problem sei immer dasselbe, erklärt Marianne. Die guten Schulen in der Umgebung sind Vincennes oder Saint-Mandé und die Unterkunft ist überteuert.

Hier haben wir eine gewisse Lebensqualität. Um beides zu haben, muss man also hier leben und die Kinder woanders zum Lernen schicken, sagt sie schulterzuckend.

— Sie hat recht, beteuert Jérôme. Die Schulkarte gliedert die Gebiete sicherer als der Wiener Vertrag. Vergleichen Sie Montreuil und Vincennes. Die beiden Städte sind Nachbarn, aber Vincennes ist viel bürgerlicher, was sicher auch an den Schulen liegt. Und ich rede nicht von Paris. Vor dem Umzug, als wir im 11. wohnten, war Marianne den Schulausweis holen gegangen. Dieselbe Straße kann beispielsweise drei verschiedenen Sektoren entsprechen. Es ist unglaublich komplex. Als wir hier gekauft haben, war es möglich, die Schulkarte zu umgehen, aber es ist fast unmöglich geworden.

— Jeder hält großartige Reden über die soziale Vielfalt in Montreuil, bemerkt Marianne. Aber es existiert auf der Straße oder am Tag des Musikfestivals, nicht in den Schulen. Es ist wahr, dass es hier eine schöne Seite gibt. Wenn du einkaufen gehst oder in den Park gehst, ist es sehr gut, jeder ist Bruder. Aber wenn man sich die Schulen ansieht, stellt man fest, dass sie überhaupt nicht die Bevölkerung widerspiegeln. Und ich möchte keine Kinder in Klassen stecken, in denen drei Viertel der Kinder Schwierigkeiten haben. Also bleibt nur das Private.

— Ich verstehe. Und für die High School, was planst du dann?

— Lass uns atmen! ruft Marianne.

Wie wir gesehen haben, ist das Niveau der Schulen sehr unterschiedlich. Was Marianne und Jérôme sagen, ist, dass Geld der Ursprung dieser Variation ist. Es ist richtig, dass die Geographie der Niederlassungsergebnisse die der Einkommen reproduziert. In den gehobenen Vierteln sind die Einrichtungen trotz der unendlichen Fähigkeit der Eltern, Prioritäten zu setzen, gut. In Armensiedlungen sind alle Einrichtungen in Schwierigkeiten, ungeachtet der Bemühungen des Nationalen Bildungsministeriums oder der Teams vor Ort. Dazwischen bleiben die Grenzbezirke wie Montreuil.

Um den Einfluss des Geldes hervorzuheben, suche ich nach einer Stadt, deren Situation relativ einfach zu entziffern ist, und wähle Digne-les-Bains, Präfektur der Alpes de Haute-Provence. Es ist eine Stadt mit 17.000 Einwohnern, die sich entlang der Durance erstreckt. Neben einer kleinen privaten High School, die nur dreißig Abiturientinnen und Abiturienten hat, hat Digne zwei öffentliche High Schools, die sich an beiden Enden befinden. Das kürzlich renovierte Alexandra-David-Néel-Gymnasium wird von der Zeitschrift L'Étudiant als "sehr durchschnittlich" eingestuft. Es ist sogar das am schlechtesten bewertete Gymnasium in der Provence-Alpes-Côte d'Azur. Im Gegenteil, das Pierre-Gilles-de-Gennes-Gymnasium zählt zu den „sehr guten Gymnasien". Es ist das beste öffentliche Gymnasium der Akademie, vor denen in Marseille oder Aix-en-Provence.

Um festzustellen, ob diese gegensätzlichen Ergebnisse mit dem Familieneinkommen zusammenhängen, muss die Verteilung des letzteren in Digne analysiert werden. Die Stadt hat nicht wirklich eine Bourgeoisie. Die Einkommen sind sehr homogen. Allerdings funktionieren dort die segregativen Mechanismen . Informationen von INSEE2 zum normalen Einkommen nach Stadtteilen zeigen die nebenstehende Tabelle: Im Süden sind die drei Bezirke, die die Pierre-Gilles de Gennes-Sekundarschule umfassen, die extravagantesten der Stadt, mit einem typischen Gehalt für jede Gruppe irgendwo in der Bandbreite von 33.000 und 39.000 Euro pro Jahr . Im Norden haben die Bezirke, in denen die David-Néel-Sekundarschule aufgenommen wird, ein typisches Gehalt zwischen 26.000 und 30.000 Euro. Tatsächlich fällt auch hier das Anrederecht wie erwartet aus.

In den riesigen städtischen Gemeinden und vor allem in der Île-de-France ist es eindeutig hundertfach. Ein ähnlicher Zusammenhang wird in der Weiterbildung aufgespürt. Hochschulen in den unterdrückten ländlichen Gebieten von Paris haben die bemerkenswertesten Stipendienquoten und die niedrigsten Leistungsquoten im zentralen Gebiet Frankreichs.

Gute Schulen machen Nachbarschaften teuer

Wenn teure Nachbarschaften für gute Schulen sorgen, gilt auch das Gegenteil: Aus Sorge um den schulischen Erfolg ihrer Kinder sind Familien bereit, mehr für eine Unterkunft in der Nähe guter Schulen zu zahlen. Um sich davon zu überzeugen, genügt es, die Angaben zu den Immobilienanzeigen auf der Website Von der Privatperson zur Privatperson (www.pap.fr) zu lesen. Neben der Angabe der Höhe der lokalen Steuern enthält die Website Daten und Bewertungen zu weiterführenden Schulen, die vom Ministerium für nationale Bildung bereitgestellt werden. Für Unterkünfte im Zentrum von Lille liefert es beispielsweise die Erfolgsquote, das Profil und den „Mehrwert" der fünf nahe gelegenen öffentlichen oder privaten Gymnasien.

Wohnen ist daher in der Nähe guter Schulen teurer. Die untersuchte Person. Ein Atelier in der Nähe des Hélène-Boucher-Gymnasiums erzielt beispielsweise einen Mehrwert von 20 % im Vergleich zum Durchschnitt des 20. Arrondissements. Forscher haben diesen Effekt wissenschaftlich gemessen. Ihre Methode bestand darin, die Preise von Wohnungen gleicher Größe zu vergleichen, die sich in derselben Straße befanden, aber keinen Zugang zu derselben Hochschule gewährten. Durch die Analyse der von der Pariser Notarkammer bereitgestellten Daten zu 200.000 Immobilientransaktionen heben Gabrielle Fack und Julien Grenet von der Paris School of Economics eine genaue Beziehung hervor: In Paris liegt der Durchschnitt mehr als 1,6 Punkte über dem des Nachbarn Hochschule ergibt sich ein Quadratmeterpreisunterschied von 1,4 % [3]. Eine amerikanische Studie, die in Massachusetts durchgeführt wurde, zeigte die gleiche Art von Beziehung, wobei Eltern bereit waren, 2,5 % mehr für die Unterkunft zu zahlen, um Zugang zu einer Grundschule mit 5 % höheren nationalen Testergebnissen zu erhalten. [4].

Der Einfluss der Qualität von Schulen auf die Immobilienpreise wird hauptsächlich in Großstädten beobachtet. Es ist mit der Existenz einer Schulkarte verbunden. Die Präsenz privater Einrichtungen, die sich dieser Regel entziehen, reduziert dieses Phänomen, ohne es zu beseitigen. Daraus lässt sich ableiten, dass die Ungleichheit zwischen den Betrieben umso größer ist, je sozial homogener die Quartiere sind. Daher ist es in den großen Metropolen, wo es großen Reichtum und große Armut gibt, insbesondere in Paris und Marseille, am stärksten ausgeprägt. Der Trend geht zur Betonung der räumlichen Segregation, einer Raumaufteilung, die hauptsächlich durch Unterschiede in den Immobilienpreisen erreicht wird. Ein Immobilienmakler erklärte mir, dass er seine Agentur L'Adresse genannt habe, weil "der Preis einer Unterkunft von drei Dingen abhängt: der Adresse, der Adresse, der Adresse". Tatsächlich ermöglicht der Verkauf einer Besenkammer im 7. Arrondissement von Paris den Kauf einer charmanten Residenz in der Corrèze oder an der

Somme. Wie sind wir dorthin gekommen?

Seit dem 19. Jahrhundert finden wir in allen Städten ab einer bestimmten Größe die Spur von sozial gegensätzlichen Stadtteilen. Aber die Zäsur ist nicht immer streng. Im Gebäude von Pot-Bouille, Zolas Roman, spiegeln die Stockwerke die soziale Hierarchie wider: Bürgerliche Wohnungen nehmen die ersten Stockwerke ein (die Nutzung des Aufzugs ist noch nicht weit verbreitet), während die Zimmer der Dienstmädchen unter den Dächern eingebettet sind; bescheidene Familien sind zwischen den beiden untergebracht. Es ist in der Tat notwendig, dass Bedienstete und alle, die im Dienst der privilegierten Klassen arbeiten, für ihre Arbeitgeber erreichbar sind. Die Trennung sozialer Gruppen wird sich danach mit der Entwicklung des Verkehrs ausweiten. Dieser Trend wurde jedoch während der Glorious Thirties unterbrochen,

Angesichts einer Wohnungskrise baute Frankreich in den 1950er und 1960er Jahren Blöcke, Kuben, Türme und Bars. Die "großen Komplexe" sind mit Parkplätzen für die Autos ausgestattet, die alle nach und nach ausrüsten, Küchen, die den Resopaltisch, die Waschmaschine und den Herd, die diese Zeit symbolisieren, die der Gentrifizierung der Arbeiterklasse, einrichten werden, auch das, wo der (junge) Apotheker, der Krämer oder der Lehrer des Stadtteils in denselben Gebäuden wohnen wie die Arbeiter und Angestellten. Dieses Zusammenleben ergibt sich aus der Wohnungsnot, aber auch aus der Ideologie, die den Bau von Großsiedlungen prägt, von der Abschwächung sozialer Unterschiede innerhalb einer "gemittelten" Gesellschaft. Organisationen, die HLMs (Low-Income Housing) verwalten, stellen die Vielfalt der Bewohner sicher, indem sie die Ansiedlung der Mittelklasse in großen Wohnsiedlungen und der Arbeiterklasse in Vorstadtgebieten fördern.

Wie dem auch sei, der Staat drängt auf den Zugang zum Eigentum, etwa durch das Barre-Barrot-Gesetz von 1975. Der Schnitt durch riesige Wohngebiete ist in der Folge für die Arbeiterklasse eine eingeschränkte Etappe, ein "privates Sprungbrett". Der Wechsel dieser Bevölkerungsgruppen in den Strukturen beschleunigt sich ... bis zu der Sekunde, in der sie aufgehört haben, die Wohnheimboxen zu durchsuchen, und von immer unglücklicheren Bevölkerungsgruppen verdrängt wurden, die auf natürliche Weise dort geblieben sind. Immer mehr Bewohner kämpften um die Zahlung ihrer Miete, zumal die Arbeitslosigkeit zunahm. Restriktive Assoziationen sind ruiniert. Die Bars, die in Eile arbeiteten, um sich an den Mangel an Unterkünften anzupassen, sind jedoch von angemessener Qualität. Ihr Unterhalt ist kostspielig. An dem Punkt, an dem Mietverträge ab sofort nicht eingehen, werden die Unterkünfte schwächer und die Bewohner, die es aushalten können, zu gehen. Die riesigen Gebäude, die in der Nähe der Verarbeitungsbetriebe errichtet wurden, erleben eine Deindustrialisierung. Ihre Bewohner sind dann in Vierteln ohne Zukunft gefangen. Entlang dieser Linien werden nach und nach Ghettos eingerahmt.

Ghettos in Frankreich?

Die verschärfte Form des sozialen Separatismus ist das Ghetto. Ist dieser in den Vereinigten Staaten häufig verwendete Begriff auf Frankreich anwendbar? Sie hat an Sichtbarkeit gewonnen, seit Premierminister Manuel Valls in einer bemerkenswerten Rede [5] „die Ghettos; eine territoriale, soziale, ethnische Apartheid". Einige Soziologen wie Loïc Wacquant oder Sophie Body-Gendrot glauben, dass die sehr spezielle Geschichte der Vereinigten Staaten, insbesondere das Gewicht des Rassismus, es verbietet, den Vergleich zu weit zu treiben. Andere, wie der Wirtschaftswissenschaftler Éric Maurin [6], verwenden das Wort. Didier Lapeyronnie, der fünf Jahre lang ein Armenviertel einer Provinzstadt untersucht hat, glaubt, dass es aufgrund der Verstärkung der städtischen Segregation und der Rassendiskriminierung in den 2000er Jahren jetzt möglich ist, von Ghettos zu sprechen. , sowie die wachsende Ungleichheit der Nachbarschaften angesichts der Arbeitslosigkeit.

Er beschreibt, wie aus den immensen Schwierigkeiten Formen der Selbstorganisation in der Nachbarschaft entstanden. Der Drogenhandel ist die wichtigste wirtschaftliche Aktivität. Seine Grundstruktur ist die Familie, die Waren werden aus der Großstadt importiert. Der Verkauf ist nach Treppenhäusern organisiert. Der Auflösung einer Bande folgt unmittelbar das Erscheinen einer anderen. In dem von Didier Lapeyronnie untersuchten Distrikt verhandeln die Behörden mit den Dealern über die Verteilung gewisser Sozialhilfe, Unterstützung während der Wahlen, sogar die Aufrechterhaltung der Ordnung. Der Soziologe stellt fest, dass das negative Image des Viertels seine Bewohner besessen hat [7].

Die Form des Ghettos bleibt jedoch eine Ausnahme. Die Daten zu den sensiblen Stadtgebieten (ZUS), den benachteiligten Quartieren, auf die sich die Stadtpolitik konzentriert, zeigen dies deutlich. ZUS beheimatet ca. 4,5 Mio. Einwohner und 13 % der Studierenden. Mit dreimal so vielen Armen, dreimal so vielen Einwanderern und doppelt so vielen Arbeitslosen wie anderswo könnten diese Viertel mit städtischen Ghettos verglichen werden. Allerdings studieren mehr als die Hälfte der College-Studenten und 80 % der High-School-Studenten, die in diesen Stadtteilen leben, außerhalb der ZUS. Umgekehrt kommen mehr als die Hälfte der Mittelschüler und mehr als 80 % der Gymnasiasten der ZUS von außerhalb.

Diese Mischung begrenzt die Ghettoisierung. Für Familien, die in der Nähe dieser Gebiete leben, stellt dies jedoch eine Bedrohung dar. Die Ergebnisse des Hauptschulabschlusses sind in dieser Hinsicht eindeutig: Je mehr Schüler eine Schule in der ZUS lebt, desto schlechter sind ihre Ergebnisse. [8]. Bei den am Erfolg ihrer Kinder am meisten interessierten Familien des Bezirks und in den Nachbarbezirken dominiert der Wunsch, die mit diesen Bezirken verbundenen Schulen um jeden Preis zu vermeiden. Eine Studie über Montpellier [9] kommt zu dem

Schluss, dass 75 % der Schüler der Mittel- und oberen Mittelschicht in „gemischten" Stadtteilen eine Fachhochschule meiden, indem sie auf den Privatsektor zurückgreifen oder davon abweichen. Diese Strategien sind sinnvoll: Das Leben in einem sensiblen Stadtgebiet verdoppelt das Risiko, dass ein leitendes Kind in der Schule zurückfällt, so die Beobachtungsstelle ZUS [10]

.Die Bezirke sind also nicht luftdicht getrennt, aber die Schule trägt stark dazu bei, dass sie es werden. Diese Daten bestätigen nur, was für Lehrer auf diesem Gebiet offensichtlich ist. Sehen wir uns als Beispiel die Liste der von Schülern der neunten Klasse gefundenen Praktika an. In einer Volkshochschule dominieren lokale Unternehmen, die oft mit Hilfe von Lehrern kontaktiert werden. Am François Quesnay College, das einige Praktika in Florida oder Quebec akzeptiert, überwiegen renommierte Unternehmen, insbesondere in den Bereichen Audiovisuelles, Kommunikation oder Finanzen, die Studenten interessieren und ihre Eltern beschäftigen.

Das Gegenstück zur Ghettoisierung ist die Gentrifizierung, also die Umgestaltung beliebter innerstädtischer Stadtteile durch die Ansiedlung von gebildetem Mittelstand, insbesondere Kulturberufen, die so Zentrumsnähe und bezahlbare Immobilienpreise miteinander verbinden können , ohne potenzielle Immobilienkapitalgewinne zu vernachlässigen. Diese Bewegung betrifft im Allgemeinen Nachbarschaften, die nicht weit von schönen Nachbarschaften entfernt sind. Sie stärkt die soziale Homogenität der Großstädte und vor allem von Paris, indem sie die Arbeiterklasse immer weiter aus dem Zentrum drängt [11].

Natürlich sehen die „Gentrifizierer", die sich weigern, in den ihnen ohnehin unzugänglichen bürgerlichen Vierteln zu leben, keine Unannehmlichkeiten darin, dass ihre Kinder bürgerliche Schulen in gehobenen Vierteln besuchen. Der Politikwissenschaftler Jacques Donzelot erklärt:

Pariser Wunden sind mit ihrer Nachbarschaft ebenso verbunden wie mit Großstädten auf der ganzen Welt. Die Nähe zu Verkehrsknotenpunkten, nationalen oder internationalen Bahnhöfen und großen Flughäfen ist daher ein entscheidender Faktor. Die zweite Motivation ist die Nähe zu guten Gymnasien. Viele Eltern sind bereit, auf Kosten eines gewissen Lebenskomforts umzuziehen, um näher an den besten Gymnasien für ihre Kinder zu sein. [12].

In Paris, wo es bis in die 1980er Jahre dauerte, bis Angestellte und Arbeiter zur Minderheit wurden, schreitet die Gentrifizierung allmählich von Südwesten nach Nordosten voran. Abgesehen von einigen Blocks um die Bahnhöfe und einigen Sektoren des 18., 19. und 20. Arrondissements ist der Prozess fast abgeschlossen. So sehr, dass der Anteil der Sechstklässler aus sehr privilegierten Verhältnissen in den 2000er Jahren von 41 % auf 47 % anstieg.

Gleichzeitig hat das Phänomen die Grenzen der Hauptstadt überschritten. Trotz des starken Widerstands zwischen Paris und seinen „Vororten" – ein abwertender Begriff, den niemand auf Neuilly-sur-Seine oder Marnes-la-Coquette anwenden würde – hat der Platzmangel einige dazu gebracht, wie meine Freunde Marianne und Jérôme, die Umgehungsstraße, eine sehr symbolische Barriere, nach Montreuil oder Bagnolet zu überqueren, die manche als "DOP-TOP" (Départements und Gebiete jenseits der Umgehungsstraße) bezeichnen. Aus dem Mund eines Lehrers gehört, ist dieses Akronym ein gutes Beispiel für die soziale Verachtung, zu der die Notwendigkeit führen kann, sich durch die vier Adern im intellektuellen Kleinbürgertum zu verbluten, um die eigene Adresse mit dem sozialen Umfeld, das man anstrebt, in Einklang zu bringen. In der gesamten Île-de-France stieg der Anteil der Führungskräfte unter den Wohnungskäufern laut der Notarkammer von 30 % im Jahr 2009 auf 38 % im Jahr 2013, was bedeutet, dass sich das Phänomen beschleunigt hat. In der Île-de-France, einem in Bezug auf Einkommen unglaublich kontrastreichen Gebiet, fällt uns auch auf, dass der durchschnittliche Lebensstandard – das verfügbare Bruttoeinkommen pro Konsumeinheit – im Jahr 2010 25.000 Euro überstieg. [13] pro Jahr in Paris oder Hauts-de-Seine, aber weniger als 15.000 Euro in Seine-Saint-Denis. Bei näherer Betrachtung sind die Unterschiede deutlich ausgeprägter. So betrug das durchschnittliche Haushaltseinkommen in Boulogne-Billancourt im Jahr 2010 im ärmsten Viertel 26.198 Euro und im reichsten Viertel 119.967 Euro! In Paris variiert das Durchschnittseinkommen je nach Bezirk zwischen 19.837 Euro und... 181.873 Euro! Diese Unterschiede gehen einher mit der differenzierten Entwicklung der Immobilienpreise. Zwischen 2009 und 2014 stieg dieser in Montreuil um 25 % und in Bagnolet um 29 %, ging jedoch in Noisy-le-Sec (an der Grenze zu Montreuil) um 6 % und im wenige Kilometer entfernten Aulnay-sous-Bois um 27 % zurück.

Die gleiche Ungleichheit ist in den anderen Großstädten zu beobachten: Im ärmsten Viertel von Grenoble beträgt das Durchschnittseinkommen pro Haushalt 16.175 Euro, gegenüber 86.297 Euro in bestimmten Teilen von Meylan, seinem schicken Vorort. Marseille hat einige der reichsten Viertel Frankreichs... und einige der ärmsten.

Das Ergebnis dieser Strategie der Reichsten und des von ihnen gestarteten Rennens ist es, homogene Nachbarschaften in den großen Städten zu zeichnen. In einem durchweg wohlhabenden Viertel wie dem des Lycée Quesnay haben die Schüler keine Ahnung vom Lebensstandard in Frankreich. Sie sind sehr überrascht, als sie erfahren, dass das Mediangehalt 2.000 Euro netto im Monat nicht übersteigt. In den Gymnasien, in denen ich früher gearbeitet habe, waren die Schüler beeindruckt, als ich ihnen Daten zu sehr hohen Einkommen präsentierte. Sie stellten naive (aber relevante) Fragen wie: „Wie kannst du so viel Geld ausgeben? Am Lycée François Quesnay sind die Reaktionen sehr unterschiedlich. Als ein Student erfährt, dass die bestbezahlten Führungskräfte im Finanzbereich 2012 im Durchschnitt mehr als 4 Millionen Euro verdienten, macht er sich Sorgen: „Aber warum bleiben sie in Frankreich? Sie müssen vom Finanzamt getötet werden! Ein anderer enttäuschte ihn sofort: „Mein Vater ist in London und wir nehmen ihm auch alles ab, wissen Sie. „Wird es notwendig sein, zum Zeitpunkt des vorläufigen Dritten eine psychologische Betreuungseinheit an der Quesnay High School einzurichten?

Um die soziale Interaktion zu fördern, beinhalten

Immobilienanzeigen nun auch die soziodemografischen Daten des Stadtteils. Unter der Rubrik „Nachbarn" begleitet die Von-Individuum-zu-Individuum-Site daher eine Immobilienanzeige mit sozioökonomischen Daten: Durchschnittseinkommen, Arbeitslosenquote, Durchschnittsalter, Profil der Nachbarschaft (z. B. „junge dynamische Führungskräfte").

Was passiert mit der Bevölkerung, die durch steigende Preise aus den Innenstädten vertrieben wird? Sie reisen oft weit weg auf der Suche nach Ruhe und mehr Lebensqualität. Andererseits fährt der Besitzer eines hübschen Hauses in Vinon-sur-Verdon jeden Tag mit dem Auto zur Arbeit nach Marseille, und der Bewohner von Louviers macht sich Sorgen um den Zugverkehr zum Bahnhof Saint-Lazare. Neben dem Transport ist das Problem dieser Pioniere die Schule. Schulen, die für die rückläufige ländliche Bevölkerung ausgelegt sind, entsprechen nicht den Wünschen der Landbewohner, weder in Bezug auf die Nähe noch auf die Qualität.

Beachten Sie schließlich, dass die hohen Wohnkosten eine gute Schulpopulation vorhersagen, aber nicht garantieren. Vor allem in den Großstädten existiert ein gewisses Spiel. Selbst bei einem Anteil von 47 % wohlhabender Familien ist die Qualität der Schulen nicht immer gegeben, wie die Eltern der wachsamsten Schüler nur zu gut wissen; und feine soziologische Nuancen werden leicht zu einer großen Lücke in Bezug auf den akademischen Wert von Schulen. Wir haben das bei den „Frontier"-Vierteln gesehen, es gilt auch für die gehobenen Viertel. So ist in der guten Stadt Neuilly-sur-Seine eines der Gymnasien, obwohl es sich in einem angesehenen Viertel befindet, aufgrund des rücksichtslosen Wettbewerbs eines guten öffentlichen Gymnasiums und drei guter privater Gymnasien von sehr durchschnittlichem Niveau. . In Großstädten ist der Schulplan daher eine strategische Variable.

Die Karte und das Territorium

Der Schulplan ordnet die Schüler den Schulen, Hochschulen und Gymnasien nach ihrem Wohnort zu. An der Universität richtet sich die Zuordnung nach der Adresse der in terminale besuchten Einrichtung. Als sie 1963 eingeführt wurde, bestand der Hauptzweck der Schulkarte darin, vorherzusagen, wie viele Schüler ein College oder eine High School erreichen würden, um die Einrichtung und Schließung von Klassen besser zu verwalten. Der Schulbesuch wurde 1959 bis zum 16. Lebensjahr obligatorisch. Aufgrund der explosionsartigen Zahl wurde es ziemlich akrobatisch, für jeden Schüler einen Platz in einer Einrichtung in der Nähe seines Wohnortes zu finden. Die Karte muss es ermöglichen, Strömungen zu antizipieren.

die Schule für ihre Kinder nicht mehr aussuchen. Alle Einrichtungen profitieren von den gleichen Programmen, den gleichen Stundenplänen und dem gleichen Lehrpersonal, die Gleichbehandlung der Nutzer, ein Grundprinzip des öffentlichen Dienstes, wird garantiert. Grundsätzlich gibt es keinen Grund, eine Schule einer anderen vorzuziehen. Auch wenn es damals kein zentrales Anliegen war, verhindert die Schulkarte bestimmte stigmatisierte Einrichtungen vor der Flucht von Familien und fördert die soziale Vielfalt.

Heute ist diese soziale Durchmischung ein von der

öffentlichen Hand ausdrücklich dem Schulplan zugewiesenes Ziel, manchmal sogar als moralisches Gebot dargestellt. Die sozialistische Senatorin Françoise Cartron beschrieb 2012 in einem Bericht die Situation von fünf Familien aus Romainville, die ihre Kinder, gute Schüler, in betrügerischer Absicht am Condorcet-Gymnasium in Paris angemeldet hatten: „Die Tatsache, dass dem Romainville-Gymnasium der seine besten Schüler [...] reproduzieren Peer-Effekte, die dem akademischen Erfolg von Schülern abträglich sind, die die Sektorisierung respektiert haben.14 Mit anderen Worten, es wäre die Pflicht der Eltern guter Schüler, ihre Kinder mit weniger guten Schülern zu belassen, um sie zu fördern der Fortschritt des letzteren. Beim ersten Lesen fragte ich, ob es einen Fehler gebe. Dass eine so radikale, fast aufopferungsvolle Konzeption in einem demokratischen Land behauptet werden kann, ist ziemlich überraschend, und man bezweifelt, dass die Eltern guter Schüler sie teilen.

Allerdings ist zu bedenken, dass diese soziale Mischung lange Zeit eine reine Beschwörung geblieben ist. In den 1960er Jahren wurde das College in drei hierarchische Ströme unterteilt. Die erste war die Realschule. Dort lernten die Kinder, vor allem aus privilegierten Verhältnissen, in diesen „kleinen Gymnasien", den späteren CES (Secondary Education Colleges), Latein und Geisteswissenschaften. Der Abschnitt 2, der insbesondere für ernsthafte Studenten aus Arbeiterschichten bestimmt war und in den allgemeinbildenden Hochschulen (CEG) entwickelt wurde, führte zu den technischen Pädagogischen Hochschulen, während die Übergangsklassen im dritten Zweig auf Lehre und aktives Leben vorbereiteten. Wir mischten uns nicht und das Fehlen von Vielfalt in jeder Einrichtungskategorie schränkte die Versuchung ein, die Schullandkarte zu umgehen.

1975 schaffte die Haby-Reform die Kurse ab und schuf das berühmte Single College. Eigentlich war sie zunächst nur dem Namen nach einzigartig, denn viele Schüler waren vor allem am Ende der fünften Klasse technisch oder beruflich orientiert. Ende der 1970er Jahre traten nur 40% der Schüler, die in die sechste Klasse eintraten, in die zweite allgemeine ein. Und die Chancen, „orientiert", also vom Weg zur allgemeinen Hochschulreife ausgeschlossen zu werden, hingen von der sozialen Herkunft des Schülers ebenso ab wie von seinen Leistungen. Das Single College war daher ein beeindruckender Ort des Sortierens und Eliminierens, der ziemlich homogene Klassen hervorbrachte.

Die Dinge änderten sich allmählich in den 1980er Jahren, als die Orientierungen außerhalb des allgemeinen Studiengangs reduziert wurden. Eine echte soziale Durchmischung wurde möglich und da fingen die Probleme an. Nicht unbedingt für die Oberschicht, die in den gehobenen Vierteln ohnehin unter sich blieb. Aber die soziale Mischung bedrohte die Mittelschichten, deren Kinder Gefahr liefen, in weniger attraktiven Einrichtungen und weniger selektiven Klassen mit denen der Arbeiterklasse vermischt zu werden.

Zugegebenermaßen wurde die Reform von der Wiederaufnahme der meisten Programme und Anforderungen der CES, dem Erben des kleinen Gymnasiums, begleitet. Das theoretische Niveau des Einzelkollegs ist also gut. Aber diese Programme setzen ein schnelles Tempo und ziemlich traditionelle Pädagogiken voraus. Es wäre ein

Wunder, wenn alle Kinder sie plötzlich aufnehmen könnten. Dass viele Betriebe schnell in Schwierigkeiten geraten würden, war von vornherein absehbar.

Nachdem sich die Prognose bestätigt hatte, versuchten die Eltern der Mittelschicht, diesen Schwierigkeiten und damit dem Zwang, den ihnen die Schulkarte auferlegte, zu entkommen.

Umgehungsstrategien, die in den 1980er und 1990er Jahren entwickelt wurden. Sie ist sogar zu einem „Kastanienbaum" der Zeitschriftenverlage geworden, die sie regelmäßig inventarisiert, mit umso größerem Interesse, als Journalisten gerade zu den von der schulischen Koedukation „bedrohten" Gesellschaftsschichten gehören. Heute werden 10 % der Kinder an einer anderen öffentlichen Hochschule als der in ihrer Nachbarschaft unterrichtet und 20 % in der Privatwirtschaft. Fast jedes dritte Kind flieht deshalb in seinem Bezirk von der Volkshochschule. Von Gleichberechtigung sind wir weit entfernt. Und diese Durchschnittswerte werden mancherorts deutlich überschritten. Montreuil zum Beispiel hat nur zweiundzwanzig zweite Klassen, während diese Stadt von

100.000 Einwohner würden doppelt so viele zählen, wenn alle jungen Menschen dort ausgebildet würden [15]. Wo sind die vermissten Schüler geblieben? Die Kinder von Marianne und Jérôme sind morgens nicht allein in der U-Bahn, die nach Paris führt! Im Durchschnitt „verschwinden" 12 % der CM2-Schüler in Seine-Saint-Denis beim Eintritt in die sechste Klasse.

die Schulkarte umgehen ? An Mitteln mangelt es nicht.

Die erste ist die Nutzung privater Bildung. Einige Einrichtungen haben keinen Vertrag mit dem National Education und sind teuer (von 4.000 Euro bis... 30.000 Euro pro Jahr). Die überwiegende Mehrheit der privaten Einrichtungen steht jedoch unter einem Assoziierungsvertrag mit dem Staat und ist Teil des öffentlichen Bildungsdienstes. Eltern haben die Gewissheit, dass sie die nationalen Programme und Stundenpläne befolgen und dass der Übergang von privat zu öffentlich problemlos möglich ist. Da die Lehrergehälter vom Staat bezahlt werden, sind diese Einrichtungen für den Mittelstand erschwinglich (von 1.000 Euro bis 2.000 Euro pro Jahr).

Aber sie entziehen sich der Schulkarte, die ebenfalls ziemlich umstritten ist und von den Behörden sehr wohl in Frage gestellt werden könnte. Denn wenn Privatkliniken in regionale Gesundheitsorganisationen integriert sind, warum nicht auch in das Bildungssystem? Diese privaten Einrichtungen spielen manchmal das Spiel der sozialen und ethnischen Vermischung. Wir wissen von katholischen Hochschulen, die mehrheitlich muslimische Studenten aufnehmen oder in denen sich die Familien von Führungskräften bereit erklären, ihre Kinder trotz einer überwiegend populären Rekrutierung unterzubringen.

Privatschulen spielen jedoch meistens die Rolle des Rückgriffs, wenn die Leistung oder der Ruf der örtlichen öffentlichen Schule zu wünschen übrig lässt. Sie wählen Akten aus, prüfen die Motivation des Schülers und seiner Familie; kurz gesagt, sie geben sich die Mittel, um gute Ergebnisse zu erzielen. Und es ist effektiv: Die privaten Einrichtungen sind heute die besten in Frankreich, wir werden darauf zurückkommen. Diese Aufführungen sind offensichtlich mit dem empfangenen Publikum verbunden. Eltern, die bereit sind, sich an die Privatwirtschaft zu wenden und Studiengebühren zu zahlen, sind notwendigerweise sehr besorgt um den schulischen Erfolg ihrer Kinder und bereit, Maßnahmen zu seiner Förderung zu ergreifen, was sehr wichtig ist. Die Nutzung des Privatsektors trägt erheblich dazu bei, die Niveauunterschiede zwischen den Betrieben zu vergrößern. In einem unbeständigen Kontext wie dem der Region Paris, wo die Eltern sehr wachsam (oder hysterisch, je nach Standpunkt) sind und wo die Schulauswahl groß ist,

Das ist, was in der Vorstadt passiert ist, in der ich lebe. Die dortige öffentliche High School hatte den Ruf, hart zu schwachen Schülern, aber effizient zu sein. Die Lockerung von Disziplin und Auswahl aufgrund der eifrigen Befolgung offizieller Anweisungen durch den neuen Schulleiter alarmierte sofort die wohlhabendsten Familien. Ich fing an, Anrufe von Nachbarn oder Freunden zu bekommen, die versuchten, die High School zu vermeiden, und wollten wissen, ob ich eine Lösung hätte. Die einen gingen auf das nahe gelegene Privatgymnasium, das durch einen Wippeneffekt an Qualität gewann, die anderen auf weiter entfernte Einrichtungen. Die Lehrer der öffentlichen Gymnasien errechneten, dass von den guten Neuntklässlern der Stadt die Hälfte die High School mieden. Diese Blutung guter Elemente verstärkte den Niedergang: Die freien Plätze in Terminale wurden von Wiederholern besetzt, die wegen ihrer schlechten Akte, die manchmal von weit her kamen und die die akademische Inspektion wegen der verfügbaren Plätze auferlegte, anderswo abgelehnt wurden. Wenn die negative Spirale einmal begonnen hat, ist es schwierig, sie umzukehren. Finanzmärkte sollen furchterregend wie Mäuse sein und das Gedächtnis eines Elefanten haben. Dasselbe gilt für die Eltern von Studenten: Sie verlassen schnell das im Niedergang begriffene Etablissement und kehren erst zurück, wenn sie sicher sind, kein Risiko für ihren Nachwuchs einzugehen. Finanzmärkte sollen furchterregend wie Mäuse sein und das Gedächtnis eines Elefanten haben. Dasselbe gilt für die Eltern von Studenten: Sie verlassen schnell das im Niedergang begriffene Etablissement und kehren erst zurück, wenn sie sicher sind, kein Risiko für ihren Nachwuchs einzugehen. Finanzmärkte sollen furchterregend wie Mäuse sein und das Gedächtnis eines Elefanten haben. Dasselbe gilt für die Eltern von Studenten: Sie verlassen schnell das im Niedergang begriffene Etablissement und kehren erst zurück, wenn sie sicher sind, kein Risiko für ihren Nachwuchs einzugehen.

Anders als häufig genutzt, um den Schulausweis zu umgehen, sind falsche Adressen offensichtlich besser zugänglich für diejenigen, die Verbindungen in den Bezirk haben, von dem die begehrte Einrichtung abhängt. Es ist in der Tat erforderlich, eine Unterkunftsbescheinigung vorzulegen. Die Anmietung eines Briefkastens ist eine Alternative.

Dieses im Internet angebotene Service richtet sich im Wesentlichen an Selbstständige und Freiberufler. Es kostet zwischen zwanzig und vierzig Euro pro Monat, Postweiterleitung inklusive. Ein Verzicht kann auch auf der Grundlage des Beschäftigungsortes beantragt werden, möglicherweise unter Verwendung einer falschen Beschäftigungszusage.

Eine ideal gelegene Immobilie zu mieten oder zu kaufen ist eine radikale Lösung. Es zeigt sich also, dass die Nachfrage nach sehr kleinen Flächen (weniger als 10 m2) in der Nähe renommierter Gymnasien (z. B. Thiers in Marseille oder Condorcet in Paris) sehr hoch ist. Es ist auch möglich, "drei Fliegen mit einer Klappe zu schlagen": Le Particulier zitiert den Fall einer Familie aus Toulouse, die nach einem Atelier in der Nähe des renommierten Pierre de Fermat-Gymnasiums suchte, um ihren ältesten Sohn unterzubringen ... und dort fiktiv zu leben zwei weitere Kinder [16].

Aber diese Paraden reichen nicht mehr aus. Tatsächlich scheint das Nationale Bildungswesen diese Praktiken wirksamer bekämpfen zu wollen und verfügt über die Mittel dazu. Immer häufiger verlangen Betriebe von Familien mehrere Wohnsitznachweise und den Gemeindesteuerbescheid. Wie Marianne und Jérôme verstanden haben, ist es sehr schwierig, diese Anfragen zu umgehen. In den großen Städten wurde 2008 ein computergestütztes Verfahren zur Vergabe von Studenten mit dem süßen Namen Affelnet eingerichtet. Es favorisiert das Kriterium der geografischen Nähe, aber Stipendiaten profitieren von einem Bonus, der die Rekrutierung von bestimmten Einrichtungen modifiziert. In Paris beispielsweise hatten die Gymnasien Sophie Germain (7. Arrondissement) und Turgot (3. Arrondissement) 2012 45 % der Stipendiaten.

Schließlich müssen wir die politischen Interventionen erwähnen, die in meinem Gymnasium häufig sind. Sie betreffen einige wenige Einrichtungen, insbesondere in weiterführenden Schulen. Aber nicht jeder hat Mazarine Pingeots Verbindungen und dieses Phänomen bleibt begrenzt. Was es im Sinne der sozialen Gerechtigkeit nicht akzeptabler macht...

Da die Schulkarte nicht umgangen werden kann, greift der Separatismus manchmal in eine mittelmäßige Schule selbst ein: Um gute Schüler zu halten, kann die Leitung (entgegen offizieller Texte) homogene Klassen bilden oder zumindest eine gute Klasse isolieren . Das nennt man schon lange

„CAMIF-Klassen", nach dem Namen dieser ehemaligen Genossenschaft, die mit dem Versicherungsfonds auf Gegenseitigkeit für Lehrer verbunden war, weil sie die Kinder von Lehrern aus der Nachbarschaft zusammenbrachten. Einige zögern nicht, den Rektor des Colleges zu treffen und ihm den Markt in die Hand zu nehmen: Entweder bildet er eine gute Klasse, die den besten Lehrern anvertraut wird, oder sie ziehen ihr Kind aus dem Establishment zurück.

Eine Studie hat gezeigt, dass die Gruppierung von

Schülern, die Deutsch als Erstsprache lernen, an benachteiligten Hochschulen häufiger vorkommt [17].

Chance ! Auch die Wahl von Latein oder Griechisch kann diese Rolle spielen. Aber der deutlichste Marker ist die europäische Klasse. Zwischen einem dritten oder zweiten Europäer und den anderen Klassen derselben Einrichtung sind Klassendurchschnittsunterschiede von drei Punkten keine Seltenheit. Diese Strategie der Umgruppierung und Trennung wird oft von Schulleitern übernommen, weil sie allein es ermöglicht, die besten Elemente zu behalten, auch wenn sie sich ihrer perversen Auswirkungen bewusst sind. Zusätzlich zu der Tatsache, dass sie den Zorn ihrer Hierarchie erleiden können, kann dies zu Zusammenstößen zwischen sehr unterschiedlichen Zielgruppen führen. Die Anwesenheit guter Schüler unterstreicht tendenziell das Versagen anderer und die Gefühle der Relegation und Ungerechtigkeit, die sie möglicherweise hegen. Ohne geht keine Eliteklasse

„ Müllklassen ", deren schlichter Name die symbolische Gewalt, mit der Jugendliche und Eltern konfrontiert werden, grob umschreibt.

Auf dem Weg zur Abschaffung der Schulkarte?

Unter Umgehung des komplizierter gewordenen Schulplans wiegt das eiserne Gesetz der Adresse immer schwerer. Als Reaktion darauf erweiterte die Regierung 2007 die Möglichkeiten für Ausnahmeregelungen bis zu einer vollständigen Abschaffung, die 2012 stattfinden sollte ... aber seitdem in der Schwebe ist. Der Staat bläst also heiß und kalt, was sein Zögern widerspiegelt: Die Schulkarte schränkt die Vermeidungsstrategien bestimmter Familien ein ... blockiert jedoch diejenigen, die in benachteiligten Stadtteilen in weniger guten Einrichtungen leben. Welches der beiden Übel ist das kleinere?

Einige Gymnasien entkommen der Schulkarte. In Paris sind Henri IV und Louis Le Grand total entsektoriert: nur die Studentenakte zählt. In Versailles, wo es keine Schulkarte gibt, kann die beste High School die besten Schüler auswählen.

Sieben hierarchische Ausnahmegründe können nun geltend gemacht werden: eine Behinderung, ein medizinischer Grund, die Tatsache, Stipendiat zu sein, eine besondere Schullaufbahn, eine Annäherung von Geschwistern, die Tatsache, dass der Wohnort in der Nähe der gewünschten Einrichtung liegt, und „Sonstiges". Gründe dafür ". Der „Sonderschulkurs" ermöglicht musikalischen oder mehrsprachigen Schülern den Eintritt in eine Schule mit flexiblen

Stundenplänen. Die frühzeitige Wahl einer zweiten modernen Fremdsprache im Gymnasium, das Wahlfach „Kunstgeschichte" im Gymnasium sind weitere Möglichkeiten. Die Regierung hat beschlossen, die Auswirkungen dieses Grundes ab Beginn des Studienjahres 2014 zu begrenzen, da die Nutzung seltener Optionen ein einfacher Vorwand sein könnte. Es ist daher üblich, dass eine Familie, die nach einer guten Einrichtung außerhalb des Sektors sucht, um ein Interview mit dem Leiter der Einrichtung bittet und ihm eine Rede hält wie: „Hier ist die Akte meines Kindes. Sie sehen, dass er ein sehr guter Schüler ist. Was soll ich ihn bitten, zu Ihnen nach Hause zu kommen? Die Antwort könnte zum Beispiel lauten: "Fachsportliche Aktivität, Volleyballoption". Niemand wird die Volleyballfähigkeiten des Schülers überprüfen. Er bekommt die Aufgabe seiner Wahl und das Gymnasium, ein gutes Element. In Paris sind diese "Reisen

Privatpersonen " machen 48 % der Befreiungsanträge aus, dreimal mehr als im Rest Frankreichs. Auch die medizinische Begründung kann manipuliert werden. Es wird manchmal gefordert, meine High School zu integrieren, auf der Grundlage von Krankenakten, in denen "Aufmerksamkeitsstörungen" und andere eher vage Pathologien erwähnt werden, die angeblich eine verkürzte Transportzeit für den Schüler erfordern, der zufällig in der Nähe, aber außerhalb des Gebiets wohnt ...

Eltern stürzten sich nicht in die neuen Freiheiten,

die ihnen geboten wurden. Zwischen 2006 und 2009 stiegen die Ausnahmeanträge von 6 % auf 11 % der Schüler. 60 % bis 70 % sind damit zufrieden, sodass Ausnahmeregelungen jetzt etwas mehr als 7 % der Auftragsakten ausmachen, was nach wie vor gering ist [18]. In Paris viel zahlreicher (36 %), werden die Anfragen weitaus weniger befriedigt (31 %) als in ganz Frankreich, da die Aufnahmekapazitäten der Colleges und Gymnasien nicht unendlich erweitert werden können.

Ausnahmen betreffen offensichtlich nicht alle sozialen Kategorien gleichermaßen. Wohlhabende Familien brauchen es selten, da sie per Definition dort wohnen, wo die guten Häuser sind. Eine in Montpellier durchgeführte Umfrage hat gezeigt, dass die Colleges der schönen Bezirke diejenigen sind, deren Rekrutierung die Schulkarte am besten respektiert [19]. Private Führungskräfte oder Ladenbesitzer greifen häufig auf private Bildung zurück. Mangels Information sind die Arbeiterklassen meist zufrieden mit der öffentlichen Einrichtung in ihrem Bezirk. Es bleiben diejenigen übrig, die nicht über die finanziellen Mittel verfügen, um in den besten Gegenden zu leben, die aber über ein Bildungsniveau verfügen, das es ihnen ermöglicht, das Bildungssystem zu kennen und zu wissen, dass Ausnahmen möglich sind, wie man sie erhält und dass es wichtig ist schnappt sie. Der ideale Suchertypus ist daher der Lehrer. Tatsächlich schreiben Lehrer ihre Kinder doppelt so häufig wie der Durchschnitt an einer anderen öffentlichen Hochschule als der ihres Sektors ein.

Warum führte die Lockerung des Schulplans nicht zu dessen Abschaffung, wie von Nicolas Sarkozy vorgesehen? Sein Rekord ist umstritten. Sie hat zur Desertion bestimmter Betriebe geführt. So glauben die Beamten des Henri-Longchambon-Colleges in Lyon, dass die Lockerung, „wenn sie einigen hätte zugute kommen können, die Situation ihrer Einrichtung verschlechtert hat" (fünftbenachteiligtes College in der Rhône). Angesichts der Zahl der CM2-Schüler in der Gegend hätte es aber 190 neue Schüler der sechsten Klasse aufnehmen müssen

Nur 120 Studenten erschienen [20]. Mit 55 Ausnahmeanträgen im Jahr 2010 war es trotz des spektakulären Anstiegs seiner Ergebnisse das am meisten gemiedene College des Fachbereichs.

Das Problem der gemiedenen Betriebe besteht darin, dass sie Ressourcen verlieren, weil diese an die Anzahl der Mitarbeiter gekoppelt sind: Sie bieten dann weniger Optionen und müssen manchmal die Maßnahmen aufgeben, die zur Lösung der Probleme, auf die sie stoßen, entwickelt wurden. Es ist gut, dass eine Schule nicht zu groß ist, um jeden Schüler gut zu kennen, aber eine zu kleine Schule ist nicht lebensfähig. Wenn zum Beispiel jeder zehnte Schüler Deutsch lernt, hat ein College mit nur zwei Klassen pro Stufe nur vier oder fünf Germanisten. Entweder wird in der Mittelstufe kein Deutsch mehr angeboten, wodurch weitere Schüler verloren gehen, oder es wird ein erheblicher Personalaufwand erkauft, der dazu zwingt, einen anderen Unterricht zu opfern. Der Personalabbau führt auch zu Stellenstreichungen, die Teams stören und Projekte in Frage stellen. Schließlich sinken die Erfolgsaussichten in diesen Betrieben.

Die Regierung Hollande ging daher in die entgegengesetzte Richtung. Die Mittelschulreform könnte das Ende des europäischen Unterrichts und der alten Sprachoptionen bedeuten, die so oft von den am besten informierten Eltern genutzt werden, um die Schulkarte zu umgehen.

Festgefahren zwischen einem starren Schulplan, der räumliche Trennung befürwortet, und einer Wahlfreiheit, die soziale Trennung hinzufügt, haben die Behörden keine gute Lösung gefunden. Der Grund für diese Sackgasse ist einfach: Es ist schwierig, eine egalitäre Schule in einer Gesellschaft aufzubauen, die es nicht ist. Die enormen Spannungen rund um die

Schulkarte resultieren aus wachsenden Ungleichheiten zwischen den Einrichtungen in einem Kontext von verschärftem Elitismus und räumlicher Segregation. Sie können sich nur verschlimmern, wenn mehr und besser ausgebildete Eltern sich der Probleme bewusst werden.

Für diejenigen, die Ungleichheiten beobachten, gibt es ein französisches Rätsel: In Bezug auf das Einkommen ist Frankreich im Vergleich zu anderen entwickelten Ländern nicht besonders ungleich. Die Arbeit der OECD (Organisation für wirtschaftliche Zusammenarbeit und Entwicklung) platziert sie in einer durchschnittlichen Position [21]. Darüber hinaus ist der Schulbesuch bis zum 16. Lebensjahr kostenlos und obligatorisch. Die am stärksten benachteiligten Leistungen aus Stipendien und die für benachteiligte Einrichtungen bestimmten Mittel wurden in den letzten dreißig Jahren erhöht. Allerdings schneidet Frankreich bei der Bildungsungleichheit schlechter ab als Länder, in denen die Eliten in den Schulen mit 30.000 Euro pro Jahr unter sich bleiben. Es ist unglaublich und wird doch Jahr für Jahr von den PISA-Erhebungen bestätigt: „In Frankreich ist der Zusammenhang zwischen sozioökonomischem Hintergrund und Leistung viel ausgeprägter als in den meisten anderen OECD-Ländern", schreiben die Verantwortlichen dieser Umfrage, und „ das französische Bildungssystem ist 2012 ungleicher als neun Jahre zuvor" [22]. Dieses Kapitel hilft uns zu verstehen, warum. Familien aus privilegierten Verhältnissen sind diejenigen, die das Schulsystem, das der Staat den Bürgern zur Verfügung stellt, am effizientesten nutzen. Und sie haben vor allem deshalb Erfolg, weil sie reicher sind. Geld ist nicht alles, weit davon entfernt. Aber es ist der erste Grund, warum die Kluft zwischen den Betrieben größer wird. Eine US-Umfrage der überparteilichen PEW Foundation [23] zeigt, dass räumliche Segregation die Chancenungleichheit erhöht. Die Schule steht im Mittelpunkt dieses Phänomens.

Kapitel 2 Notizen

[1.] Robert P.ARK, „Die Stadt: Vorschläge zur Erforschung des menschlichen Verhaltens in einer städtischen Umgebung" (1925), in The School of Chicago. Geburt der Stadtökologie, Editions du Champ urbain, Paris, 1979, p. 125.

[2.] Die durchschnittlichen Einkommen jedes IRIS (Cluster Grouped for Statistic Information), einer Gruppe von ungefähr tausend Haushalten, sind auf der INSEE-Website verfügbar.

[3.] Gabrielle FACK und Julien G.RENET, „Schulkarte und Immobilienpreise in Paris", in Denise PUMAIN und Marie-Flore M.ATTEI (Hrsg.), Urban Data, vol. 6, Economica, Paris, 2011, p. 181-186.

[4.] Sandra BLACK: „Sind bessere Schulen wichtig? Bewertung der Grundschulbildung durch die Eltern", Quarterly Journal of Economics, Nr. 114 (2), 1999, p. 577-599.

5. Wünsche an die Presse, 20. Januar 2015.

6. Eric M. AURIN, Das französische Ghetto. Inquiry into social separatism, Threshold, Paris, 2004.

7. Didier L.APEYRONNIE, Städtisches Ghetto. Segregation, Gewalt, Armut in Frankreich heute, Robert Laffont, Paris, 2008.

8. ONATIONALE BEOBACHTUNGSSTELLE FÜR SENSIBLE STÄDTISCHE GEBIETE, Bericht 2013, Les Éditions du CIV, Paris, 2013, p. 90.

9. Laurent VISIER und Genevieve ZOIA, Die Schulkarte und das *Stadtgebiet*, PUF, Paris, 2009.

10. ONATIONALE BEOBACHTUNGSSTELLE FÜR SENSIBLE STÄDTISCHE GEBIETE, Bericht 2013, op. cit.

11. Siehe zB Anne CLERVAL, Paris ohne die Menschen. Die Gentrifizierung der Hauptstadt, La Découverte, Paris, 2013.

12. „Bobos, Migranten: Zwei „Klassen" erobern die Stadtzentren", Île-de-France 2030, 2. Dezember 2013.

13. Website

14. Informationsbericht Nr. 617 (2011-2012) von Frau Françoise Cartron, erstellt im Namen des Ausschusses für Kultur, Bildung und Kommunikation, eingereicht am 27. Juni 2012.

15 . Ebd., p. 37.

16. "Die Schulkarte treibt die Preise in die Höhe: gelistete Einrichtungen stimulieren die Nachfrage in Paris und in der Provinz", Le Particulier immobilier, n^oh 292, Dezember 2012,

17. Monique GIRY-VSOISSARD und Xavier N.IEL, „Homogeneity and disparity ofclasses in public colleges", Briefing note, n °ʰ 97-30, Ministry of National Education, Juli 1997.

18. Siehe Gabrielle FACK und Julien G.RENET, Evaluierungsbericht zur Flexibilität der Schulkarte, CEPREMAP, Paris, Januar 2012.

19. Laurent VISIER und Genevieve ZOIA, Die Schulkarte *und das Stadtgebiet*, op. cit.

20. Informationsbericht Nr. 617 (2011-2012) von Frau Françoise Cardron, op. cit.

21. Der Gini-Index übersetzt Ungleichheiten mit einer Zahl zwischen 0 (vollkommene Gleichheit) und 1 (vollständige Ungleichheit). Frankreich (0,30) ist etwas ungleicher als Dänemark (0,25) oder Schweden (0,27), aber weniger als die Vereinigten Staaten (0,38), das Vereinigte Königreich (0,34) oder Spanien (0,34).

22. OECD, Umfrageergebnisse für Frankreich PISA, 2012.

23. „Mobilität und Metropole. How Communities Factor into Economic Mobility", Ein Bericht der PEW Charitable Trusts, Dezember 2013.

3

Stützkrücken für die Schule

„Wenn ein Kind keine Fortschritte macht, muss es [Methoden, die ihm nicht passen] aufgeben [1].»

ich nicht am Lycée Quesnay ankam, war ich enttäuscht über das Ausdrucksniveau und die Organisation der Schüler. Einige schienen sogar sehr schwach in meiner Disziplin zu sein. Die Gesamtergebnisse sind jedoch gut. Warum schaffen es die schwachen Schüler von Quesnay, da rauszukommen und ihr Abitur zu machen? Ich fand schnell die Antwort.

Im Januar habe ich die Stundenpläne von zwei Schülergruppen in derselben Klasse vertauscht, damit eine gegenüber der anderen nicht benachteiligt wird. Marine kam, um mich zu bitten, ihre Gruppe zu ändern, um den gleichen Zeitplan beizubehalten. Ich sagte ihr, warum das unmöglich sei, und sie fing an zu weinen. Als sie sprechen konnte, erklärte sie mir das Problem: Sie hatte in diesem Zeitfenster eine Nachhilfestunde Mathe und es war sehr schwierig, sie zu verschieben. Donnerstag Nacht ? Sie hatte ihren privaten Geschichtsunterricht. Freitag ? Philosophie. Insgesamt nahm sie Privatunterricht in fünf verschiedenen Disziplinen, die ihr alle nicht viel brachten, sie aber so sehr beruhigten, dass ihr ein

Verzicht unmöglich erschien. Ich sprach dieses Thema mit meinen Schülern an und stellte fest, dass sein Fall nicht ungewöhnlich war.

Im Allgemeinen scheinen Eltern, die Geld haben, bereit zu sein, Privatunterricht für ihre Kinder ohne wirkliche Begrenzung zu bezahlen, aus Mangel an Zeit, um ihnen selbst zu helfen, aus Mangel an Möglichkeit, ihnen weiterhin direkt helfen zu können, wenn die Fächer technischer werden und weil Es ist nicht immer einfach, die eigenen Kinder, die zu Jugendlichen geworden sind und leicht rebellisch sind, zu beschäftigen. „Kleine Studiengänge" können natürlich nicht alles, gerade wenn es darum geht, alte Lücken zu füllen. Ein Kollege erzählte mir von einem Studenten: „Ich den Eindruck, dass er nicht versteht, was eine Zahl ist. In ähnlicher Weise schweifen einige nach Jahren der Arbeit und verschiedenen Übungen immer wieder vom Thema ab und antworten am Rande. Würde eine Dosiserhöhung etwas ändern?

Darüber hinaus ist die Arbeitsbelastung, die kleinen Kindern auferlegt werden kann, begrenzt. Ich erinnere mich an die Worte eines Vaters, der mich davon überzeugen wollte, dass seine Tochter trotz ungenügender Ergebnisse von der zweiten auf die erste ES übergehen musste: „Und wenn sie den ganzen Sommer mehrere Stunden am Tag arbeitet? Sie kann nicht von 8/20 bis 10/20 gehen? Ja, aber um welchen Preis? Wird es einem Studenten gelingen, der den Sommer über seine Bücher gebeugt verbracht hat, im nächsten Jahr weiterzumachen? Wird er die Schule nicht ablehnen? „Ich habe wie verrückt gearbeitet, um das medizinische Praktikum zu bekommen, und ich weiß, dass sich die Arbeit auszahlt", fügte er hinzu. Als ob die beiden Situationen vergleichbar wären!

Wir müssen uns daher davor hüten, dass Privatunterricht eine Investition ist, die wir unbegrenzt akkumulieren können, wenn wir die finanziellen Mittel dazu haben. Die Ergebnisse sind nicht proportional zur Anzahl der Kurse. Die Effektivität von Überstunden unterliegt wie alle Geldanlagen dem Gesetz des abnehmenden Ertrags: Sie nimmt mit steigendem Volumen ab.

Sobald diese Reservierungen vorgenommen wurden, muss anerkannt werden, dass Privatunterricht wirklich effektiv ist. Sie finden im Tempo des Schülers statt, der zu einer gewissen Aufmerksamkeit gezwungen wird. Der Schüler ist meistens aktiv, während es schwierig ist, eine ganze Klasse einzubeziehen. Nachhilfe kann auch das Selbstvertrauen eines Schülers wiederherstellen, der schlechte Noten hatte oder das Gefühl hat, dass er nicht versteht, indem er ihm die Möglichkeit gibt, Fragen zu stellen, ohne befürchten zu müssen, für dumm gehalten zu werden. Ich gebe zu, ich fühle manchmal eine gewisse Angst, wenn Schüler, die für ihre Fehlinterpretationen bekannt sind, die Hand heben, um im Unterricht eine Frage zu stellen. Ich fühle mich wie der Torhüter zum Zeitpunkt des Elfmeters und frage mich, in welche Richtung es gehen wird. Beim Privatunterricht reicht es aus, dass der Lehrer positiv ist,

Schließlich gibt es noch den Fall des Schülers, der

mit einem versagenden Lehrer konfrontiert wird. Ich bin in einer guten Position zu wissen, dass es existiert. Unterrichtsberatung am Ende, in einer guten öffentlichen High School: Der Philosophielehrer dort ist dafür bekannt, dass er manchmal im Unterricht einnickt, wenig für seinen Unterricht vorbereitet, seine Sitzungen spät beginnt und sie früh beendet. Zusammenstöße mit Eltern- und Schülervertretern während der Ratssitzungen sind recht häufig. Findest du das normal? Allgemeine Verlegenheit. der

Schulleiter verteidigt schlaff den Lehrer, der unbekümmert wirkt und fleißig auf dem Zettel mit den Noten der Schüler zeichnet. Inzwischen frage ich mich, wie es den vierzehn Schülern geht, die keine Nachhilfe nehmen ...

Auch private Organisationen schlüpfen schnell in die Schlupflöcher. In einer Vorbereitungsklasse an einem renommierten Pariser Gymnasium forderten Schüler die Fähigkeiten eines Lehrers heraus und begannen, seinen Unterricht zu verlassen. In wenigen Wochen richtete ein Nachhilfeunternehmen einen Kurs im selben Fach und zu denselben Zeiten ein, was zu peinlichen Fehlzeiten der Studenten führte, die nicht die Absicht hatten, ihre Chancen bei den Wettbewerben zu gefährden. Das Problem wurde gelöst, indem der betreffende Lehrer diskret "exfiltriert" wurde.

„Ein Kind in Schwierigkeiten ist ein unwissendes Kind ... seine Stärken"

„Die Schulförderung hat noch eine glänzende Zukunft vor sich: wachsende Bevölkerungszahl von 6- bis 19-Jährigen, wachsende Angst bei Eltern und Schülern angesichts steigender Arbeitslosigkeit, Angst vor Abwertung, Misstrauen gegenüber dem Schulsystem. „Das sage nicht ich, sondern Xerfi [2], anerkannter Spezialist für Marktforschung, der 185 Seiten der Untersuchung des Nachhilfemarktes widmet, der zwischen 1,5 Milliarden und 2 Milliarden Euro pro Jahr schätzt. Xerfi glaubt auch, dass dieser Markt unter- ausgebeutet.

Dabei ist es bereits das größte in der Europäischen Union. In der Erhebung zu den Schülerleistungen von 2009 stellte die OECD eine Frage zur Nachhilfe. Es scheint, dass diese Unterstützung aufgrund des starken Schuldrucks in asiatischen Ländern und aufgrund des Verfalls des Schulsystems in Osteuropa besonders entwickelt ist. Frankreich liegt knapp hinter diesen beiden Ländergruppen, wahrscheinlich aus einer Mischung dieser beiden Ursachen. Ein Viertel der fünfzehnjährigen Kinder nimmt in Frankreich Förderunterricht in ihrer Muttersprache, verglichen mit zwei Dritteln in Korea ... aber nur einem von zwölf in Finnland. In Mathematik ist der Kontrast sogar noch größer, weil es das wählerischste Fach in Frankreich ist: 38 % der Schüler nehmen an Förderkursen teil, verglichen mit nur 10 % in Finnland.

Laut dem Soziologen Jean-Paul Caille profitiert jeder zehnte Schüler der sechsten Klasse von bezahlter Nachhilfe [3]. Nicht Führungskräfte nutzen am häufigsten Nachhilfe in der sechsten Klasse, sondern Wirtschaftsführer, Freiberufler und Handwerker, Kaufleute.

Insgesamt wird die bezahlte Nachhilfe vom Zentrum für Strategische Analyse auf 40 Millionen Unterrichtsstunden pro Jahr geschätzt [4], dh ein durchschnittliches Elternbudget von 1.500 Euro pro Jahr für 40 Betreuungsstunden, wobei die Unterrichtsstunde im Durchschnitt mit 36,50 Euro in Rechnung gestellt wird. Die Unternehmen des Sektors machen nur etwa 5 Millionen Stunden oder 12,5 % der abgegebenen Stunden aus, der Rest ist im Wesentlichen Schwarzarbeit, die von Lehrern und Schülern ausgeführt wird. Der Anteil der Unternehmen ist in den letzten Jahren gesunken, vielleicht aufgrund der Erhöhung von Steuern und Abgaben, was alle persönlichen Dienstleistungen betrifft. Diese Unternehmen sind nur wenige, wobei Academia und Complétude die wichtigsten sind.

Um sich zu entwickeln, schüren sie das Gefühl der Schulunsicherheit: Die öffentliche Schule ist schlecht organisiert, starr, versteht Ihr Kind nicht. Ein hervorragendes Beispiel liefert die im Herbst 2013 gestartete Werbekampagne von Academia: „Ein Kind in Schwierigkeiten ist ein ignorantes Kind" in Fettschrift, dann in blasser Schrift „... seine Stärken". Die erste Ebene des Lesens dieses Slogans ist, dass der Werbetreibende mit der anfänglichen Aussage schockieren wollte, um Aufmerksamkeit zu erregen, bevor er die Fähigkeit von Academia betonte, die Stärken des „Studenten" zu finden und hervorzuheben. Aber es gibt noch eine zweite Leseebene: Der Slogan suggeriert, dass die Schule die Stärken der Kinder und damit ihre Schwierigkeiten ignoriert. Es ist umso wirkungsvoller, weil es teilweise wahr ist. Wir wissen, dass unsere Schule bestimmte Fähigkeiten und Fertigkeiten stärker bewertet als andere und dass es sehr schwierig ist, in einer Gruppe von dreißig Schülern alles über jeden Einzelnen abzuwägen. Wir wissen auch, dass sie wählerisch ist und wenig auf die Individualität jeder Person achtet... was nicht bedeutet, dass die Academia-Mitarbeiter es besser machen.

In einem Wettbewerbssystem zielt die Nachhilfe darauf ab, Ihrem Kind einen Vorteil zu verschaffen. Diese Logik führt unweigerlich zu einem inflationären Prozess: Wenn die Kinder anderer auch in terminale Unterstützung haben, müssen meine von der Sekunde an Unterstützung haben, um weiterzukommen. Und wenn die Mehrheit im Zweiten unterstützt wird, muss ich früher anfangen. Dieser verrückte Mechanismus geht weit , denn die Methodia-Gruppe bietet Nachhilfe aus dem Studienkolleg an, insbesondere Hilfe bei den Hausaufgaben (denken Sie daran, dass Hausaufgaben in der Grundschule verboten sind). Wir können es nicht besser machen.

Tatsächlich ja: Die „Minischools" bieten Aktivitäten, insbesondere das Erlernen der englischen Sprache, ab dem Kindergarten an. Diese Initiativen treffen auf die Unterstützung der Eltern, konditioniert auf die

Idee, dass das Kind praktisch von der Wiege an unterstützt werden muss: „Es reicht nicht aus, Ihr Kind zur Schule zu bringen, es wird dringend empfohlen, seinen schulischen Fortschritt zu überwachen . . Dank des Internets , Seiten zur Schulunterstützung werden ständig verbessert, um die Aufgabe der Eltern zu erleichtern [...] So erhalten Sie Schulunterstützungsblätter mit praktischen Übungen und Unterrichtsstunden [5.] Das Ziel ist „Erfolg im Kindergarten"! Nur Eltern fühlen sich gezwungen zu suchen das Internet für Nachhilfebögen für ihre vier- oder fünfjährigen Kinder spricht Bände über die Einstellung unserer Gesellschaft zu Schule, Elternstress und Zukunftsangst.

Im Gespräch mit Mediapart fasst ein Schulleiter von Belleville zusammen, was großartig passiert:

Es gibt außergewöhnliche Spannungen unter Erziehungsberechtigten, beginnend im Kindergarten. Es ist fantastisch. Es soll mit dem Währungsnotstand zusammenhängen. Familien müssen ihren Nachwuchs ein Jahr vor dem typischen Alter anmelden. Sie sorgen dafür, dass ihr Nachwuchs makellos ist! Ein lokaler Häuptling sah, wie ein Vater schluchzte, dass sein Mädchen dem Zeitplan ein Jahr voraus sein sollte, falls sie eines Tages eine Note wiederholen musste. Wir sehen übertriebene, überinvestierte Youngsters. Die eine zu schwere Last transportieren6.

Von einem anderen Punkt aus betrachtet, ist dieses Spannungsfeld ein beeindruckender Hauptantrieb für den Einsatz von Coaching. In der Morgenpause haben sich zwei kleine Kinder nicht an meine Anwesenheit erinnert und besuchen mich unauffällig ein paar Meter vom Arbeitsplatz entfernt. Die eine, eine einigermaßen anständige Zweitbesetzung und der ich ohne Bekenntnis den großen Gott gegeben hätte, klärt für ihre Begleiterin auf, dass sie die Post gucken, das Schulzeugnis abfangen, filtern, eine Note und eine Anerkennung ändern, ausdrucken und ablegen müsse zurück in einen Umschlag angesichts der Tatsache, dass "[seine] Mutter in jedem Fall "aus dem tiefen Ende gegangen wäre, wenn sie die numerische Notiz gesehen hätte. [Sie wäre] ziemlich lange beschlagnahmt worden ".

Unmittelbar vor jedem Test schickt Cécile mir eine E-Mail mit Fragen zum Kurs und negativen Kommentaren ("Ich fühle mich, als würde ich diesen Test bombardieren"). Als Hermine feststellt, dass ihr klares Französisch-Mundgespräch mit einem gefürchteten Lehrer um ein paar Stunden vorverlegt ist, wird sie sich auf der Toilette übergeben. Maxence schummelt panisch, indem er mit seinem in seiner Tasche versteckten Laptop einen aus dem Internet entnommenen Lösungsschlüssel so gut er kann kopiert (nerviges Detail: Der Lösungsschlüssel beantwortet ein anderes Thema). Am Dienstag fällt Lise in Ohnmacht und muss auf die Krankenstation gebracht werden. Sie trank ein Viertel Rum, nur um den Unterrichtstag leichter zu überstehen.

Coaching, High-End-Service

Neben Tutoring entwickelt sich Coaching. Sie besteht insbesondere darin, die Schülerinnen und Schüler über ihr Verhältnis zur Schule und ihre Arbeitsweise reflektieren zu lassen, Orientierungstests absolvieren zu lassen und sie bei den nächsten Schritten, insbesondere beim Hochschulzugang, zu unterstützen. Ich bekomme daher regelmäßig Nachrichten von Coaches, die mir erklären, wie ich die Akten ihrer Kunden vervollständigen kann, die sich an ausländischen Universitäten einschreiben möchten. Ein besonders tollpatschiger Coach bot mir sogar an, für einen meiner Abiturienten ein Empfehlungsschreiben zu schreiben („einfach unterschreiben")!

Coaching ist in der Regel als High-End-Dienstleistung konzipiert, wie der aus der Welt der Großunternehmen und Führungskräfte entlehnte Name vermuten lässt. In diesem Umfeld werden die Dienste eines Coaches nämlich genutzt, um über ihre Karriereplanung nachzudenken, einer neuen Position mit mehr Selbstvertrauen zu begegnen oder vorübergehende berufliche Schwierigkeiten zu überwinden. Analog dazu muss Schulcoaching dem Schüler helfen, seine Orientierung, seine Praktiken, seine Motivation zu reflektieren und einen seiner Persönlichkeit entsprechenden Schulweg zu zeichnen. Es ist also eine Arbeit des Zuhörens und des Austauschs, die Eltern nur schwer selbst leisten können.

Die Preise gehen Hand in Hand mit diesem Spitzenprofil: Zwei Testsitzungen und eine Einzelcoaching-Sitzung werden von Ionis-tutoring.fr ab 450 Euro inklusive Steuern angeboten. Objectif Postbac berechnet für die Sitzung 95 Euro pro Stunde... was im Vergleich zu anderen Aktivitäten nicht teuer ist, erklärt das Unternehmen auf seiner Website:

Zum Vergleich einige Preise: Stimmcoaching (Studio Lorenzo Pancino): 200 i/h; Makeover-Session (Schönheitsinstitut in der Provinz): i245 für einen Nachmittag; Verhaltenspsychotherapieberatung (Paris 13): 150 i für H h, mit durchschnittlich 20 Sitzungen; Flugkurs für die Privatpilotenlizenz (Aéro-Club de l'Ouest Parisien): 164 i/h, mit mindestens 40 Stunden; privater Kitesurfkurs (Hérault): 180 i/h.

Es ist ein Standpunkt. Diese Liste von Aktivitäten macht deutlich, welche Zielgruppe angesprochen wird. Wir werden auch zu schätzen wissen, dass der Abschnitt „Was kostet ein Coaching von OPB" durch ein Foto einer American Express Centurion-Karte illustriert wird, die Kunden vorbehalten ist, die mindestens 150.000 Euro pro Jahr ausgeben.

Das Verkaufsargument des Coachings ist der Persönlichkeitstest. Viele Studierende sind unentschlossen über ihre Ausrichtung. Sie sind jedoch gefordert, sehr früh und sehr genau zu wissen, was sie tun wollen, und sich in einem immer größer werdenden Ausbildungsangebot zurechtzufinden. In den mündlichen Prüfungen vieler Wettbewerbe ab dem Abitur wird der Kandidat gefragt, was sein Studienprojekt, sogar sein berufliches Projekt ist, dessen Übereinstimmung mit dem angestrebten Studium die Jury schätzt. Viele junge Menschen mit siebzehn oder achtzehn Jahren ohne Erfahrung in der Arbeitswelt haben keine Ahnung. Sie bestehen deshalb Orientierungstests, in der Erwartung, dass der Mentor ihnen sagt: „Ich habe Ihren Charakter, Ihre Fähigkeiten geprüft und hier ist die Vorbereitung, die zu Ihnen passt." Dieses Vertrauen wird offensichtlich entmutigt. Mentoren, die größtenteils aus der Geschäftswelt stammen und davon überzeugt sind, bessere Instrumente als öffentliche Schulungen zu haben, überzeugen Führungskräfte, die mit dieser Fähigkeit vertraut sind, umso effektiver.Es ist daher nicht überraschend, dass 70 % der Betreuer von ausgebildeten Zweitbesetzungen Führungskräfte aus der Wirtschaft sind.7.

Wie offensichtlich ist, ist es nicht immer einfach, eine Zweitbesetzung von François Quesnay zu sein. Die Belastung kommt von allen Seiten: Erziehungsberechtigte, Ausbilder, Schüler selbst, die sich dem Erfolg verschrieben haben. Es ist gigantisch, mitunter unerträglich.

In keiner anderen Schule hatte ich so unzählige

psychische Probleme im Zusammenhang mit der Schule gesehen. Für Zweitbesetzungen in Vorklassen werden ebenfalls Sophrologie-Treffen angeboten. Bedingt durch die Bedingungen wird Stress zu einem beachtlichen Markt. Die angebotenen Arrangements reichen von der Sophrologie bis zur Homöopathie, mittels Nadeltherapie und Heilzauber. Nach der Neugestaltung, der Vorbereitung und dem Training sind hier unsere abgespeckten Zweitbesetzungen.

Die Rolle von Steuervorteilen

Seit 2005 werden Nachhilfeausgaben mit einer Steuerermäßigung von 50 % des tatsächlich gezahlten Betrags ermäßigt. Um nicht steuerpflichtige Haushalte nicht zu benachteiligen, wurde 2007 eine Steuergutschrift in gleicher Höhe hinzugefügt. Der Zweck dieser Bestimmung besteht darin, Dienstleistungen für Einzelpersonen und damit die Beschäftigung zu fördern und die nicht angemeldete Erwerbstätigkeit zu verringern. Der Abzug ist gedeckelt. In den 2000er Jahren deutlich angehoben, liegt diese Obergrenze je nach Kinderzahl bei 12.000 bis 15.000 Euro, wodurch viele Betreuungsstunden bezahlt werden können. Dieser Vorteil ist auch Teil der Steuerschlupflöcher, deren Gesamtbetrag gedeckelt ist.

Der Steuervorteil spielt eine wesentliche Rolle für den Erfolg von Nachhilfefirmen, deren Wirtschaftsmodell in etwa so aussieht: Sie verlangen 36,50 Euro für eine Unterrichtsstunde und zahlen dem Mitarbeiter rund 15 Euro, zu denen Sozialabgaben hinzukommen. Die Gehaltskosten für das Unternehmen betragen rund 27 Euro. Die Marge von 9,50 Euro wird verwendet, um Festangestellte zu vergüten, Büros zu bezahlen usw. Was den Aktionären bleibt, ist daher nicht sehr wichtig. Um ihre Struktur zu amortisieren und ihr Know-how zu monetarisieren, steigen diese Unternehmen auch in Nebendienstleistungen (z. B. Kinderbetreuung) ein. Ihr Überleben wäre gefährdet, wenn der

Steuervorteil wegfallen würde. Für Eltern beträgt der Stundensatz nach Abzug des Steuervorteils 18,25 Euro. Die Alternativen: zu einem Freelancer gehen, einbezahlte Arbeitsvermittlungsgutscheine, die aufgrund fehlender Vergütungsstruktur etwas weniger kosten, oder die nicht deklariert bezahlt werden. In diesem Fall zahlt der Leistungserbringer keine Sozialabgaben oder den CSG (allgemeiner Sozialbeitrag) und kann daher etwas mehr verdienen, auch wenn die Eltern den Steuervorteil verlieren. Ein zertifizierter Lehrer, der eine zusätzliche Unterrichtsstunde gibt, erhält etwa 37 Euro (brutto, aber die Überstunden werden sehr niedrig verrechnet), ein Agrégé 52 Euro, ein Lehrer in einer Vorbereitungsklasse je nach Fall 71 bis 121 Euro . . Für Nachhilfefirmen ist es daher sehr schwierig, den Dienstleister zu beauftragen, der weder Sozialabgaben noch den CSG (allgemeiner Sozialbeitrag) zahlt und somit etwas mehr verdienen kann, auch wenn die Eltern den Steuervorteil verlieren. Ein zertifizierter Lehrer, der eine zusätzliche Unterrichtsstunde gibt, erhält etwa 37 Euro (brutto, aber die Überstunden werden sehr niedrig verrechnet), ein Agrégé 52 Euro, ein Lehrer in einer Vorbereitungsklasse je nach Fall 71 bis 121 Euro . . Für Nachhilfefirmen ist es daher sehr schwierig, den Dienstleister zu beauftragen, der weder Sozialabgaben noch den CSG (allgemeiner Sozialbeitrag) zahlt und somit etwas mehr verdienen kann, auch wenn die Eltern den Steuervorteil verlieren. Ein zertifizierter Lehrer, der eine zusätzliche Unterrichtsstunde gibt, erhält etwa 37 Euro (brutto, aber die Überstunden werden sehr niedrig verrechnet), ein Agrégé 52 Euro, ein Lehrer in einer Vorbereitungsklasse je nach Fall 71 bis 121 Euro . . Für Nachhilfebetriebe ist es daher sehr schwierig, einen Vorbereitungsklassenlehrer je nach Fall zwischen 71 und 121 Euro einzustellen. Für Nachhilfebetriebe ist es daher sehr schwierig, einen Vorbereitungsklassenlehrer je nach Fall zwischen 71 und 121 Euro einzustellen. Daher ist es für Nachhilfeunternehmen sehr schwierig, qualifizierte Fachkräfte einzustellen . Am Lycée Quesnay liegen die Tarife bei etwa 40 bis 60 Euro pro nicht angemeldeter Stunde. Nachhilfefirmen nehmen daher hauptsächlich die Angebote von Bachelor- oder Master-1-Studierenden in Anspruch.

Es kann daher nicht gesagt werden, dass die Besteuerung den Nachhilfemarkt geschaffen hat. Sie hat allenfalls wenigen spezialisierten Unternehmen den Erfolg in einem bisher kleinräumigen und schlecht regulierten Markt ermöglicht. Hat es Nachhilfe für Familien mit niedrigem Einkommen zugänglicher gemacht? Man könnte meinen, denn die Unternehmen sind gut erreichbar für diejenigen, die keinen persönlichen Kontakt zu fortgeschrittenen Schülern oder Lehrern haben. Auch der Steuervorteil senkt die Preise ein wenig, sofern man auf die Anstellung eines qualifizierten Lehrers verzichtet.

Diese Zugänglichkeit der Unterstützung ist besonders wichtig für jüngere Studierende. In der sechsten Klasse betrifft die Nachfrage nach Nachhilfe laut der Studie von Jean-Paul Caille die Schwächsten, die oft aus bescheidenen Verhältnissen stammen. Entscheidend ist die Fähigkeit der Eltern, den

Kindern zu helfen. Daher wird es am wenigsten von Lehrkräften und von Zuwanderern sogar auf gleicher Schulstufe deutlich überdurchschnittlich genutzt. Die Reichsten nutzen viel mehr Nachhilfe. Aber dann greifen die Ärmsten etwas mehr darauf zurück als die Mittelschicht. Dies kann als Ausdruck der Besorgnis von Familien angesehen werden, die schlecht gerüstet sind, um die schulischen Schwierigkeiten ihrer Kinder und das Auftreten häufigerer Schwierigkeiten zu bewältigen. Die Idee, Nachhilfe den Reichen vorbehalten zu haben, ist daher falsch. Was in der sechsten Klasse gilt, gilt jedoch nicht für alle Ebenen. Bei Gymnasiasten und vor allem Coaching ist der Einfluss des Einkommens wesentlich.

Der Steuervorteil ist nicht einhellig. Eine Änderung des Finanzgesetzes 2010 hatte es verschwinden lassen. Später wurde es auf Druck der Regierung wieder eingeführt. Einmal an der Macht, hat die Linke, die gegen die Wiederherstellung des Steuervorteils gestimmt hatte, diese bis heute nicht in Frage gestellt. Die Schulförderung profitierte auch von pauschalen Sozialversicherungsbeiträgen, die so deklariert wurden, als ob der Arbeitnehmer den Mindestlohn erhalten würde. Durch die Abschaffung dieses Vorteils im Jahr 2013 verteuerte sich der Privatunterricht um rund zwei Euro pro Stunde.

Das Argument der Gegner des Steuervorteils für Nachhilfe liegt auf der Hand: 300 Millionen Euro kostet es pro Jahr, hauptsächlich zugunsten der privilegiertesten und nachhilfegebenden Unternehmen. Was der UMP-Abgeordnete Lionel

Tardy 2009 sagte: „Die Steuergutschrift, also öffentliche Gelder, wird im Wesentlichen dazu verwendet, die Gewinne dieser Privatunternehmen aufzublähen. Diese Steuervergünstigungen führten nicht zu Preisnachlässen für Familien oder zur Generierung eines qualitativ hochwertigen Angebots [8]. Auch das Argument der Befürworter dieses Vorteils wird verstanden: Es geht darum, diese Tätigkeit zu professionalisieren und zugunsten der Sozialversicherung aus der Illegalität zu holen. Sie weisen auch darauf hin, dass die induzierten Einnahmen aus Sozialversicherungsbeiträgen die Kosten des Steuervorteils teilweise kompensieren. Alles in allem dachte ich, ich könnte zeigen, dass das vom Staat geschaffene Steuerschlupfloch einen Nachhilfemarkt für die privilegiertesten Menschen gedeihen ließ. Die Realität ist viel differenzierter.

Law and Sciences Po spielt Verstecken mit der Privatwirtschaft

Die Nachhilfe findet auch nach dem Abitur statt. Das in der Einleitung vorgestellte Modell des Medizinstudiums hat sich auf andere Bereiche ausgeweitet. Viele private Unternehmen bieten zusätzlich zu den Studiengängen der Universität Kurse, Praktika und Probeprüfungen in Jura an. Wie in der Medizin werden diese Präparate an die Besonderheiten der jeweiligen Universität angepasst. Der Schwerpunkt liegt oft auf den renommiertesten und selektivsten Universitäten wie Paris-II und Aix-en-Provence. Wie in der Medizin beginnt die Werbung für diese Präparate damit, den Studenten und seine Familie zu betonen („72 % der Studenten wiederholen ihr erstes Jahr"), bevor ihnen verschiedene Dienstleistungen angeboten werden.

Warum das Gesetz? Denn es ist mit der Medizin der einzige Bereich, in dem die Universität nicht (oder wenig) von großen Schulen herausgefordert wird. Es zieht daher in größerer Zahl als andere Studiengänge Studenten aus wohlhabenden Verhältnissen an, die bereit sind, in ihr Studium zu investieren. 36 % der Jurastudenten haben geschäftsführende Eltern, im Vergleich zu beispielsweise 25 % der Wirtschaftsstudenten. Es besteht also eine solvente Nachfrage. Darüber hinaus leiden die juristischen Fakultäten unter den gleichen Mängeln wie in der Medizin, wenn nicht sogar schlimmer: sehr schwache Betreuung der Studierenden, sehr kurzes Jahr, schlecht verteilte Arbeitsbelastung, schlecht organisierte Prüfungen, Unmöglichkeit, Fragen zu stellen oder einen Aspekt des Studiums aufzugreifen ein echter Boulevard für Nachhilfe.

Das Pariser Institut für politische Studien (besser bekannt unter der Marke Sciences Po Paris) rekrutiert seinerseits die Mehrheit seiner Studenten nach dem Abitur. Angesichts der Selektivität des Wettbewerbs (die meisten Kandidaten sind gute Schüler, aber nur einer von zehn wird zugelassen) haben sich im Laufe der Jahre öffentliche und private Vorbereitungskurse entwickelt. Sciences Po bedauerte diese Entwicklung, da immer mehr Kandidaten ein Vorbereitungsjahr absolvierten, bevor sie in das Vorbereitungsjahr von Sciences Po eintraten, das hauptsächlich den Grundlagen- und Methodenkonferenzen gewidmet war. 2010 hat das Institut schliesslich entschieden, den Wettbewerb den Abiturienten des Jahrgangs vorzubehalten, um diesen Durchgang durch die Vorbereitung zu vermeiden [9].

Da der Wettbewerb im September stattfindet, bieten die Prépas auch Sommerpraktika an. Sciences Po hat den Wettbewerb daher auf Juni verschoben... und die Studienkollegs haben Praktika in den kurzen Ferien angeboten. Schließlich wurde 2013 der Wettbewerb auf den März des Abschlussjahres vorgezogen, was die Orientierungsverfahren erleichtert und die Propädeutikumskurse nun auf Studienanfänger ausgerichtet sind, ohne Praktika und Lehrveranstaltungen im Abschlussjahr zu vernachlässigen. Unabhängig vom Datum des Wettbewerbs wird es ein Angebot geben, da eine Nachfrage besteht.

Denn die Wettkampfvorbereitung ist der dynamischste Bereich der Nachhilfe. Eine spezialisierte Stelle wie IPESUP hat ihr Angebot erheblich erweitert. Es bereitet auf das höhere Diplom in allgemeiner Buchhaltung (DSCG) vor, das dann zum Wirtschaftsprüfer führt , parallele Aufnahmeprüfungen für Business Schools, Aufnahmeprüfungen für Sciences Po, sowohl auf Bachelor- als auch auf Master-Ebene, Aufnahmeprüfungen für ENA (National School of Administration) und regionale Verwaltungsinstitute, CELSA (School of Advanced Studies in Information and Communication Sciences) und Journalistenschulen,

Aufnahmeprüfungen an Ingenieurschulen, Business Schools und Post-Baccalaureate Engineering Schools. Bestimmt vergesse ich einige. ISTH fügt die Ecole du Louvre und ein Dutzend Verwaltungswettbewerbe hinzu. Ohne gegenüber diesen Beamtengremien verächtlich wirken zu wollen, sei daran erinnert, dass ein Steuerfahnder seine Laufbahn bei rund 1.450 Euro netto im Monat inklusive Zuschlägen beginnt und ein Pflegehelfer rund um den Mindestlohn. Dass es bezahlte private Vorbereitungen für diese Wettkämpfe gibt, zeigt, dass sich niemand dem Phänomen entzieht, sofern es zu einer Anstellung führt.

Natürlich floriert das Angebot, weil es eine Nachfrage gibt, die durch die sehr hohe Arbeitslosigkeit angeheizt wird. Aber Angebot schafft auch Nachfrage. Wie wir im Zusammenhang mit der Medizin gesehen haben, geht es bei einem Wettkampf vor allem darum, am besten vorbereitet zu sein. Die Tatsache, dass einige Kandidaten auf zusätzliche private Vorbereitungen zurückgreifen, zwingt die anderen geradezu dazu, sich einzureihen.

In welcher Branche ist es in Frankreich möglich, direkt nach dem Studium ein Start-up zu gründen und fünf Jahre später einen Umsatz von zwei Millionen Euro zu erzielen? Zur Vorbereitung auf Wettkämpfe. Cap enseignement supérieur, gegründet von zwei Absolventen der Business School, ist ein schönes Beispiel für eine herausragende Leistung. Die Organisation bietet Bildungs- und Prüfungskurse zu Hause vor den Auswahltests für Designschulen, Wirtschaftshochschulen, Sciences Po usw. an.

Eines der Probleme ist das Aufspüren von Trainern mit innovativen Fähigkeiten und unauffälligen Vergütungsannahmen. Cap enseignement supérieur stellt anschließend Zweitstudenten ein, die ihr Geschäft oder ihre Designschule abschließen, und bietet ihnen eine höhere Vergütung als marktüblich (30 Euro netto pro Stunde für Heimillustrationen). Diese jungen Leute, die noch keinen Abschluss haben, brauchen häufig Bargeld (besonders in der Handelsschule!) und setzen die Wettbewerbe gut um. Laut den Zweitbesetzungen sind sie haltbar.

Die Kurse werden mit rund 60 Euro pro Stunde verrechnet, ein Aufwand, der sich dank der Zollsenkung teilen lässt. Die Kurse werden prunkvoll eingeführt: Der für die Zweitbesetzungen zugängliche Ort der Korrektur ist tadellos an diese wichtige Zeit angepasst: das Château de Méridon, ein Palast aus dem 19. Jahrhundert in einem sieben Hektar großen Park im Herzen des Chevreuse-Waldes. . Zweitbesetzungen profitieren von der „mentalen Bereitschaft angesichts der Grundlagenarbeit für bedeutende Rivalitäten beim Anziehen. Dieser Aktionsplan ist offensichtlich effektiv.

Internet: helfen oder schummeln?

Viele Schüler möchten, dass jemand ihre Hausaufgaben für sie macht. Es ist nicht sehr moralisch, aber es ist menschlich. Aber das Schöne an der Marktwirtschaft liegt darin, dass das Angebot nicht lange auf sich warten lässt , wenn eine Nachfrage besteht. Es entstand 2009 online unter dem expliziten Namen fairemesdevoirs.com. Diese von einem Wirtschaftsschulabsolventen gestartete Website, die von ihrem Gründer als Verkauf von "Strategieberatung" präsentiert wurde, bot alle Arten von Hausaufgaben, vom College bis zur Hochschulbildung, in sieben verschiedenen Disziplinen an. Der Student tippte den Titel ein oder scannte das Thema und erhielt die Aufgabe ein bis drei Tage später. Der Clou der Seite lag vor allem in der Zahlungsweise: SMS und Audiotel mit Aufpreis ermöglichten es jungen Menschen, auch sehr jungen Menschen, ohne Bankkarte, einen Auftrag zu kaufen, ohne ihre Eltern zu informieren. [10] » [sic]. Das Team "möchte sicherstellen, dass zukünftige Generationen besser sind als frühere, und fairemesdevoirs.com wird dazu nichts beitragen können". Ende des Abenteuers für den geschickten Unternehmer, der seine Talente in anderen Bereichen ausübt.

Abgesehen davon, dass nach größter Diskretion später andere Sites des gleichen Typs erstellt wurden. Zum Beispiel bietet expertdevoirs.com für die bescheidene Summe von 18,99 Euro pro Seite jede Art von Auftrag in verschiedenen Fächern an, vom Aufsatz bis zur Übersetzung. Schüler und Lehrer arbeiten zusammen und liefern die Antworten. Die Studenten von François Quesnay sind offensichtlich ideale Kunden. In der Tat ... Überrascht von der Qualität bestimmter Hausaufgaben investierte eine Philosophielehrerin in den Kauf eines Aufsatzes zu diesem Thema, den sie ihren Schülern gegeben hatte. Die Website gibt jedoch die Namen von Personen an, die dasselbe Fach gekauft haben: seine Studenten. Stimmungsgarantie am Tag der Anlieferung der Exemplare...

Noch überraschender ist, dass die offizielle Website, die Job-Services verwaltet, Stellenangebote von der Website femontaf.com weiterleitet (wir werden die Subtilität dieses Domainnamens zu schätzen wissen). Insbesondere werden Lehrer eingeladen, Hausaufgaben zu machen, wobei die Vergütung von der vom Schüler erzielten Note abhängt (www.emploi.services.fr/faismes-devoirs-femontaf). Zwischen dem moralischen öffentlichen Sektor und der Beschäftigungsunterstützung sind die staatlichen Dienstleistungen eindeutig etwas verloren.

Eine etwas andere Formel ist der Verkauf abgeschlossener Aufgaben, die in einer Bibliothek von Aufsätzen, Leseblättern, Präsentationen und Dissertationen zusammengefasst werden, die an andere Studenten weiterverkauft werden. Es richtet sich hauptsächlich an die Hochschulbildung. Websites wie oboulo.com, AcaDemon.fr oder touslesdocs.com kaufen Hausaufgaben, wobei Lieferanten 50 % des Umsatzes erhalten, der durch den Verkauf ihrer Hausaufgaben generiert wird. So kostet bei AcaDemon eine Präsentation zum Thema „Schwellenländer" 5,95 Euro (garantiert ohne Plagiate!), ein TPE [11] über „Die Untersuchung der elektromagnetischen Strahlung der Wimshurst-Maschine", 8,95 Euro. Es gibt juristische Masterarbeiten ebenso wie Analysen literarischer Werke oder Firmenprüfungsberichte im Umfang von rund vierzig Seiten.

Diese Seiten senden ein verabscheuungswürdiges Signal an Schüler und Studenten: Alles ist käuflich, Schummeln ist kein Problem. Auch die neuen Spielregeln haben die Studierenden sofort verstanden und tauschen sich in Online-Foren aus: „Wer hat schon auf so einer Seite verkauft? ", „Ich habe Memoiren und viele Leseblätter zu verkaufen: Wo verdiene ich am meisten? " usw. Diese Praxis stellt ein ernsthaftes Problem der Fairness bei der Bewertung von Studenten dar. Viele Institutionen haben Software zur Erkennung von Plagiaten gekauft. In vielen Universitäten belegen die Analyseberichte, dass der Anteil der Ausleihungen weniger als 10% oder 15% beträgt Text muss der Arbeit vor der Verteidigung beigefügt werden.

Diese Programme sind jedoch kein Allheilmittel. Natürlich vergleichen sie den Text mit dem, was im Internet und in der Datenbank der Institution verfügbar ist. Aber es bleibt ziemlich einfach, sie zu täuschen, indem Sie beispielsweise Leerzeichen durch Leerzeichen aus anderen Schriftarten oder bestimmte strategische Wörter durch Synonyme ersetzen. Schließlich funktioniert die Software nur in einer Sprache. Es ist daher immer möglich, eine in einer anderen Sprache verfasste Arbeit zu erhalten und sie vom Computer übersetzen zu lassen (indem Sie die Übersetzung danach sehr genau prüfen!). Im digitalen Zeitalter hat der Hausaufgabenverkehr eine glänzende Zukunft vor sich.

Die Möglichkeiten, Hilfen für den Schulerfolg zu kaufen, sind daher endlos. Natürlich verwandelt Privatunterricht den mittelmäßigen und faulen Schüler nicht in ein Konkurrenztier. Aber diese Unterstützungen können den Unterschied ausmachen, besonders wenn ein paar Zehntelpunkte Erfolg von Misserfolg trennen. Ihre Verbreitung offenbart die Mängel öffentlicher Schulen, den Einfallsreichtum privater Initiative und die Verschärfung des Schulwettbewerbs.

Eltern sind Gefangene dieser höllischen Logik: Wie könnten sie ihren Kindern diese Hilfe verweigern, wenn sie die Mittel haben, sie ihnen anzubieten? Sobald der Scheck unterschrieben war, taten sie, was sie konnten, nutzten ihre privilegierte finanzielle Position zum Wohle ihrer Kinder. Das ist verständlich und wir können ihnen natürlich keinen Vorwurf machen. Sie sind dazu umso bereitwilliger, als die Vermassung der Gymnasien in der Vergangenheit den Vorteil von Kindern aus privilegierten Verhältnissen verringert hat.

Es bleibt die große Mehrheit, die diese Kurse und diese zusätzlichen Kurse, die ihre Kinder nicht einmal zu verlangen wagen, beim besten Willen nicht finanzieren können.

Kapitel 3 Notizen

1. Acadomia-Werbung, Kampagne 2013.

2. XERFI, "Die Marktschulunterstützung ", 2011.

3. C.AIL , „Privatunterricht im ersten Jahr der Mittelschule: Einer von zehn Sechstklässlern erhält bezahlte Nachhilfe", Éducation & formations, Nr . 79, 2010.

4. CAS, Analysis Note , not ^{oh} 315 , Januar 2013.

5. SCOLARAMA, „Wie man ihm hilft, im Kindergarten erfolgreich zu sein".

6. Michael HAJDENBERG, „Schulplan: „Ich musste mich zwischen meinem Kind und meinen Prinzipien entscheiden""",

   Mediapart, 5. Juli 2014.

7. Anne-Claudine OLLER, „Schulcoaching in Frankreich. Entstehung eines neuen Bildungsmarktes",

   Vergleichende Erziehung , nicht ^{oh} 6, 2011, p. 181-202.

8. Intervention vor der Nationalversammlung, 13. November 2009.

9. Der Eintritt in bac + 1 bleibt in den meisten Provinzwissenschaften Po möglich. Der vom IEP von Paris beschlossene Wechsel enttäuschte auch einige

öffentliche Hypokhâgnes, die gegen die Erosion der Arbeitskräfte kämpften, indem sie eine Vorbereitung auf Sciences Po anboten.

10. „Faimesdevoirs.com schließt bereits seine Pforten", *Veröffentlichung*, 7. März 2009.

11. Betreute Eigenarbeit, Anrechnungsprüfung für das Abitur, bestehend aus einer Produktion und einer mündlichen Verteidigung.

4

Die Entdeckung der Welt

„Seit 1987 wurden wahrscheinlich eine Million Babys von Erasmus-Paaren geboren [1].»

P Warum erreichen so viele Schüler mit Schwierigkeiten in Geschichte oder Mathematik bei François Quesnay einen ehrenvollen allgemeinen Durchschnitt? Weil sie gut in Sprachen sind. Und sie sind gut in Sprachen, weil es ihren Familien gut geht.

Daniel versucht mich zu beeindrucken, indem er mit seinem fünfjährigen Sohn ein mühseliges Gespräch auf Englisch beginnt. Als er in der Vorbereitung war, hatte er wegen Englisch die besten Schulen verpasst. Und da die Firma, in der er arbeitet, von einem amerikanischen Konzern gekauft wurde, erleidet er während der Versammlungen den Märtyrertod. Also nahm er Englisch und entschied, dass sein Kind zweisprachig sein würde. Dieser ist im Moment im Kindergarten von Beautiful Minds, einer für seine Eltern ruinösen, aber wirklich schönen Montessori-Schule in Courbevoie. Danach sind es samstags das American College of Paris und in den Ferien Sprachkurse. Denn Englisch lernt man nicht in der Schule der Republik. Das durchschnittliche Niveau dort ist eines der schlechtesten in Europa und verschlechtert sich.

In einer globalisierten Wirtschaft gewinnt die

Kenntnis moderner Sprachen zwangsläufig an Bedeutung. Die Sprache Shakespeares nimmt unter diesem Gesichtspunkt eine besondere Stellung ein: Die Vorstandssitzungen einiger großer französischer Unternehmen finden nur in Englisch statt, der Sprache, die manchmal die Sprache der Mehrheit der Aktionäre ist; Französische wissenschaftliche Zeitschriften werden auf Englisch veröffentlicht, weil Forscher gelesen und zitiert werden wollen; Die Kurse an einigen Schulen sind auf Englisch, um ausländische Studenten anzuziehen und französische Studenten auf das Geschäft vorzubereiten. Außerhalb Frankreichs ist Englisch allgegenwärtig, sei es in der Kulturbranche, in der Wirtschaft oder in Institutionen.

international . Nutzt das Erasmus-Programm, das die Vielfalt des sprachlichen Austauschs erhöhen soll, nicht in zwei Dritteln der Fälle Englisch als Arbeitssprache? Der einzige Bereich, der Widerstand leistet, ist die französische Universität.

Das Toubon-Gesetz von 1994 verbot Englischkurse in öffentlichen und privaten Einrichtungen, außer wenn der Sprecher ein Ausländer war. Sie wurde nicht immer respektiert. Seine Wirkung war begrenzt in Business Schools, deren Lehrer größtenteils aus dem Ausland stammen (zwei Drittel im Fall der HEC – École des Hautes Etudes Commerciales) oder in Ingenieurschulen (am Centrale Paris werden 25 % der naturwissenschaftlichen und technischen Kurse auf Englisch unterrichtet).). Die Ankündigung der Streichung dieser Bestimmung im Gesetz von 2013 löste jedoch im Namen der Verteidigung der französischen Sprache einen Aufschrei aus. Die französische Akademie protestierte, mehrere renommierte Wissenschaftler veröffentlichten Foren in der Presse. Wieder einmal wurde die Kluft aufgedeckt, die das geschäftliche Frankreich vom akademischen Frankreich trennt. Eingerahmt von parlamentarischen Änderungen wird die Maßnahme immer noch verabschiedet. In Frankreich ist es nun legal, an Hochschulen in einer Fremdsprache zu unterrichten. Vermutlich wird diese Möglichkeit vor allem zugunsten des Englischen genutzt werden.

Diese Entwicklung verstärkt die charakterstrategische Ebene der Englischkenntnisse, die bei Prüfungen und Wettbewerben an Bedeutung gewonnen hat. Das Englischniveau unterliegt standardisierten Tests, hauptsächlich dem TOEIC (Test of English for International Communication), dem TOEFL (Test of English as a Foreign Language) und dem IELTS (International English Language Testing System), die anspruchsvoller sind. Ingenieurschulen verlangen jetzt ein TOEIC-Mindestniveau (im Allgemeinen eine Punktzahl von 750). Bei den Aufnahmeprüfungen an Ingenieurschulen ist das Gewicht des Englischen nicht zu vernachlässigen: Es wiegt etwa 11 % an der Polytechnique sowie an der Centrale oder Mines. Bei Business Schools sind es etwas mehr: ca. 13 %, je nach Pfad und Wettbewerb, sanktioniert durch eine schriftliche und eine mündliche. Tatsächlich ist Englisch überall, auch bei Wettbewerben für Krankenschwestern seit 2009 und für Schullehrer seit 2006, auch wenn es durch eine andere lebende Sprache ersetzt werden kann.

Der Englischtest ist der sozial diskriminierendste bei Rekrutierungswettbewerben für Business Schools. Bis zu dem Punkt, dass Valérie Pécresse, damalige Ministerin für Hochschulbildung, Empfängerin eines Berichts der Generalinspektion über soziale Diskriminierung bei Wettbewerben, eingeschätzt hatte, dass es notwendig sein würde, das Gewicht zu reduzieren [2] und die Art des Tests ändern. Bei der ENA, wo die Ausgangseinstufung entscheidend bleibt, spielt der Sprachtest eine wesentliche Rolle. Und es gibt eine starke Verbindung zwischen der Sprachbewertung und dem sozialen Anfang. Wie ein enarque einräumt: «Dialekte sind eine bedeutende Ressource, um bei der ENA zu wirken, und ganz offensichtlich haben die verschiedenen phonetischen Aufenthalte, die mir meine Familie seit meiner frühesten Jugend angeboten hat, enorm gespielt[3].»

Auf Expertenebene sind laut einer Überprüfung der Europäischen Kommission 66 % der europäischen Chefs der Ansicht, dass die Beherrschung unbekannter Dialekte eine wichtige oder lebenswichtige Regel für die Einstellung von Hochschulabsolventen ist. Unter ihnen sind die Franzosen am unzufriedensten mit den Sprachkenntnissen ihrer Rekruten[4]. Laut einem Konzentrat einer Immatrikulationsfirma testen nur 15 % der Personalchefs Nachwuchskräfte nicht auf ihre Englischkenntnisse, und die meisten tun dies ab dem Haupttreffen. Vertreter wissen um diese Mängel. Englisch ist auch die beliebteste Fachrichtung in der beruflichen Vorbereitung, vor Weiterbildung und IT.

Wir sind die Dummköpfe

Praktisch alle Schüler lernen in Frankreich Englisch. In der Grundschule lernten im Jahr 2000 76 % der Schüler Englisch; heute sind es 93 %, zu Lasten der Deutschen. An der Hochschule wird Englisch von 95 % der Schüler als erste Fremdsprache gewählt, auch wenn Englisch kein Pflichtfach ist, und diejenigen, die eine andere Sprache (hauptsächlich Deutsch) wählen, wählen Englisch als zweite Sprache.

Aber die Bedeutung dieser Lektion spiegelt sich nicht in den verwendeten Mitteln wider. In den 2000er Jahren wurden die Unterrichtszeiten für moderne Sprachen an Gymnasien verkürzt und die Leistungen französischer Schulkinder in Sprachen sind schlecht. 2011 wurde zum ersten Mal eine internationale Bewertung der Sprachkenntnisse in europäischen Ländern durchgeführt. 50.000 Schüler wurden am Ende der neunten Klasse oder einer gleichwertigen Klasse auf drei Fertigkeiten in der ersten oder zweiten modernen Sprache getestet. In Frankreich waren die bewerteten Sprachen Englisch und Spanisch. Die Ergebnisse dieser Vergleichsstudie sind aufschlussreich: Bei den drei bewerteten Fähigkeiten liegt das Französischniveau deutlich unter dem Durchschnitt der dreizehn getesteten Länder. [5]. Das französische System wird normalerweise dafür kritisiert, dass es dem gesprochenen Wort nicht genügend Raum gibt und der Grammatik Priorität einräumt. Es ist in der Tat im schriftlichen Ausdruck, dass das Niveau am wenigsten schlecht ist. Aber es bleibt deutlich niedriger als das anderer Europäer. Die Kluft wird größer, wenn wir zum Leseverständnis übergehen, und wird miserabel im mündlichen Verständnis, weniger als 15 % der Schüler haben ein zufriedenstellendes Niveau.

Die offiziellen Anweisungen von 2008 legen fest, dass „die Schüler am Ende von CM2 die für die elementare Kommunikation erforderlichen Fähigkeiten erworben haben müssen, die durch das Niveau A1 definiert sind". Das Ministerium setzt daher als Ziel am Ende der Grundschule ein Niveau, das von etwa 40 % der Mittelschüler am Ende des dritten Jahres noch nicht erreicht wurde, und folgt damit der Gewohnheit, sich Ziele zu setzen, ohne sich um deren Realismus zu sorgen. Was die "gemeinsame Kompetenzbasis" betrifft, die das erforderliche Grundniveau jedes College-Studenten festlegen soll, wird es nur von einem Viertel der Studenten erreicht, die anderen bleiben am Fuße der Basis.

Eine weitere Umfrage [6] ermöglicht einen zeitlichen Vergleich. Am Ende der neunten Klasse wurden die Schüler in den Jahren 2004 und 2010 zu verschiedenen Fähigkeiten befragt. Aufgrund der Verallgemeinerung des Sprachenlernens in CM1 und dann auf die gesamte Grundschule Anfang der 2000er Jahre sollten erhebliche Fortschritte erzielt worden sein. Beim mündlichen Verstehen beobachten wir jedoch fast das Gegenteil (wir begegnen mehr Schülern mit Schwierigkeiten und weniger guten Schülern). Was die Beherrschung des

Schreibens anbelangt, gibt es wenig Entwicklung, aber die Niveauunterschiede zwischen den Schülern mit Schwierigkeiten und den Besten nehmen zu.

Auf die Gründe für dieses schlechte Abschneiden, die sicherlich nicht allein auf die Schule zurückzuführen sind, wird hier nicht eingegangen. Eine wichtige Rolle spielt zum Beispiel die Tatsache, dass amerikanische Filme und Serien in vielen Ländern in Originalfassung ausgestrahlt werden. Es ist jedoch zu beachten, dass sich die Kluft zwischen den Ergebnissen öffentlicher Einrichtungen und denen privater Einrichtungen zugunsten der letzteren vergrößert hat . Dies ist vor allem auf den Einbruch der Sprachkenntnisse in der vorrangigen Bildung zurückzuführen. Wenn es jedoch einen Bereich gibt, in dem das durchschnittliche Schulniveau die Fortschritte der Schüler beeinflusst, dann sind es die Sprachen, da der Unterricht weitgehend auf Diskussionen im Unterricht basiert. Die Art und Weise, wie das Erlernen der englischen Sprache in den Grundschulunterricht eingeführt wurde, erklärt teilweise die Leistungsungleichheit.

Die Eltern sind sich bewusst, dass der Sprachunterricht die gesetzten Ziele nicht erreicht, und wissen um die Bedeutung von Sprachkenntnissen. Zumal Erwachsene im Berufsleben oft unter eigenen Schwierigkeiten leiden, sich auf Englisch auszudrücken und ihr Niveau unterschätzen, wie mehrere Umfragen zeigen. Sie werden daher außerhalb der Schule nach Möglichkeiten suchen, ihren Kindern ein gutes Sprachniveau, insbesondere in Englisch, zu vermitteln.

Sprachen sind in jungen Jahren leichter zu lernen, insbesondere die Aussprache. "Unsere Schule bietet ein zweisprachiges Umfeld und bietet Kindern jeden Tag zwei Sprachen in jeder Klasse", heißt es in der Präsentationsdatei von Beautiful Minds, Montessori-Schulen, die in Courbevoie und Puteaux in der Region Paris tätig sind. Eltern, die bereit sind, ihrem Nachwuchs von Anfang an die bestmögliche Ausbildung in Englisch zu ermöglichen, wenden sich an diese Schule, die Kinder im Alter von zwei bis sechs Jahren aufnimmt. Daniel ist Wirtschaftsingenieur. Er verdient seinen Lebensunterhalt gut, aber die Investition ist hoch: 585 Euro pro Monat über zwölf Monate. Er und seine Frau haben dieses Opfer gebracht, weil sie sich im Englischen schwach fühlen und davon überzeugt sind, dass die Beherrschung dieser Sprache für ihr Kind einen Unterschied machen kann. Sie sind nicht die Einzigen: Eine Studie über Nachhilfe in der sechsten Klasse zeigt, dass Eltern von schwachen oder durchschnittlichen Schülern Nachhilfe für ihr Kind kaufen, in der Regel in Französisch und Mathematik. Aber die Eltern von guten oder exzellenten Schülern investieren vor allem in die Unterstützung in Englisch [7], ein Material, das als Mittel zur Veränderung angesehen wird.

Besser noch, es ist möglich, Ihr Kind an einem zweisprachigen College anzumelden. Es gibt zehn private zweisprachige Colleges und Gymnasien in Paris, insgesamt etwa zwanzig in der Region Paris. Lernen beginnt in der Regel im Kindergarten. Sie sind oft vertragslose und daher teure Institutionen.

Nennen wir die American School of Paris, mit atemberaubenden Preisen: Die Studiengebühren belaufen sich auf 30.000 Euro pro Jahr in Middle School und High School, dazu kommt ein einmalig gezahlter Beitrag zur Erhaltung des Campus von 10.380 Euro pro Jahr Kind, Erstaufnahmegebühren von 1.070 Euro und Sicherheitsgebühren, erhoben seit den Anschlägen vom 11. September 2001, von 700 Euro. Dieser für Frankreich außergewöhnlich hohe Preis hängt mit den Einrichtungen zusammen, die geräumig und auf dem neuesten Stand der Technik sind, mit den Dienstleistungen (Sportanlagen, Essen nach Wahl, vielfältige künstlerische Aktivitäten) und einem Unterricht, der sich an den amerikanischen Lehrplänen orientiert . . Es ist jedoch möglich, Ihr Englisch ab dem Kindergarten zu verbessern, indem Sie einen wöchentlichen Kurs für 1.280 Euro pro Jahr belegen.

Natürlich haben andere Einrichtungen einen bescheideneren Ansatz und niedrigere Kosten, während sie den Schülern eine gute Sprachausbildung bieten. Eine der billigsten, die aktive zweisprachige Jeanine-Manuel-Schule in Paris, kostet zum Beispiel 1.800 Euro pro Semester, von der sechsten bis zur letzten Klasse. Für das Bestehen des International Baccalaureate gibt es eine Ergänzung. Letzteres ist einen Stopp wert. Anders als der Name vermuten lässt, handelt es sich beim International Baccalaureate um ein privates Diplom, das von einer Stiftung geschaffen wurde. In Frankreich aus administrativen Gründen nicht immer anerkannt, ermöglicht es dennoch den Zugang zu den Grandes Ecoles. Sehr originell, erfordert es die Erstellung einer Dissertation, eine kritische Untersuchung der wissenschaftlichen Produktion und die Arbeit in mehreren Sprachen. Derzeit bereiten 3.400 Einrichtungen weltweit darunter vor, darunter elf Gymnasien in Frankreich (private Einrichtungen von sehr guter Qualität, oft sehr teuer). Es sollte jedoch beachtet werden, dass die einzigen öffentlichen Hochschulen, die unter den fünfzig besten erscheinen, zwei zweisprachige Einrichtungen sind, die die Studenten durch eine Prüfung im Fall der deutsch-französischen Hochschule von Buc und durch Akten oder einen Test bei der internationalen auswählen Hochschule von Saint-Germain-en-Laye.

Warum sind Quesnay-Studenten gut in Sprachen? Ich habe die einfachste Antwort weggelassen, an die mich einer meiner Schüler in einem Beweiston erinnert:

— Alle meine Freunde, deren Eltern englischsprachige Au Pairs eingestellt haben, sind zweisprachig . Au Pairs müssen nur Englisch mit Kindern sprechen und wenn sie acht oder neun Jahre alt sind , machen sie sich sehr gut.

— Ist das Ihr Fall, Laurence?

— Nein, antwortet sie leicht verärgert. Meine Mutter nahm Afrikaner, einen Kolumbianer ... und es änderte sich alle zwei Jahre.

Laurence ist daher durch den Dritte-Welt-Tropismus ihrer Familie benachteiligt. Lassen Sie uns den Leser trotzdem beruhigen: Die ebenfalls bezaubernde Studentin spricht ein hervorragendes Englisch, das sie derzeit in Kanada perfektioniert.

Ein Au Pair wie in den Romanen der Vergangenheit. Immerhin er

„ ausreichend ", ein freies Zimmer in ihrer Wohnung in einer großen Universitätsstadt zu haben, einen zusätzlichen Mund zu stopfen und der Studentin mindestens 80 Euro Taschengeld pro Woche zur Verfügung zu stellen. Wir sind offensichtlich weit von den Mitteln entfernt, die das National Education den Schülern zur Verfügung stellt: Zwei oder drei Unterrichtsstunden pro Woche sind dem Studium jeder Sprache gewidmet, von denen ein Teil mit englischen muttersprachlichen Assistenten durchgeführt werden kann, die sich mit fünfzehn Schülern unterhalten .

Klassenfahrten, die im Rahmen der Einrichtung durchgeführt werden, können eine bescheidene Ergänzung darstellen. Sie können wenige Tage während der Schulzeit kaum überschreiten, erstrecken sich aber manchmal bis zu zwei Wochen und fließen in die Ferien über. Die Organisation dieser Reisen stößt seit einigen Jahren auf knifflige Finanzierungsregeln. Auch bemängeln Sprachlehrer , dass der Aufwand für Vorbereitung und Betreuung dieser Reisen in keiner Weise anerkannt wird. Im

Gegenteil, sie werden von ihren Kollegen beschuldigt, den Unterrichtsablauf zu stören. Alles spricht also dafür, dass diese Reisen Ausnahmen bleiben. Sie können höchstens einen Vorgeschmack auf die Kultur des besuchten Landes geben.

Kurse und Sprachaufenthalte in Hülle und Fülle

Machen Sie einfach einen Spaziergang in London oder nehmen Sie im Juli den Eurostar, um zu sehen, dass Sprachreisen nach England florieren. Trotz sehr niedriger Löhne ist die Unterbringung junger Europäer, oft Franzosen, auch eine wichtige Einkommensquelle für viele einkommensschwache Familien im Großraum London. Diese Aufenthalte, eingetaucht in eine Familie oder in einer Gruppe, bleiben teuer: Im Vereinigten Königreich muss man für zwei Wochen mindestens mit rund 1.500 Euro rechnen, Transport nicht inbegriffen. Ein gleich langer Aufenthalt in den USA kostet locker 4.000 Euro.

Eine solche Investition ist Familien vorbehalten, die über die Mittel verfügen, aber auch die Bedeutung dieser Investition erkennen und wissen, wie sie dies ihren Kindern vermitteln können. Wenn sie jung sind, stimmen sie kaum zu, alleine zu gehen. Um die Eltern zu überzeugen, bietet das Programm „Englisch + Sport" oder „Englisch

+ Abenteuer" werden von spezialisierten Organisationen angeboten, was die Kosten des Kurses erhöht und seine Effektivität verringert. Es sind vor allem die am stärksten begünstigten Familien, die ihr Kind in die Immersion schicken, die effektivste Formel. Perfektes Englisch zu sprechen ist für sie eine Notwendigkeit; die Mittel, dies zu erreichen, sind nicht umstritten. Denn Englisch ist eine besondere Disziplin. Drei Wochen mit einer

Familie sind genauso viel oder sogar mehr wert als ein Jahr Kurs. Wir stimmen zu, dass ein solches Ergebnis in Mathematik oder Geographie nur sehr schwer zu reproduzieren wäre. Es ist daher nicht verwunderlich, dass Sprachaufenthalte die Lücken in den Englischkenntnissen junger Menschen zum Vorteil der am stärksten Benachteiligten erheblich vergrößern.

Noch effektiver ist es natürlich, in einem angelsächsischen Land zu leben und ausgebildet zu werden. Der häufigste Fall sind Schüler, deren Eltern aus beruflichen Gründen einige Jahre im Ausland leben. Meistens handelt es sich dabei um Führungskräfte (sieben von zehn Expatriates) oder Unternehmensleiter. Die Auswanderung betrifft hauptsächlich junge Arbeitnehmer, insbesondere wenn wir die internationale Freiwilligenarbeit in Unternehmen berücksichtigen, die Personen unter 20 Jahren vorbehalten ist.

acht Jahre. Es ist daher nicht ungewöhnlich, dass Expatriates ihren Ehepartner im Ausland treffen, was oft zweisprachige und bikulturelle Kinder „zeugt". An einem Gymnasium wie François Quesnay fällt uns auch die hohe Zahl zweisprachiger Schüler auf, weil ein Elternteil Ausländer ist oder weil sie teilweise im Ausland, meist in einem englischsprachigen Land, aufgewachsen sind. Laut der in regelmäßigen Abständen durchgeführten Studie des Auslandsportals Mondissimo (www.mondissimo.com) haben 56 % der Expats während ihres Auslandsaufenthalts die Person getroffen, mit der sie leben. Der Zufall tut also gut, was den Internationalisierungsgrad der Eliten und den daraus resultierenden Wettbewerbsvorteil erhöht. Wie Gérard Manset singt: „Man sagt, die Liebe ist blind, aber man muss glauben, dass sie sieht.»

Die Beherrschung moderner Sprachen, insbesondere des Englischen, ist daher ein wesentlicher Faktor der Diskriminierung nach sozialer Herkunft und Geld. Kinder aus privilegierten Verhältnissen sind besser in Englisch, dank der Vorteile, die ihre Familie ihnen bietet, um sich in diesem Fach zu verbessern. In einem Umfeld, in dem das staatliche Bildungswesen Schwierigkeiten hat, Sprachunterricht anzubieten, in dem Englischkenntnisse bei der Schulwahl und beim Zugang zur Beschäftigung an Bedeutung gewinnen, nimmt die Bedeutung dieses Vorteils ständig zu.

Während eines Interviews mit der Mutter einer Schülerin vertraute sie mir an, dass ihre Tochter in Schottland zwischen dem neunten und zweiten ein Jahr Auszeit nahm, weil es eine Familientradition ist: Ihr Vater, ihr Onkel, ihre große Schwester taten dasselbe und alle taten es Gut. „Es ist sehr bereichernd", fügt sie hinzu. Wenn ich ihm zuhöre, muss ich an Bourdieu denken. Kulturelles Kapital, schreibt der Soziologe, „kostet Zeit und Zeit, die persönlich investiert werden muss [8] ". In welchem gesellschaftlichen Umfeld werden wir uns eigentlich darauf einigen, die Schulzeit um ein Jahr zu verlängern, um besser gewappnet, weil bereits offen für die weite Welt, daraus hervorzugehen?

Während meines ersten Jahres am Lycée François

Quesnay habe ich mehr Bewerbungen für die Zulassung zur Hochschulbildung in Kanada, den Vereinigten Staaten oder dem Vereinigten Königreich ausgefüllt als während meiner restlichen Laufbahn. Ich bin Spezialist für UCAS (Universities and Colleges Admissions Service) geworden, ich weiß ungefähr, welche Studenten voraussichtlich an die HEC Montreal oder die Warwick Business School aufgenommen werden, und ich schreibe Empfehlungsschreiben im Stil des Landes, in denen ich das große Engagement lobe („großes Engagement") und die herausragenden Studienleistungen („außergewöhnliche akademische Leistungen") meiner guten Schüler, denn Übertreibungen sind in angelsächsischen Empfehlungsschreiben die Regel. Generell ermutige ich sie, das Abenteuer zu wagen, wenn sie es in Erwägung ziehen, weil sie nach ihrer Rückkehr noch den fehlenden Master-Abschluss erwerben können, wenn ihr angelsächsisches Diplom nicht ausreicht, und sie einen offensichtlichen Sprachvorteil haben , im Management interkultureller Beziehungen und haben gelernt, sich in Kontexten zurechtzufinden, die weit entfernt von dem sehr geschützten Umfeld sind, in dem sie aufgewachsen sind. Diese Überzeugung bestätigte sich, als einige nach einem Auslandsjahr zu mir zurückkehrten: reifer, selbstbewusster fanden sie, wer sie waren und was sie werden wollten. Ein Viertel der französischen Produktion wird außerhalb der Grenzen verkauft. Umgekehrt kaufen wir ein Viertel unseres Verbrauchs im Ausland. Firmen, die im Ausland gegründet oder von ausländischen Firmen übernommen werden. Wissenschaftliche

Kongresse sind fast alle international. Die Hälfte unserer Gesetze stammen aus europäischen Richtlinien, die nach langen Verhandlungen verabschiedet wurden ... in englischer Sprache. Jedes Jahr kommen 80 Millionen ausländische Touristen nach Frankreich. Folglich sind unsere Aktivitäten, unsere Berufe, unsere Zukunft untrennbar mit dem Rest der Welt verbunden.

Dieser ist vielfältig. Die Idee einer geeinten Weltgesellschaft ist falsch, auch wenn die großen Hauptstädte, durch Flughäfen, Luxusgeschäfte und Hotels hindurch gesehen, gleich aussehen mögen. Jedes Land behält seine Kultur, seine Traditionen, sein Gesellschaftssystem. Kenntnisse nicht nur der Sprache, sondern auch fremder Länder sind daher in immer mehr Berufen wichtig und werden es immer bleiben. Dieses Wissen kann man sich allerdings nur dort aneignen.

Globalisierte Schulen und Erasmus zur Rettung

Die ersten, die das verstanden haben, sind die Business Schools. Mindestens ein Auslandspraktikum – an manchen Schulen zwei – ist für die Anerkennung Ihres Abschlusses erforderlich. Es ist fast immer möglich, ein ganzes Studienjahr an einer Partnerschule oder sogar ein Gap Year im Ausland zu absolvieren. Schulen vervielfachen tatsächlich Partnerschaften mit Schulen in anderen Ländern, um diesen Austausch und die Erlangung von Doppeldiplomen zu erleichtern. Die HEC vergibt somit siebzehn Doppelabschlüsse, von denen neun in Partnerschaft mit ausländischen Einrichtungen vergeben werden. Diese Doppeldiplome bereichern den Lebenslauf der Studierenden und beweisen ihre Fähigkeit, sich an ein fremdes Umfeld anzupassen.

Die Schulen konkurrieren auch in dieser Hinsicht im Voluntarismus: Jede bekräftigt, dass das Internationale ihre Stärke, ihre Besonderheit, ihre Identität, ihre „DNA" ist. Die größeren haben oft Campus im Ausland eröffnet. ESSEC (Higher School of Economics and Business) ist in Singapur präsent; ESCP Europe arbeitet an fünf Standorten (Paris, London, Berlin, Turin und Madrid); EM Lyon hat sich in Shanghai niedergelassen, EDHEC (Ecole des Hautes Etudes Commerciales) in London und Singapur usw.

Ingenieurschulen haben nicht ohne Verzögerung, aber manchmal mit Enthusiasmus nachgezogen. Centrale Paris hat einen Campus in Peking eröffnet, der dreisprachige Ingenieure in sechs Jahren ausbildet, einen weiteren in Hyderabad (Indien) und eine École Centrale Casablanca soll bald ihre Pforten öffnen. Ein einsemestriges Auslandspraktikum ist obligatorisch und alle Studierenden lernen mindestens zwei Sprachen. An der École Polytechnique verbringen 85 % der Studierenden einen Auslandsaufenthalt (durchschnittlich neun Monate) und fast die Hälfte verbringt ihr gesamtes viertes Studienjahr an einer ausländischen Universität.

Internationalisiert haben sich auch die IEPs (Institute of Political Studies) und die Katholischen Institute: Auslandspraktikum, Doppeldiplom, Partnerschaften. Auf diesem Gebiet hat Sciences Po Paris eine Vorreiterrolle eingenommen. Wenn der Übergang von drei auf fünf Schuljahre unumgänglich geworden ist. Mit Beginn des Schuljahres 2000 wurde ein Auslandsjahr eingeführt (was auch eine Erweiterung der begrenzten Empfangskapazitäten in der Rue Saint-Guillaume ermöglichte).

Es ist auch möglich, die Welt zu sich kommen zu lassen. In Business Schools fördert der Einfluss ausländischer Studierender die Eingewöhnung in andere Kulturen. So sind 12 % der Studenten in Frankreich, aber 20 % der Studenten der Grandes Ecoles oder 48.000 Studenten Ausländer. An der Sciences Po Paris liegt der Ausländeranteil sogar bei 42 %. Ein Teil der Kurse wird auf Englisch abgehalten, sowohl um diese ausländischen Studenten unterbringen zu können, als auch weil einige Lehrer, wenn es nicht die Mehrheit sind, es sind. Bleibt die Universität, noch wenig nach außen gewandt. Eine sehr interessante Möglichkeit besteht seit fünfundzwanzig Jahren durch Erasmus, die auch für Studenten der Grandes Ecoles oder in STS (höhere Technikerabteilung) zugänglich ist. Das Programm soll Praktika oder Studienaufenthalte in anderen Ländern der Europäischen Union und seit 2014 auch außerhalb der EU fördern. Jedes Jahr handelt es sich um etwas mehr als 30.000 französische Zweitbesetzungen, die hauptsächlich nach Spanien und in das Vereinigte Königreich gehen. Einer von fünf nimmt dort eine Einstiegsposition ein und vier von fünf überprüfen dort. Dies ist eindeutig eine unauffällige Zahl: Sie spricht weniger als 1,3 % der Zweitbesetzungen an, eine Rate, die um ein Vielfaches niedriger ist als die der Zweitbesetzungen der Grandes Ecoles, die in ein anderes Land reisen. Wenn man davon ausgeht, dass jeder insgesamt sehr lange ein Zweitstudium bleibt, wird nur einer von siebzehn das Erasmus-System für ein Semester oder ein Jahr verlassen ... einschließlich unzähliger Zweitstudenten von Grandes Ecoles. Offensichtlich sind nicht alle Zweitbesetzungen auf diese Weise gleichwertig. Eine weitere Diskrepanz ergibt sich aus dem Profil der Zweitstudierenden, die Erasmus abtreten. Die gemeinsame Zweitbesetzung ist "eine Zweitbesetzung im dritten Jahr einer vierjährigen College-Ausbildung in Regulierung oder Soziologie oder Geisteswissenschaften, mit so etwas wie einem Elternteil, der sich auf höhere Bildung konzentriert hat und dessen Familie etwas wohlhabend ist", zeigt eine neue Umfrage.9. Die europäische Finanzierung zahlt einem Erasmus-Zweitstudenten ein Stipendium zwischen 100 und 300 Euro pro Monat (130 bis 350 Euro pro Monat für einen befristeten Job). Die noch in der Schwebe von einem ausgewählten Kuratorium, speziell nach den Sozialvorschriften. Jedenfalls wird Erasmus unter Berücksichtigung dieser Leitfäden (in scharfem Niedergang) von 55 % der angesprochenen Zweitbesetzungen als übermäßig kostspielig angesehen. Monetäre Imperative sind ebenfalls die Haupterklärung dafür, nicht in ein anderes Land zu reisen. Die 40-prozentige Ausweitung des Erasmus+-Finanzplans für den Zeitraum 2014-2020, als das Programm durch finanzielle Beschränkungen untergraben wurde, wirkte sich auf die Höhe der Prämien aus. Schließlich ist es für wohlhabende Studenten, ein paar Sommerwochen in den Vereinigten Staaten zu verbringen, um Kurse zu besuchen, bevor sie mit einem amerikanischen Diplom nach Frankreich zurückkehren, eine gewinnbringende und angenehme Art, ihre Urlaubszeit zu nutzen. Die Sommerprogramme erlauben es. Zugegebenermaßen machen sich Personalvermittler wenig Illusionen über den Wert von Diplomen, die nach einer so kurzen Ausbildungszeit ausgestellt werden. Sie helfen immer noch dabei, mit einem (sozusagen) günstig erworbenen Abschluss aus Stanford oder Berkeley einen Lebenslauf auszufüllen und ein Land zu entdecken. Sie sind sehr beliebt. Umgekehrt begrüßen die französischen Grandes Ecoles in diesem Zusammenhang viele ausländische Studierende, weil diese bedeutende zusätzliche Einnahmequelle die Nutzungsdauer ihrer Geräte verlängert.

Der große (und kostspielige) Aufbruch

Der Anteil der Gymnasiasten, die für eine höhere Ausbildung ins Ausland gehen, ist in den gehobenen Stadtteilen viel höher. In jeder Klasse setzen drei oder vier Studenten ihre Ausbildung an anderen Orten fort, insbesondere an britischen und kanadischen Universitäten, wobei letztere im Allgemeinen den Vorteil haben, dass die Studenten ihre Prüfungen im ersten Jahr, der Zeit zur Akklimatisierung, auf Französisch ablegen können. Andere besuchen die ausgezeichneten Schweizer Hotelfachschulen. Renommierte amerikanische Universitäten werden stattdessen für einen Master- oder Aufbaustudiengang in Betracht gezogen. Eine Umfrage des IFOP (Französisches Institut für öffentliche Meinung) aus dem Jahr 2013 bestätigt dies: 77 % der Studenten mit Eltern, die Führungskräfte oder mittlere Berufstätige sind, im Vergleich zu durchschnittlich 49 %, planen, zumindest teilweise im Ausland zu studieren.

Der Abschied ist freilich nicht leicht. Man muss bedenken, dass man mit achtzehn allein ist, eine Fremdsprache sprechen muss, auch während der Prüfungen, die Codes einer anderen Kultur beherrschen kann. Es braucht Entschlossenheit und Selbstvertrauen sowie die Unterstützung seiner Familie. Diese Zutaten findet man eher in privilegierten Kreisen, in Anlehnung an die gehobene Mittelschicht. Die Welt war schon immer der Spielplatz dieser sozialen Gruppe. Cousins auf der anderen Seite des Atlantiks, des Ärmelkanals oder des Rheins sind keine Seltenheit. Die Präsenz ausländischer Nannies und Au-Pairs sorgt für eine frühzeitige Beherrschung von Fremdsprachen und Vertrautheit mit bestimmten Kulturen, insbesondere der angelsächsischen Kultur. Sekundarstudien werden manchmal im Ausland an schweizerischen oder englischen Hochschulen absolviert. Sehr weltoffen waren auch die privaten Einrichtungen, die das gehobene Bürgertum willkommen hießen, wie etwa die École des Roches in der Normandie.

Dieses Modell dehnt sich nach und nach auf die obere Mittelschicht aus. Die dortigen Familien verfügen oft über umfangreiche Auslandserfahrungen, die sie bei Sprachaustauschen, Praktika oder Berufswechseln kultiviert haben. Diese grundsätzlich positive Erfahrung führt dazu, dass Eltern die Ausbürgerung positiv darstellen und entdramatisieren. Anstatt ihre Kinder zurückzuhalten, aus Angst vor dem Unbekannten, vor Distanz, ihnen nicht helfen zu können, was in den meisten Umgebungen der Reflex ist, ermutigen Eltern aus privilegierten Verhältnissen sie daher, zu gehen oder diesen Abschied zumindest in Betracht zu ziehen auf positivere Weise. Infolgedessen gehen Kinder aus privilegierten Verhältnissen oft mit einem Selbstvertrauen ins Exil, das anderen fehlt. Februar ist der Monat, in dem Auslandspraktika im dritten Jahr an Sciences Po und in Business Schools entschieden werden. Meine ehemaligen Studenten, die dort studieren, posten ihre Destinationen auf Facebook: Tokio, New York, Delhi... nichts macht ihnen Angst, zumal sie dort oft familiäre Kontakte haben, die sie nicht unbedingt suchen, aber sichern.

In den bei Studenten beliebten Ländern ist die Hochschulbildung im Allgemeinen teurer als in Frankreich, wo das kostenlose Modell noch eine gewisse Stärke behält und die Mechanismen zur Finanzierung des bezahlten Studiums daher unterentwickelt sind. Allerdings muss der Mehraufwand bei praktisch identischer Zubereitung bewertet werden. Das Lernen an der HEC Montréal kostet aufgrund der derzeitigen Vereinbarungen zwischen Quebec und Frankreich garantiert nicht mehr als ein Business College in Frankreich. Die Studiengebühren an der London School of Financials betragen 10.200 Euro pro Jahr für das Grundstudium, was nicht ganz das Gleiche ist wie das BBA (Single Guy in Business Organization) und andere Schulen mit koordinierter Planung. Darüber hinaus sind französische Zweitstudierende für ähnliche Stipendien qualifiziert wie die Engländer.

Andererseits sind Wissenschaftsexperten, die in einem Jahr einen allgemein anerkannten Abschluss vermitteln, teuer: über 60.000 Euro am London Business College, zwischen 20.000 und 40.000 Euro pro Jahr für eine Software-Engineering-Zertifizierung am MIT (Massachusetts). Foundation of Innovation), jährlich 40.000 Euro an der Harvard Clinical School. Das ist mehr als die teuersten Chefs, die von französischen Schulen vermittelt werden. Schweizer Beherbergungsschulen werden zusätzlich für Zweitbesetzungen mit üppigen Mitteln abgehalten: 122.750 Euro kostet es für längere Zeit in Lausanne und 149.000 Euro in Glion für sieben

Semester; Zahlen

" umfassend ", zweifellos, die jedoch verwirrend bleiben. Die französische Reisebranche kann ihre Chefs aus den Reihen der Absolventen der Grandes Ecoles gewinnen, die eine Spezialisierung auf den Vorstand absolviert haben, beispielsweise präsentiert von EM Lyon. Die Durchquerung der Schweiz hat daher den grundlegenden Vorteil, dass Sie sich von der Wahlinteraktion am Eingang der Grandes Ecoles fernhalten und Sie gleichzeitig mit einem renommierten Zertifikat ausstatten. Zu den Studiengebühren kommen die Lebenshaltungskosten vor Ort und die Fahrtkosten hinzu. Die Fördermöglichkeiten sind im Allgemeinen größer als in Frankreich; Schulen helfen ihren Schülern aktiv, sie zu mobilisieren.

Hinweis: Zu wissen, wie viel eine Französischschule kostet, ist manchmal ein Hindernisparcours. Oft müssen Sie ein Informationsblatt ausfüllen, um einen Link oder eine Hochglanzbroschüre mit Informationen zu den Studiengebühren zu erhalten, oder sich direkt an die Schule wenden. Im Gegenteil, die meisten ausländischen Institutionen veröffentlichen eine genaue und vollständige Gebührenordnung, die mit einem Klick für alle Kurse zugänglich ist. Dies spiegelt eine deutlich entspanntere Haltung gegenüber den Bildungskosten in den angelsächsischen Ländern oder in der Schweiz wider.

Eine gewinnbringende Erfahrung

Warum gehen? Das Studienniveau in Frankreich ist gut, insbesondere in der selektiven Ausbildung. Unter meinen Studenten, die ein Semester oder ein Studienjahr im Ausland verbracht haben, glauben viele, dass die Kurse in Frankreich einen besseren Standard haben. Auch unter den Studienorten rangiert Frankreich sehr gut, aufgrund der Vielfalt an hochkarätigen Ausbildungsgängen und der guten Meinung von Arbeitgebern zu französischen Diplomen. Beim Vergleich der Studienstädte setzt das britische Research-Unternehmen Quacquarelli Symonds Paris an die Spitze, vor London und Boston – bitte! Lyon und Toulouse gehören ebenfalls zu den fünfzig besten Städten der Welt.

Nichtsdestotrotz ermöglicht Ihnen ein Auslandsaufenthalt, Ihre Sprachkenntnisse zu verbessern und sich in die etwas seltsame Welt der internationalen Schulen zu integrieren. Natürlich ist diese Welt stark angelsächsisch, aber es gibt dort immer mehr Asiaten, vor allem in Großbritannien und Australien. Dies sind oft Schüler, die Internate durchlaufen haben. Sie haben ihre Familie und manchmal ihr Land schon vor langer Zeit verlassen, reisen zwischen mehreren Kulturen hin und her und messen die Bedeutung der Solidarität unter Gleichaltrigen. Dadurch entsteht eine ganz andere Kultur und Geisteshaltung als an französischen Schulen, zumal angelsächsische Universitäten viel Raum für Eigeninitiative und Eigenverantwortung lassen.

Auf Master-Niveau lassen sich die französischen Grandes Ecoles stark von diesem Modell inspirieren. Zurück in Frankreich, um sich auf den Master vorzubereiten, wird der Student, der einen Bachelor in einem angelsächsischen Land absolviert hat, dieses weltoffene Umfeld kennen, den Kursen auf Englisch problemlos folgen und das internationale Netzwerk nutzen sie werden aufgebaut haben. .

Wer seine gesamte Ausbildung im Ausland absolviert, profitiert oft von einem Berufseinstieg dort. Viele Unternehmen sind in mehreren Ländern niedergelassen, da der Austausch zwischen Unternehmen derselben multinationalen Gruppe 40 % des Welthandels ausmacht. Die Frage des interkulturellen Managements wird damit zentral; eine doppelte Ernte gibt einen erheblichen Vorteil.

Diese objektive Analyse muss durch immaterielle psychologische Daten ergänzt werden, was mir sehr aufgefallen ist. Diejenigen, die gehen, möchten oft einem etwas erstickenden familiären und sozialen Umfeld an markierten Orten einer begrenzten sozialen Gruppe entfliehen. Die offene Meeresluft verwandelt sie auf immer positive und manchmal spektakuläre Weise. Ich bat Amélie, als meine Informantin für das Leben auf dem englischen Campus zu dienen, da ich ihrem Urteil vertraue. Ich finde sie durch ihr Jahr des Exils verändert. Sie hat sich einen diskreten Stil bewahrt, sich aber ein großes Selbstvertrauen angeeignet und projiziert sich mit großer Entschlossenheit und Lust in die Zukunft. Seine etwas zögerliche Seite ist komplett verschwunden. Sie beeindruckt mich, als sie mir erklärt, dass sie es sich zur Aufgabe gemacht hat, ein Verzeichnis der Franzosen, die ihre Universität durchlaufen haben, zusammenzustellen und zusammenzuführen,

Schließlich verschafft Ihnen ein Auslandsaufenthalt während des Studiums einen Wettbewerbsvorteil auf dem Arbeitsmarkt, zumindest beim Zugang zu qualifizierten Jobs. In den Führungsfunktionen großer Unternehmen ist der Vorteil erheblich. Eine echte mehrjährige Immersion ermöglicht auch einen viel besseren Zugang zu ausländischen Arbeitsmärkten. Studenten von Grandes Ecoles profitieren viel mehr als diejenigen von Universitäten. Dieser Vorteil ist auch eine Funktion der sozialen Herkunft. Der Ausstieg ist teuer: Nur eine kleine Minderheit der Bevölkerung kann sich diese Art der Schulbildung für ihre Kinder leisten. Sie benötigen ein gutes Sprachniveau, das, wie wir gesehen haben, stark vom familiären Umfeld abhängt. Man muss auch ins Unbekannte aufbrechen, was viel leichter fällt, wenn man es gewohnt ist, seit der Kindheit, bei Ferien und Sprachaufenthalten im Ausland und wenn die Eltern zum Aufbruch animieren. Auf allen Fachseiten wird das Auslandsstudium als Investition dargestellt; Es ist immer noch notwendig, über die Mittel zu verfügen, um zu investieren.

Kapitel 4 Notizen

1. GEGEN EUROPÄISCHE KOMMISSION, September 2014 (Pressemitteilung).

2. Interview in L'Express, 28. September 2010.

3. Interview in Jean-Michel EYMERI, La Fabrique des énarques, Economica, Paris, 2001, p. 189.

4. GEGEN EUROPÄISCHE KOMMISSION, Employers' Perception *of Graduate Employability*, Flash Eurobarometer, November 2010.

5. Belgien, Bulgarien, Kroatien, Spanien, Estland, Frankreich, Griechenland, Malta, Niederlande, Polen, Portugal, Slowenien und Schweden („SurveyLang-Umfrage", in Informationsvermerk, Nr. 12.11, Ministerium für nationale Bildung, Juni 2012).

6. DEP, „Verständniskompetenzen von Schülerinnen und Schülern in modernen Fremdsprachen am Ende der Mittelstufe", Merkblatt, Nr. 12.05, April 2012.

7. John Paul C.AIL, „Privatunterricht im ersten Jahr des Colleges", loc. cit.

8. Peter BOURDIEU, „Die drei Zustände des kulturellen Kapitals", Proceedings of Social Science Research, No. ach 30. 1979.

9. Annick BONNET, „Erasmus-Studentenmobilität.

Beiträge und Grenzen bestehender Studien", CIEP, March-25-years-erasmus.pdf.

5

Nach dem Abitur TSF (alles außer Uni)!

„Die Vorteile der Zugehörigkeit zu einer Gruppe sind die Grundlage der Solidarität, die sie ermöglicht. 1.»

VS wie folgt _ des und udes s überlegen wer mich nt bei a Nun , em Job wenn Sie ein fragiles Bildungsniveau haben? Wir haben am Anfang dieses Buches gesehen, dass es durch den Umweg ins Ausland manchmal möglich war, die strenge Selektion, die in bestimmten Disziplinen vorherrscht, zu umgehen, sofern diese sehr teure Lösung finanziert werden konnte. Es bleibt einfacher, Privatschulen mit hohen Studiengebühren zu integrieren, was die Anzahl ihrer Kandidaten und ihre Selektivität stark einschränkt.

Als ich in einem Arbeitergymnasium arbeitete, hörte ich kaum von diesen Schulen. Seit ich am Lycée Quesnay war, habe ich festgestellt, dass Business Schools mit integrierter Vorbereitung, die nicht sehr selektiv sind, aber in vier oder fünf Jahren zu Abschlüssen führen, die von Arbeitgebern gut angenommen werden, die erste Anlaufstelle für ES-Studenten sind. Es ist sogar eine Standardsteckdose für diejenigen, die sich nicht sicher sind, was sie tun möchten. In kleinerem Maßstab lässt sich der gleiche Trend an den Ingenieurschulen beobachten.

Die Leistung hilft, das Thema der erheblichen Kosten dieser Schulen wird von den Zweitbesetzungen nie angesprochen. Oft haben sie keine Ahnung von den Kosten oder denken sogar, dass ihre Familie wahrscheinlich nicht die Möglichkeit haben wird, die Kosten dafür zu tragen. Bei Regiegesprächen bin ich es meist, der das Thema zuerst anspricht... häufig mit der unglaublichen Hilfe der Erziehungsberechtigten, für die es eindeutig ein wesentlicher Bestandteil ist, die aber nicht einmal mit der Möglichkeit spielen würden, darauf Bezug zu nehmen, um es nicht zu tun scheinen gegen den Fortschritt ihrer Jugendlichen für die Wirtschaft zu gehen.

Rundum informierte Erziehungsberechtigte zögern oft, diese Entscheidung zu treffen, da sie um das bescheidene schulische Niveau dieser Schulen wissen. Für starke Zweitbesetzungen (die im Allgemeinen guten sind nicht an diesen Schulen interessiert) empfehle ich, sich auf die besten Schulen zu konzentrieren und sich vorzubereiten, falls sie nicht an den besten teilnehmen. Zu durchschnittlichen Zweitbesetzungen habe ich nichts zu sagen, da keine andere Schule in ihrem Land ihnen so viel Zugang zur Arbeit verschafft wie diese Schulen, die sogar am unteren Ende der Position angesiedelt sind.

Welche Schüler für welche Schulen?

Es ist ein Rätsel: Jedes Jahr treten Schüler mit gravierenden Mängeln, insbesondere im schriftlichen und mündlichen Ausdruck, trotz renommierter Schulen wie der ESSCA (Ecole Supérieure des Sciences Commerciales d'Angers), der ESG (Graduate School of Management) oder der BBA von ESSEC ein gerade eben das Abitur gemacht haben. Auch in diesem Jahr hatte der schwächste meiner Einsteiger in die ESG im Schnitt 8,8 im Abschlussjahr und 10,2 im Abitur. Wir können sagen, dass diese Prüfung zu einem Spaziergang im Park geworden ist, für einige ist sie schwieriger zu bekommen als die Schulaufnahmeprüfung. Die von L'Étudiant veröffentlichten sehr seriösen Daten zeigen jedoch, dass der Durchschnitt im Abitur der Schüler dieser Schulen ziemlich gut ist: 12,77 für ISTEC (Higher School of Commerce and Marketing), 13, 25 für IPAG (General Administration Preparation Institute).), 13,37 für EBS (European Business School), 13,7 für ESSCA, 13,74 für ESCE (Higher School of Foreign Trade) , 13,95 für die ESG, 14,56 für das IESEG (Institute of Scientific Economics and Management). Wie erklärt man es?

2010 hatte ich eine lange Diskussion mit einem Studenten und seiner Mutter. Er wollte die Zugangsprüfung bestehen, um IESEG zu integrieren. Sie hätte es vorgezogen, wenn er eine Vorbereitung gemacht hätte, wozu er die Mittel hatte. Offensichtlich hat diese qualifizierte Mutter der Vorbereitung, ihrem hohen Anspruch, ihrer Strenge, den soliden Grundlagen der allgemeinen Kultur, die man sich dort aneignet, einen prägenden Wert beigemessen. Widerstrebend stellte sie die Frage nach den Kosten einer Schule in fünf Jahren.

„Du hast die Mittel, um zu bezahlen", sagte sein Sohn leise. "Aber du bist nicht allein. Da sind auch deine beiden Brüder", erinnerte sie sich. Er gewann seinen Fall und bestand seinen Wettbewerb. Der Rest der Geschichte? Ich sah meinen Schüler kürzlich in einem Geschäft, wo er Schuhe verkaufte, um sich vor einem Praktikum zu beschäftigen. Nachdem er ein Semester in Mumbai verbracht und einen indischen Abschluss validiert hatte, bereitete er sich darauf vor, einen MBA in Peru zu absolvieren. „Auf diese Weise, sagte er mir, werde ich ein Diplom in Französisch, eines in Englisch und eines in Spanisch haben. Offensichtlich hatte er seine Zeit nicht verloren. Es hätte seine Eltern etwas weniger gekostet, wenn er das Gymnasium besucht hätte und wahrscheinlich eine höher bewertete Schule bekommen hätte. Er hatte sich zwei Jahre intensiver Arbeit und Stress erspart und das immer noch bestehende Risiko, seine Wettkämpfe zu verpassen. Er wusste schon vor dem Abitur, dass er vergeben war und hatte daher alle Chancen, problemlos zum Meister zu gehen. Wir können ihm eine gute Karriere vorhersagen, aber wahrscheinlich weniger gut, als wenn er HEC oder ESCP Europe beigetreten wäre.

Es gibt also zwei Arten von Schülern an privaten weiterführenden Schulen: ziemlich durchschnittliche Schüler, die nach einem Vorbereitungskurs kaum Chancen auf einen Schuleintritt hätten, und die größten Schwierigkeiten, einen Abschluss in Wirtschaftswissenschaften zu machen. Sie wählen diese Schulen standardmäßig aus. Andere, von gutem Niveau, tun es für den Komfort. Wie schaffen es durchschnittliche Schüler, diese Schulen zu integrieren? Die erste Bedingung ist, fünf Jahre lang jährlich 8.000 bis 9.000 Euro bezahlen zu können , zu denen noch diverse Kosten hinzukommen; dh ein Budget von 40.000 bis 50.000 €. Diese Bedingung entfällt für die große Mehrheit der Schüler, die Schulselektivität dieser Schulen ist zwangsläufig schwach, wenn sie ihre Klassen füllen wollen. Es ist leicht, es zu zeigen.

Schulen mit integrierter Vorbereitung lassen 20 % bis 30 % der Kandidaten, die sich vorstellen, zu. Es ist natürlich viel mehr als HEC, aber immer noch selektiv, was die Schulen nicht versäumen, darauf hinzuweisen. Dies ist jedoch nur ein Schein. Die meisten Schüler bewerben sich an mehreren Schulen, umso leichter, da die Wettbewerbe teilweise gemeinsam sind. Stellen Sie sich vor, dass sich Bewerber an durchschnittlich fünf Schulen bewerben und alle an einer von ihnen zugelassen werden. Jede Schule konnte behaupten, 20 % der Kandidaten zugelassen zu haben, ohne dass die Wettbewerbe schwierig waren. Auch die Auswahl nimmt durch den Rückgang der Bewerberzahlen tendenziell ab. Sie ist auch nicht unabhängig von der sozialen Herkunft des Kandidaten. Hören wir uns das Zeugnis von Sarah an, erfolgreiche Kandidatin an der ESPEME (Higher School of Business Management in four years, of the EDHEC group), die einer

Studienberatungsorganisation übergeben wurde: „Ich war sehr zufrieden mit meiner mündlichen Prüfung. Die Jury, bestehend aus zwei Frauen, war fasziniert von meinen Ausführungen, insbesondere von meinem zweieinhalbmonatigen Sprachaufenthalt in Melbourne, Australien. [2]. Es ist eigentlich interessanter als die englische Küste.

Dass diese oft durchschnittlichen Studenten dann problemlos einen Managementjob finden, ist ein zweites Rätsel. Wenn sie kein höheres akademisches Niveau als die Universität haben, wie lässt sich dann die relative Präferenz der Unternehmen für Schulabsolventen erklären?

Erste Erklärung: Netzwerke. Wie ihre angeseheneren großen Schwestern haben diese Schulen den großen Vorteil, dass sie durch Praktika und Alumni-Vereinigungen Verbindungen zu Arbeitgebern knüpfen und pflegen. Die Grandes Ecoles legen großen Wert auf die Pflege von Netzwerken: Veranstaltungen mit Alumni und Studierenden, bestes Beispiel dafür ist der prestigeträchtige Bal de l'X, Verzeichnisse ehemaliger Studierender, Zeitschriften haben die Funktion, eine Gemeinschaft zu binden . In China bieten Business Schools Politikern MBA-Studiengebühren an, um Führungskräfte anzuziehen, die ihr Netzwerk bereichern möchten. Absolventen haben im Allgemeinen gute Erinnerungen an ihre Schulzeit und haben oft Hilfe von Senioren erhalten, was sie ermutigt, neuen Generationen zu helfen. Im Bewusstsein, dass ihr Abschluss umso wertvoller ist, je prestigeträchtigere Positionen sie bekleiden, neigen sie dazu, ehemalige Schüler ihrer Schule einzustellen. Auch Praktika sind ein wertvolles Gut. Sie tragen dazu bei, dass der Absolvent schneller einsatzfähig ist und sein Beziehungsnetzwerk erweitert, was insbesondere für Führungskräfte der effektivste Weg ist, eine Stelle zu finden.

Zweite Erklärung: Universitäten neigen dazu, nicht-akademisches Wissen zu vernachlässigen. Handelsschulen, aber auch bestimmte Studienkollegs lehren ihre Schüler dagegen, sich zu präsentieren. „Körperliche Erscheinung, insbesondere Kleidung, und Körperhaltung sind Lernobjekte und Lernziele. [...] Es ist tatsächlich die Leichtigkeit, oder vielmehr ihre äußeren Manifestationen, die Gegenstand bedeutender Arbeit sind", schreibt die Soziologin Muriel Darmon über die kommerzielle Vorbereitung [3]. Am Ende des Prozesses nutzt die ESG Management School, um ihre Studenten in Führung (?) zu schulen, die Fähigkeiten des Kurses Florent, der seit 2012 Teil derselben Gruppe ist. Diese Bedenken spiegeln die Beschreibung des wider Soziologen Michel Pinçon und Monique Pinçon-Charlot über die Bildung der Bourgeoisie in schicken Colleges: „Die Selbstdarstellung ist nicht dem Wohlwollen der Schüler überlassen. Ist fahrlässige Kleidung verboten, bringt der Tag eine gewisse Entspannung: In den meisten Schweizer Hochschulen oder an der École des Roches ist die Krawatte nicht obligatorisch, um am Unterricht teilzunehmen. Anders beim Abendessen, das ein intensiver Moment bürgerlicher Geselligkeit ist. [4].»

Mit anderen Worten, die Studenten erwerben in der

Business School, wenn sie dies nicht bereits in ihren Familien getan haben, Dispositionen, die der Soziologe Pierre Bourdieu ein inkorporiertes kulturelles Kapital genannt hat. Dieses Kapital, das das Image der Person prägt, ist bei Einstellungsgesprächen und im Berufsleben im Allgemeinen sehr wertvoll und macht oft den Unterschied. Die richtige Distanz zu Ihren Gesprächspartnern finden, ein Übermaß an Vertrautheit oder Unterwürfigkeit vermeiden, den richtigen Ton treffen, positiv wirken können: Schwer messbar, helfen diese Fähigkeiten den Absolventen der Grandes Ecoles sehr, zu beeindrucken ihr Publikum und überzeugen Sie sie davon, dass sie glaubwürdige Führungskräfte abgeben.

Auch die großen dreijährigen Schulen suchen nach diesen Fähigkeiten. So präsentiert beispielsweise ESSEC (www.essec.fr) das Einzelinterview, dem ein extrem hoher Koeffizient vorgeworfen wird: „Das Treffen befähigt den Charakter des Aufsteigers, überblickt zu werden: Show und verbale Vertrautheit; Aufnahmefähigkeit; Vielseitigkeit ; Freundlichkeit; Verpflichtungsgefühl. Für ESSEC müssen Teilnehmer wissen, wie man: sich vorstellt; seinen Beruf und seine Unternehmungen versteht; seine Begegnungen bespricht; seine Neigungen teilt. Eine Person aus der Jury für diesen Test, ein Unternehmensleiter, wann sagte mir vollständig, dass er möglicherweise zwanzig Minuten brauchte, um sich bewusst zu werden, dass eine Zweitbesetzung den Charakter eines anständigen Chefs hatte. Es ist eindeutig fraglich, ob dies die

"Persönlichkeit" des aufstrebenden Nachwuchses ist, die von diesem mündlichen, eher akribisch, aufgedeckt wird geschaffene Handwerkskunst Wie dem auch sei, spielt es wirklich eine Rolle, solange der Konkurrent alle notwendigen Qualitäten besitzt?Er wird gezeigt haben, dass er das Spiel spielt, dass er die Ziele und Werte der Organisation teilt es, dass er seinen Stil und seine Codes beherrscht.

Es wäre jedenfalls unangebracht, die Stärke dieser Zweitbesetzungen auf diese Attribute zu beschränken. In diesem Jahr haben die Zweitbesetzungen meiner Sekundarschule eine Party organisiert. Wir hörten Zweitbesetzungen singen, Darstellungen und Musik spielen, von der Solovioline bis zum rücksichtslosesten Metal. Der Schock kam von den zwanzig Zweitbesetzungen, die die Verantwortung für den Verein übernahmen. Im Unterricht häufig ausgerottet oder schwerfällig, sind sie zu mächtigen Pionieren oder halbwegs kompetenten Moderatoren geworden. Sie trafen sich mit dem Stadtvorsitzenden und bekamen ein entzückendes Zimmer, arrangierten die Genehmigung der Organisation der Schule, kümmerten sich um die Kasse, die Anhörungen, die Verwaltung, die Gruppierung von Ausstellungen; ohne falsche Notiz. Sie haben Fähigkeiten zu Initiative, Kommunikation, Verhandlung und Teamarbeit veranschaulicht, die unser Schulsystem nicht bewertet, die aber in der Arbeitswelt von Bedeutung sind. Fast alle von ihnen im Terminal ES, die meisten von ihnen werden nächstes Jahr in der

Business School sein; Ihre Ausbildung hat bereits begonnen.

Ein Gefühl von Ungerechtigkeit

Dieser Erfolg, der so eng mit der finanziellen Leistungsfähigkeit der Eltern verbunden ist, erzeugt bei einigen Schülern und Lehrern ein starkes Gefühl der Ungerechtigkeit. Wir können es verstehen. Nehmen wir einen Jugendlichen, der sich richtig ausdrückt und der durch die Erziehung in einem sehr begünstigten familiären Umfeld über ein gutes Auftreten und eine gewisse Leichtigkeit in der Gesellschaft verfügt. Diese Eigenschaften, die trivial erscheinen mögen, sind nicht so für diejenigen, die es gewohnt sind, mit jungen Menschen zu arbeiten, die zwischen Schweigen und Aggressivität schwanken. Wie viele junge Leute von fünfzehn oder sechzehn wissen, wie man einer unbekannten Person die Hand schüttelt und sich nüchtern vorstellt, ohne Scheu oder Übertreibung? Stellen wir uns vor, dieser Teenager interessiert sich sehr für sein Studium. Am Ende der Sekunde, nachdem er es geschafft hat, im Durchschnitt zu bleiben, entscheidet er (oder sie) sich für den ES-Stream, denn es ist bekannt, dass in S "es notwendig ist, zu arbeiten". Nach einem mittelmäßigen ersten, der jede Möglichkeit der Zulassung zur Vorbereitung oder Doppellizenz ausschließt, weil sein Schulzeugnis die Spur tragen wird, kommt das letzte Jahr, das entscheidend ist. Unser Teenager gibt Gas, arbeitet ein wenig für die Matura und viel für die Wettbewerbe Link, Team, Sesame oder Access, dank denen die Business Schools mit integrierter Vorbereitung rekrutieren. Überraschung (weil er sich über sein akademisches Niveau kaum Illusionen macht): Er wird an mehreren

Schulen zugelassen. dank denen Business Schools mit integrierter Vorbereitung rekrutieren. Überraschung (weil er sich über sein akademisches Niveau kaum Illusionen macht): Er wird an mehreren Schulen zugelassen. dank denen Business Schools mit integrierter Vorbereitung rekrutieren. Überraschung (weil er sich über sein akademisches Niveau kaum Illusionen macht): Er wird an mehreren Schulen zugelassen.

Dort genoss er eine angenehme Ausbildung, durchsetzt mit Skiseminaren und Auslandspraktika. Der goldene Kokon, in dem er seine Jugend verbrachte, bleibt. Die soziale Homogenität ist noch ausgeprägter als in der High School. Die Arbeitsbelastung bleibt recht erträglich. Wie ein Student offen in einem Forum zugibt: „Hier ist mein Name Lionel, ich bin in meinem ersten Jahr bei ESSCA und ich glaube, ich fange an zu bereuen … Tatsächlich ist ESSCA die Drüse … ich, ich bin ein harter Arbeiter und ich erkennen, dass ich mich bei ESSCA nicht umbringen werde [5]. Die Atmosphäre ist nicht zu stressig, da die meisten Studenten ihren Kurs ohne Falten beenden. Am Ende dieser fünf Jahre finden sie in wenigen Monaten einen Job und verdienen so viel, als hätten sie Abitur S, Mathe-Nachhilfe und eine gute Ingenieurschule. Von dem in der Presse oft beschriebenen Parcours sind wir weit entfernt. Was ist das Wunderrezept, um diesen entscheidenden Moment auf diese Weise zu verhandeln? Geld natürlich.

Die Analyse des Geschehens an den Ingenieurschulen bestätigt das bestimmende Gewicht der Höhe der Studiengebühren. Ingenieurschulen nach dem Abitur wachsen. Ihre Selektivität ist jedoch sehr variabel. Während die INSA (National Institutes of Applied Sciences), öffentliche Schulen, die 600 Euro pro Jahr kosten, sehr wählerisch sind – rund 2.000 Plätze für 13.000 Kandidaten und eine Mehrheit von Abiturientinnen und Abiturienten mit hohen Auszeichnungen – zahlen die Privatschulen, die zwischen 6.000 und 8.000 kosten Euro pro Jahr, sind einem durchschnittlichen naturwissenschaftlichen Bachelor ohne allzu große Schwierigkeiten zugänglich . Der Abiturdurchschnitt ihrer Schüler, vergleichbar mit dem der Post-Abitur-Business-School-Studenten, liegt vier Punkte unter dem der INSA-Studenten.

Dass eine unter diesen Bedingungen geleistete Bildung ein Gefühl der Ungerechtigkeit hervorruft, ist nicht verwunderlich. Wir hören es aus den Mündern der Vorbereitungsstudenten. Wenn ein unglücklicher Student im letzten Jahr in Studentenforen vorschlägt, dass die Diplome bestimmter Post-Abitur-Schulen mit Post-Vorbereitungsschulen konkurrieren könnten, wird er in Brand gesteckt. Die Botschaft lautet immer: „Die Prepas arbeiten hart, haben ein besseres akademisches Niveau und die Arbeitgeber erkennen das an. Das wäre zweifellos moralisch. Aber abgesehen von den besten Schulen ist es nicht so offensichtlich, wie die sehr nahen Einstiegsgehälter belegen. Die Führungspositionen großer französischer Unternehmen sind sicherlich nur für Absolventen der renommiertesten Schulen zugänglich, aber KMU (kleine und mittlere

Unternehmen) bieten große Chancen,

Auch Lehrer sind manchmal verbittert, wenn sie feststellen, dass dieser Erfolg in Bezug auf Aufwand und Ergebnisse so wenig mit akademischen Verdiensten verbunden ist. Zumal sie dazu neigen, berufsbedingte Deformationen dazu verpflichten, akademische Verdienste zum Maß aller Dinge zu machen. Eine Bitterkeit, die durch die Verachtung einiger Schüler für die ihnen beigebrachten Lektionen noch verstärkt wird. Die Wettbewerbe sind in der Tat auf Programmen, die weit von denen der Abschlussklasse entfernt sind, und das Abitur ist schwer zu übersehen. So ein notorischer Dummkopf wird also ein Jahr später an den Ort seines Verbrechens zurückkehren und offen erklären können, dass er in der Wirtschaftsschule ist. Er wird sein Praktikum in einer großen Beratungsagentur in Strategie beschreiben, aufgegriffen von Beziehung, und sein LinkedIn-Profil wird angeben, dass er jetzt Community Manager ist, sogar ein Partner in dem Unternehmen, das er kaum mit zwei Freunden gegründet haben wird.

Dieses Gefühl der Ungerechtigkeit verstärkt sich, wenn wir die Bedingungen vergleichen, die Studierende in der Schule mit denen an der Universität erwarten.

Die sinkende Attraktivität der Universität

Wenn mehr als die Hälfte der Abiturienten auf die Universität gehen, ist dieser Anteil an der François Quesnay High School wie an allen privilegierten High Schools deutlich geringer. Im naturwissenschaftlichen Unterricht gehen von 140 Studierenden 45 in Medizin, 40 in Propädeutikum, 35 in Ingenieur- oder Wirtschaftswissenschaften nach dem Abitur. Fügen Sie Abflüge ins Ausland und Architekturschulen hinzu, und es gibt nur 5 bis 10 Studenten, die sich für eine Lizenz oder ein IUT (University Institute of Technology) entscheiden können. In den wirtschaftswissenschaftlichen Klassen ist die Verteilung vielfältiger: Prépas, Sciences Po, ausländische Universitäten nehmen rund 30 Studierende auf, Business Schools nach dem Abitur rund 30, Kunsthochschulen 10. Es bleiben also etwa fünfzehn Schüler, die sich hauptsächlich für Jura oder an entscheiden IUT. Insgesamt besucht nur jeder achte Student eine Universität,

Warum ? Meine Studierenden sehen die Uni als Dschungel, in dem sie sich selbst durchschlagen und motivieren müssen. Die auf dem Arbeitsmarkt geschätzten Abschlüsse wären dort rar. Auch die Angst vor einem schlecht regulierten Universum, dessen Spielregeln vage sind und nach und nach entdeckt werden, die Unkenntnis von Diplomen und den Jobs, zu denen sie führen, spielen eine Rolle. Nur Jura und selektive Studiengänge wie Doppellizenzen ziehen sie an. Sind diese Annahmen berechtigt? Ich habe mich auf die Suche nach Zeugnissen gemacht, um zu verstehen, warum Studenten die kostenlose Hauptausbildung in der Hochschulbildung meiden.

Die Highschool-Schüler von François Quesnay sind nicht die einzigen, die die Universität verlassen. Das Studium nach dem Abitur findet immer weniger an der Universität statt und stagniert an der IUT, während sich die Zahl in dreizehn Jahren an Wirtschaftshochschulen verdreifacht und an Ingenieurschulen verdoppelt hat. Laut INSEE kommt das Wachstum der Studentenzahlen seit zehn Jahren von Business Schools (verantwortlich für 33 % des Anstiegs), paramedizinischen und sozialen Schulen (27 %) und Ingenieurschulen (17 %). Den Löwenanteil übernehmen die Privatschulen.

Umgekehrt haben sich 2013 32 % der Maturandinnen und Maturanden im darauffolgenden Studienjahr an einer Universität eingeschrieben, gegenüber 39 % im Jahr 2000. Besonders deutlich ist der Rückgang bei den Studierenden mit allgemeiner Maturität, während die Zahl der College-Immatrikulationen bei den Berufsmaturanten , die noch nicht auf ein Studium vorbereitet sind, zunimmt . Diese Entwicklung verstärkt die Vorstellung, dass die Immatrikulation an einer Universität eine Standardwahl ist. Daher ein Ergebnisrückgang, der das Ansehen der Institution nicht verbessern soll. Im Jahr 2012 schafften es nur 43 % der 146.000 Studienanfänger ins zweite Jahr und 28 % brachen das Studium ab. Diese Ergebnisse sind zweifellos auf die mangelnde Betreuung zurückzuführen, vor allem aber auf die Öffentlichkeit, die die Universitäten erhalten, die die einzigen nicht-selektiven

Studiengänge im Hochschulbereich sind.

Im Durchschnitt stellen die Berufsmaturanten 5 % der Studienanfänger und die Fachmaturanten 15 %. Diese Anteile sind jedoch an den Universitäten mit den niedrigsten Ergebnissen viel höher. Somit stellen die Inhaber des technischen oder beruflichen Abitur 31 % der in Le Havre eingeschriebenen (27 % der Übergänge im zweiten Jahr)... und 60 % der in Paris XIII eingeschriebenen (25 % der Übergänge)! Nur 5 % der Berufsmaturanten erwerben einen Bachelor-Abschluss, im Vergleich zu fast der Hälfte der Hauptmaturanten. Für die Studenten, für die sie theoretisch gedacht ist, ist die Universität also keine Katastrophe, zumal wenn man bedenkt, dass sie nicht die besten Absolventen anzieht, außer in der Medizin oder im selektiven Strom. Aber die der Öffentlichkeit zugänglich gemachten Rohdaten sind beängstigend.

Außerdem sind die Mittel der Universitäten, insbesondere die personellen, sehr unzureichend. Die durchschnittlichen Ausgaben pro Schüler spiegeln diesen Mangel wider. An der Universität wird er mit 10.770 Euro veranschlagt, gegenüber 13.740 Euro in STS, 15.080 Euro im Studienkolleg und rund 17.000 Euro in der Business School. Auch dies ist ein Durchschnittswert, der alle Niveaus und alle Trainings berücksichtigt. Die ersten Zyklen sind viel weniger gut ausgestattet. Darüber hinaus bieten Universitäten seit einigen Jahren Doppelabschlüsse an, die Rechts- und Wirtschaftswissenschaften, Natur- und Geschichtswissenschaften, Geistes- und

Sozialwissenschaften oder Natur- und Wirtschaftswissenschaften kombinieren. Diese sehr erfolgreichen Kurse kopieren punktuell bestimmte schulische Methoden: aktive Studentenvereinigungen, Integrationswochenenden, hohe Anzahl von Kursstunden, internationale Partnerschaften. Da sich der Staat trotz der guten Worte seiner aufeinanderfolgenden Minister finanziell zurückzieht, wird er den Universitäten niemals die Mittel geben, um die Mehrheit ihrer Studenten im ersten Jahr ihres Bachelor-Abschlusses erfolgreich zu machen, dank der Organisation der Ausbildung in kleinen Gruppen Da der Staat autistisch ist, müssen sich öffentliche Universitäten verpflichten, das erste Jahr des Bachelor-Abschlusses an private Hochschulen zu vergeben und es nebenbei zu besteuern, um L2 und L3 korrekter zu finanzieren [6].

Als Folge dieser Armut sind die Betreuungsquoten insbesondere im ersten Zyklus unzureichend. Abgesehen vom Sprachunterricht beschränkt sich der Unterricht in kleinen Gruppen in der Regel auf drei oder vier eineinhalbstündige Sitzungen pro Woche, der Rest des Unterrichts findet in großen Hörsälen statt, in denen es schwierig ist, konzentriert zu bleiben und unmöglich, eine Frage zu stellen. Frage stellen oder auf eine missverstandene Passage zurückkommen. Tutorien werden meistens von fortgeschrittenen, unerfahrenen Studierenden angeboten, die sich mehr auf die Erstellung ihrer

Abschlussarbeit als auf ihre Kurse konzentrieren und keine pädagogische Ausbildung haben. Die Universität rekrutiert auch Sekundarschullehrer, die viel besser ausgebildet sind, aber die Gehälter sind unattraktiv und die Stellen rar.

Einige Disziplinen sind besonders unterprivilegiert. In Jura haben die Studenten hauptsächlich Vorlesungen im Amphitheater. So heißt es in einer Zusammenfassung des Rechnungshofs: „Während in den anderen Fächern im Durchschnitt auf 30 Studierende ein Professor kommt, sinkt dieses Verhältnis in der Rechtswissenschaft auf 1 zu 55 [7] „. Die Betreuungsquote liege etwa bei 26 Lehramtsforschern auf 1.000 Studierende, der Durchschnitt über alle Fächer zusammen bei 36 auf 1.000. Auch dort seien die Ausgaben pro Studierender besonders gering, stellt das Gericht fest. Tatsächlich mit 248 Euro pro Jahr und pro Student in Paris-Ouest-Nanterre-La Défense zum Beispiel sind die Ressourcen der juristischen Fakultät sehr begrenzt.

Der Mangel an Sekretariatsressourcen führt dazu, dass die Studierenden, die selten über die Abwesenheit der Professoren informiert werden, unnötig umherziehen und sich vor den leeren Räumen oder Hörsälen aufhalten, bevor sie sich entscheiden zu gehen. Außerhalb der Fälle, in denen tatsächlich Tutoring durchgeführt wurde, verfolgt niemand die Ausbildung eines Studenten im Grundstudium, die für die Verwaltung und die meisten Fakultäten normalerweise anonym ist. Der

Schock ist daher heftig für Schüler, die in der High School an eine genaue Nachverfolgung gewöhnt sind (SMS-Versand an die Familie bei Abwesenheit, Orientierungsgespräche mit dem Hauptlehrer, Lehrer häufig per Messaging erreichbar). Dies führt dazu, dass Hochschulen ungeachtet der Gründe unverblümte Regeln erlassen, wie z.

Es ist komplizierter, einen Videoprojektor zu bekommen, um an der Sorbonne zu unterrichten, als an einem College in den Vorstädten; Ich habe es erlebt. Die Universitäten haben nicht einmal mehr die Mittel, um diejenigen aufzunehmen, die zu ihnen kommen. Viele Studierende werden in noch nicht wählbaren Studiengängen abgelehnt und müssen sich für eine andere Hochschule oder einen anderen Studiengang entscheiden. Beamte versuchen, die Schüler davon zu überzeugen, sich für die Terminalkontrolle anzumelden, dh auf Kleingruppenunterricht mit kontinuierlicher Kontrolle zu verzichten, um die Zahl der zu bezahlenden Lehrer zu reduzieren, die sie auch schwer zu finden sind.

Aus Mangel an Mitteln werden Vorlesungen in Hörsälen bevorzugt. Zum Zeitpunkt der Online-Verfügbarkeit erscheint diese Unterrichtsform veraltet. Es erlaubt den Schülern nicht zu interagieren, ihr Verständnis der Dinge zu testen, die gestellte Frage zu diskutieren. Selbst der physische Kontakt, durch den Blick, die Bewegungen, die Modulationen der Stimme, die viel dazu beitragen, die Aufmerksamkeit des Publikums aufrechtzuerhalten, verschwindet, wenn die Zahlen zu groß sind und der Lehrer durch das Bedürfnis, hineinzusprechen, an sein Pult gefesselt ist ein festes Mikrofon.

Die Uni ist oft langweilig. Die Kurse sind nicht darauf ausgerichtet, Studierende zu interessieren, sondern zukünftige Doktoranden auszubilden, die die Nachfolge der dortigen Lehrenden antreten. In Le Monde bestätigt Pierre Alary, der an der Universität lehrt, nachdem er drei Jahre an einer Business School gearbeitet hat, dies: „Die Logik einer Business School ist anders als die einer Universität. [...] Diese Privatschulen sind besorgt über das Feedback der Schüler, die Kurse müssen ihnen gefallen, sie interessieren. Aber die durch mathematische Modelle erklärte Ökonomie langweilt sie und es gibt nichts Besseres, um die Hörsäle zu leeren! Wir hören die gleiche Art von Kritik in der Wissenschaft oder in Sprachen. Angesichts eines einschläfernden oder zu theoretischen Kurses können die Studenten nur nicht teilnehmen, was keine unmittelbaren Folgen hat. Ich habe auch,

Studenten machen Praktika viel seltener als

anderswo. Darüber hinaus tut die Institution wenig, um ihnen bei der Suche zu helfen. Ein Student, der über eine persönliche Beziehung einen Praktikumsplatz gefunden hat, erzählte mir, dass es für ihn sehr schwierig gewesen sei, einen Weg zu finden, die Praktikumsvereinbarung von der Universität genehmigen zu lassen. Allerdings endet das Studienjahr oft bereits Ende Mai, sodass noch genügend Zeit bleibt, um neben den Ferien ein Praktikum zu absolvieren. Das Fehlen eines Praktikums ist natürlich nachteilig, wenn es darum geht, eins zu finden Beschäftigung, sowohl in Bezug auf Erfahrung als auch auf Beziehungen. Zwar ist der Berufseinstieg in Frankreich so kompliziert geworden, dass ein Praktikum oder ein Ferialjob mittlerweile äußere Zeichen des Reichtums sind. Abgesehen von den Büros der Studenten der Grandes Ecoles werden interessante Positionen durch persönliche Beziehungen vermittelt, was offensichtlich Studenten begünstigt, deren Eltern gut gestellt sind.

Teilweise Englisch an einer Universität in der Ile-de-France. Mehrere hundert Studenten der Wirtschaftswissenschaften, des Managements und der angewandten Mathematik drängen sich im Amphitheater. Die drei für die Organisation verantwortlichen Lehrer verteilen die Fächer, die je nach absolvierter Ausbildung unterschiedlich sind, und beaufsichtigen die Prüfung so gut wie möglich, da sie zu wenige sind und nicht leicht in den Fächern zirkulieren können. Am Ende des Tests stellen sich die Kandidaten an, um ihre Arbeit zurückzugeben.

Einer von ihnen geht auf den Vorgesetzten zu, der zeigt auf seine Auflistung und kopiert: „Scheiße! Sie studieren Wirtschaftswissenschaften und haben das Fach Angewandte Mathematik bekommen. Er zuckt mit den Schultern. «Gut. Wir finden eine Lösung.»

Die Prüfungsorganisation an der Hochschule ist oft mangelhaft. Dies ist eine weitere Facette des Mangels an Ressourcen. Nachdem ich gehört hatte , wie sich ehemalige Studenten darüber beschweren, befasste ich mich intensiv mit den Themen, die am Ende des ersten Jahres in Wirtschaftswissenschaften gestellt wurden, einer Disziplin, die ich kenne. Ich war schockiert von dem, was ich sah. Sowohl in der Mikro- als auch in der Makroökonomie nehmen Prüfungen an dieser Universität [8] überwiegend die Form von Multiple-Choice-Fragen (MCQs) an. Diese offenbar neuerdings angewandte Prüfungsform hat einen deutlichen Korrekturzeitvorteil: Für die Korrektur einer Dissertation benötigt man durchschnittlich 15 bis 20 Minuten, für eine MC-Frage jedoch nur 30 Sekunden. Ökonomen setzen also den von ihnen gelehrten Begriff des Arbeitsproduktivitätsgewinns in die Praxis um!

Die MC-Fragen ermöglichen es, den Wissenserwerb zu überprüfen ... und das war es auch schon: kein Nachdenken, kein Schreiben, keine Synthese. Es ist daher möglich, ohne Schreib- und Argumentationstraining ein wirtschaftswissenschaftliches Studium zu absolvieren. Auch die Beherrschung mathematischer Werkzeuge ist mit einer MC-Frage nur sehr schwer zu beurteilen: Bei einer Rechenaufgabe wird eine gut geführte Argumentation mit einem minimalen Rechenfehler ebenso vermerkt wie eine völlige Unfähigkeit, mit der Übung zu beginnen.

Das große Problem bei MC-Fragen ist, dass es immer möglich ist, Punkte zu sammeln, indem man

Antworten zufällig ankreuzt. Logischerweise sollte ein Affe, der zufällig auf einer Tastatur tippt, den Durchschnitt erhalten, wenn er den hat

Wahl zwischen zwei Antworten und 5/20, wenn es vier mögliche Optionen gibt. Natürlich können Sie immer negative Punkte einführen, um Fehler zu bestrafen, gemäß der „schönen" französischen Gewohnheit, die Sie dazu ermutigt, aus Angst, einen Fehler zu machen, nicht zu antworten. Das bietet diese Universität, mit dem großen Nachteil, dass der Student, der richtig argumentiert und sich bei der endgültigen Berechnung dumm verrechnet, weniger Punkte erhält als derjenige, der die schwierigen Fragen mutig nicht beantwortet.

Es wäre jedoch möglich, auch anders vorzugehen. Die Notation sollte so angepasst werden, dass ein Zufallsantworter zwangsläufig einige wenige richtige Antworten hat, mindestens vier Antwortmöglichkeiten bietet und eine große Anzahl von Fragen (mindestens fünfzig) vorsieht, um Zufall einzuschränken korrekte Antworten. . Allerdings stellen die MCQs dieser Universität nur zwanzig Fragen und bieten oft nur zwei oder drei Antwortmöglichkeiten, von denen eine manchmal so grotesk ist, dass sie zwangsläufig eliminiert wird (und der Student das Gefühl hat, für dumm verkauft zu werden). Themen enthalten oft Rechtschreibfehler oder Fehler durch zu schnelles Kopieren/Einfügen. Die Aussagen spezifizieren nicht die Annahmen, die der zu treffenden Argumentation zugrunde liegen (was den Umfang der Aussagen verzehnfachen würde,

Dieser Sachverhalt kann bei Studierenden leicht das Gefühl vermitteln, dass die Evaluation zufällig und vor allem kostengünstiger organisiert ist.

Das „trotz uns": Standardschüler und falsche Schüler

Laut einer Umfrage des Ministeriums hätten sich 38 % der Studienanfänger eine andere Ausrichtung gewünscht [9]. Dieser Anteil steigt auf 52% bei Inhabern von technischen oder beruflichen Maturitätszeugnissen, was nicht wirklich überraschend ist. Letztere sind oft an der Universität, weil ihre schlechten akademischen Leistungen ihnen keinen Zugang zu STS ermöglichten. Aber wie können wir uns vorstellen, dass Studenten, die als zu schwach gelten, um eine sehr konkrete Lehrausbildung mit dem Ziel der beruflichen Integration auf der Stufe Abitur + 2 zu bestehen, die Universitätslizenzen erhalten? Zumal sie dort in einem schlechten psychischen Zustand ankommen.

Es ist wahr, dass alle anderen Formationen auf die eine oder andere Weise selektiv sind. Abgelehnte Absolventen können immer noch eine Bleibe an der Hochschule finden, ohne es aber wirklich gewollt zu haben; und es ist nicht sicher, ob sie über ein angemessenes Bildungsniveau verfügen. Theoretisch haben alle Absolventen ein ausreichendes Niveau, da die Fähigkeit, dem Unterricht zu folgen, durch die Prüfung sanktioniert wird. Diese Darstellung der Dinge entspricht nicht der Realität. Auch der Begriff der Berufsmaturität ist ein Widerspruch in sich: Dieses Diplom bereitet auf die sofortige berufliche Integration vor, während die Maturität die Möglichkeit bestätigt, eine höhere Ausbildung zu absolvieren.

Grundsätzlich sind die längsten Studien die abstraktesten und oft auch die schwierigsten. Aber Kurzstudiengänge ziehen aufgrund ihrer Selektivität oft bessere Studenten an als Universitätsstudiengänge. Absurderweise finden sich in IUTs gut organisierte, selbstständige und leistungsfähig Notizen machende Studierende wieder, um sich auf ein Abitur + 2 vorzubereiten und dabei von einer soliden Betreuung (mehr als zwanzig Stunden pro Woche in geringer Zahl) zu profitieren, während die weniger gut ausgebildeten Studierenden sollten versuchen, Vorlesungen zu nutzen und anhand einer Übungsliste oder eines Literaturverzeichnisses selbstständig eine Übungsstunde vorzubereiten. In der Tat entscheiden sich gute Gymnasiasten für ein IUT. Sie gehen dort weniger zum DUT hin, sondern besser betreut als an der Universität und bereiten sich dann auf ein Studium oder die parallele Aufnahme an einer Grande Ecole vor. Sandrine, eine meiner wenigen Schülerinnen aus einfachen Verhältnissen, erklärt mir, dass sie nach ihrem Abitur (mit Auszeichnung) ans IUT gegangen ist, weil sie sich für die Vorbereitung etwas gebrechlich fühlte. Sie ist begeistert, arbeitet viel und strebt nach dem Abitur eine parallele Zulassung zur Handelsschule an.

Zusammenfassend sollte die Universität angesichts der Öffentlichkeit, die sie begrüßt, viel mehr Ressourcen für Studienanfänger als andere Studiengänge haben und sie auf dieser Ebene konzentrieren. Genau das Gegenteil passiert. Schaden.

In manchen Fällen werden die ersten Jahre des Bachelor-Studiums auch von „Scheinstudenten" parasitiert, arbeitslosen jungen Menschen aus einfachen Verhältnissen, die sich an einer Universität einschreiben, um von Stipendien und Sozialschutz zu profitieren. Dieses Problem konzentriert sich auf die Universitäten der beliebten Bezirke, beispielsweise in Paris-VIII-Saint-Denis und Paris-XIII-Villetaneuse im Pariser Umland, Lille-III oder Toulouse-Le Mirail. Ein Bericht von Le Monde beschreibt die Situation in Perpignan [10] : Zwischen einem Viertel und der Hälfte der im Rahmen der Basisprüfungen zurückgegebenen Arbeiten sind leer.

Obwohl sie nicht beabsichtigen, den Kursen zu folgen, schreiben sich diese Scheinstudenten am häufigsten in Fächern ein, die ihnen zugänglich erscheinen, in Soziologie, Psychologie oder AES (Wirtschafts- und Sozialverwaltung), anstatt in klassischen Fächern. , Wirtschaftswissenschaften oder Mathematik. Daher sind sie zahlreich. Verpflichtet, zu den Teilprüfungen zu kommen, verlassen sie den Raum so schnell wie möglich, nachdem sie die Anwesenheitsliste unterschrieben und eine weiße Kopie zurückgeschickt haben. Manchmal stören sie den Test. Sie müssen auch Tutorien besuchen, da der Ausschluss automatisch nach drei Fehlzeiten während des Semesters (das eigentlich ein Dutzend Wochen dauert) erfolgt. Ihre Haltung trägt dazu bei, andere Schüler zu demobilisieren und Lehrer zu verärgern: Sie checken ihre Telefone, lassen ihre Kopfhörer auf, schlafen auf Tischen usw. [11] .

Es ist kein neues Problem. Ein befreundeter Lehrer in Lille hatte es mir schon in den 1990er Jahren beschrieben. Aber es ist seitdem gewachsen. Das praktisch fehlende RSA (aktives Solidareinkommen) für die unter 25-Jährigen und die hohe Jugendarbeitslosigkeit erklären diesen Zustand, machen ihn aber nicht erträglicher. Studierende und Lehrende leiden unter der Situation, was die Atmosphäre der Kurse und die Erfolgsquoten belastet. Dies ermutigt die Universitäten auch, die Ressourcen für Studienanfänger zu begrenzen und sie für „echte" Studierende zu reservieren. Neuankömmlinge sind jedoch diejenigen, die am dringendsten Unterstützung benötigen. Das Problem ließe sich dadurch lösen, dass für den Zugang zum zweiten Semester oder zumindest für die Wiederholung eine Mindestnote verlangt wird. Um die Wahrheit zu sagen, scheint der Staat eine Situation in Kauf zu nehmen, die es ermöglicht, mit geringen Kosten das Problem der jungen Menschen ohne Arbeit oder Qualifikation zu lösen, indem sie im Austausch für Sozialschutz und minimalen Schutz aus der Arbeitslosenstatistik gestrichen werden Einkommen. Zu Lasten des Selbstwertgefühls dieser jungen Menschen und der Arbeitsbedingungen an der Hochschule.

Betrachten Sie für einen Moment die Situation dieser jungen Menschen. Warum immatrikulieren sie sich in Fächern, die mit der bestandenen Matura verwandt sind, wenn nicht, weil ihre Immatrikulation teilweise ernsthaft ist? Von den Journalisten befragt, beteuern sie, nur wegen des Geldbeutels da zu sein, sie interessieren sich nicht dafür

Blödsinnsstudien , die zu nichts führen usw. Aber man kann an der Aufrichtigkeit dieser zynischen und distanzierten Rede zweifeln und sich im Gegenteil vorstellen, dass sich diese jungen Leute in der Hoffnung angemeldet haben, Interesse an den Kursen zu finden und korrekte Ergebnisse zu erhalten. Konfrontiert mit einer Lehre, die sie nicht anspricht, hätten sie erst ein zweites Mal diesen Abwehrdiskurs entwickelt, der es vermeidet, ihre Erfolgsfähigkeit in Frage zu stellen. Kurz gesagt, sie wären weniger Profiteure des Systems als Opfer seiner Fehlfunktionen.

Bei Diskussionen mit Gymnasiasten stellt sich immer wieder die Frage nach der Identität der Streams. Die Studierenden sehen recht gut, was eine Management- oder Ingenieurschule ist und für welche Art von Beruf sie sich öffnen. BTS und DUT haben spezifische Titel. Doch wohin führt ein Bachelor in Mathematik oder Wirtschaftswissenschaften? Die Schüler haben keine Ahnung und finden es sehr schwierig, das herauszufinden. Sie finden bei genauerem Hinsehen höchstens die Mastertitel, auf die eine Approbation vorbereitet. Umgekehrt zieht die Ausbildung für (scheinbar) gut identifizierte Möglichkeiten wie Jura trotz hoher Durchfallquoten viele Studenten an.

In Ermangelung einer klaren Strategie wählen die Schüler daher oft ein Fach, das sie gut beherrschen und das ihnen in der High School gefallen hat. Aber es ist nicht dasselbe, Englisch zu lieben und die englische Sprache und Zivilisation in Lizenz zu studieren, ohne sich zu sehr vorzustellen, was das Ergebnis sein kann. Dies gilt umso mehr für die Wirtschaftswissenschaften, wo der Studienanfänger hauptsächlich angewandte Mathematik macht, ohne Verbindung zu den Kursen des letzten Jahres zu Wachstum oder Arbeitslosigkeit.

Trotz echter Bemühungen bauen Universitäten immer noch oft Muster von Diplomen entsprechend der Ausbildung zukünftiger Doktoranden und lokaler Interessen („ein Lizenzkurs muss für Herrn Lefèvre geschaffen werden"). Die Anpassung der Diplome an die Beschäftigung ist unzureichend und langsam, während sich die Bedürfnisse des

Wirtschaftssystems schnell ändern. Um der starken Nachfrage nach dualen Kompetenzen (IT und Management, Technik und Recht etc.) gerecht zu werden, sollten daher duale Studiengänge eine Stärke der Hochschule sein, die über eine große Vielfalt an Kompetenzen verfügt. Aber das Zurückziehen jeder Formation in sich verlangsamt ihre Entwicklung. Ein Freund erklärte mir, dass er das von ihm in Erwägung gezogene Doppelstudium nicht auf die Beine stellen könne, weil die Rechtsfakultät sich weigere, ihre sehr guten und zahlenmäßig wenigen Studenten davon zu befreien.

I ♥ Universität Versailles-Saint-Quentin-en-Yvelines

Die Identitätsfrage stellt sich auch dadurch, dass die Universität bis auf wenige Ausnahmen keine Marke hat. Marken sind jedoch unerlässlich, um sich im Maquis des Trainings zurechtzufinden. Zum Beispiel ist es angesichts der Fragmentierung, um nicht zu sagen der Verwirrung der dort verfügbaren Master schwer zu sagen, zu welchen Berufen Sciences Po Paris führt. Aber Sciences Po ist eine starke Marke, die das Institut auch zum Nachteil des offiziellen Namens Institute of Political Studies ins Feld führt und nicht zögert, rechtliche Schritte gegen Universitäten einzuleiten, die diesen eingetragenen Namen versehentlich verwenden.

Universitäten versuchen, Marken zu schaffen, aber Namen wie Bordeaux-IV oder Grenoble-II helfen nicht. Paris-X wurde in Paris-Ouest-Nanterre-La Défense umbenannt, um seinen Namen mit dem des Geschäftsviertels (in dem bestimmte Kurse angeboten werden) in Verbindung zu bringen und Nanterre, ein Synonym für viele Gymnasiasten, durch Paris-Ouest zu ersetzen. , eine Brutstätte der internationalen Linken und ein unterprivilegierter und irgendwie beunruhigender Vorort. Von diesem Bild bis zur Realität der eher bürgerlichen Rekrutierung in Nanterre ist es offensichtlich ein weiter Weg, insbesondere in den Bereichen Recht und Wirtschaft, aber die Macht des Bildes überwiegt. Der gewählte Kompromiss ist jedoch zu verwirrend, um die Sache zu verbessern.

Auch wenn die Universität einen prestigeträchtigen

Namen genießt, kommt sie nicht immer gut damit zurecht. Die Sorbonne ist ein spektakuläres Beispiel. Die weltweit bekannte Marke „Sorbonne" wird von drei verschiedenen Universitäten getragen, was ihre Verwendung oder Identifizierung nicht fördert. Es wurde von der State Intangible Heritage Agency auf rund eine Milliarde Euro geschätzt und teilweise an die Universität Paris-Sorbonne-Abou Dhabi verkauft. 2006 aus einer Vereinbarung zwischen Paris-IV und der Regierung von Abu Dhabi hervorgegangen, hat es das Monopol der Appellation Sorbonne im Nahen und Mittleren Osten. In Wirklichkeit hat sich Paris-IV ein wenig weiterentwickelt, da der Name rechtlich zur Kanzlei der Universitäten von Paris gehört. Aber als Paris-I versuchte, Projekte mit Katar und Bahrain auf die Beine zu stellen, wurden diese aus diplomatischen Gründen auf höchster Ebene des Staates blockiert: Es war unmöglich, das geschlossene Abkommen in Frage zu stellen, ohne die Führer von Abu Dhabi zu beleidigen. Einige Beamte waren jedoch bewegt von der Gefahr, das Image der Sorbonne als "Universität des Sandes" mit wenigen Studenten und ständigen Professoren zu beschädigen. Schließlich sind die finanziellen Vorteile der Vereinbarung sehr begrenzt, im Gegensatz zum Louvre Abu Dhabi (die Marke „Louvre" wird seit dreißig Jahren und 400 Millionen Euro verkauft).

Bleibt die Frage der Auswahl. Die Vermassung der Sekundarbildung führt zu einem ungezügelten Wettbewerb im Hochschulbereich. Etwa 80 % einer Altersgruppe können Studenten werden, verglichen mit 30 % vor dreißig Jahren. Der Wettbewerb entwickelt sich in einem verworrenen Kontext, der sowohl durch einen raschen Anstieg des Qualifikationsniveaus junger Menschen als auch durch eine schwache Schaffung qualifizierter Arbeitsplätze gekennzeichnet ist. Diese gegensätzlichen Bewegungen mindern den Wert der Diplome. Um die gleiche soziale Position wie seine Eltern zu erreichen, muss man mit einem viel höheren Abschluss gerüstet sein. Dessen sind sich sowohl Kinder als auch Eltern bewusst, zumal das Marketing von Förder- und Bildungsunternehmen auf die Schwierigkeit von Prüfungen und Wettbewerben pocht, während die Medien Jugendarbeitslosigkeit leichtfertig erwähnen. [12], was allerdings Hochschulabsolventen deutlich weniger betrifft als andere. Dieser Wettbewerb nährt eine belastende Unsicherheit für junge Menschen sowie für ihre Eltern. Abgesehen von den sehr guten Studenten, die heute wie gestern den Königsweg zu den Grandes Ecoles gehen, besteht die Gefahr des Abstiegs. Auch in guten Verhältnissen sind die Eltern meistens angestellt. Sie können ihre Kinder finanziell, intellektuell und emotional unterstützen, ihnen aber keine Beschäftigung verschaffen. Sie haben daher keine Gewissheit, dass ihre Kinder ohne sehr guten Abschluss genauso gut oder besser abschneiden werden als sie.

Die Angst vor dem Abstieg betrifft die Mittel- und Oberschicht, vom Produktionsingenieur bis zum Lehrer, vom Techniker bis zum Meister, von der Krankenschwester bis zur Sekretärin, vom Bankangestellten bis zum Zugbegleiter. Der Soziologe

Louis Chauvel hat [13] gezeigt dass der Ausfall des sozialen Aufzugs dauerhaft war. Die Generation der 25- bis 35-Jährigen kämpft darum, die beruflichen Positionen der fünfziger Jahre, also die Generation ihrer Eltern, zu erreichen.

Die Herausforderung besteht also darin, sich von den anderen abzuheben, gemäß dem, was Ökonomen die „Signaltheorie" nennen. Am naheliegendsten ist es, einen selektiven Weg einzuschlagen, der auf ein bestimmtes Könnensniveau hinweist. Des

Elite- Streams bleiben für sehr gute Schüler. Aber für die anderen, all diejenigen, die gewisse akademische Fähigkeiten haben, aber nicht auf ein Studienkolleg, Polytechnique und ENA gehen? Selektive Strömungen gibt es auf allen Ebenen, und sie werden im Sturm erobert, wenn sie den Zugang zur Beschäftigung zu garantieren scheinen.

Der einzige nicht-selektive Sektor ist die Universität, die dadurch vernachlässigt wird, außer um sich als selektiv zu zeigen: 20% der Maturanten S versuchen es jetzt mit Medizin, verglichen mit 12% vor fünfzehn Jahren. Die Technische Universität von Compiègne oder Paris-Dauphine haben kein Problem mit der Rekrutierung und auch keine Doppellizenzen. In der Rechtswissenschaft florieren Initiativen zur Schaffung einer selektiven Ausbildung nach dem Vorbild der Grandes Ecoles: Paris-II-Assas präsentiert seinen Master-Abschluss in Wirtschaftsrecht als „eine Grande Ecole innerhalb der Universität". Die Studiengebühren sind dort sehr hoch (15.000 Euro pro Jahr) … und die Einstiegsgehälter sind stratosphärisch. Toulouse-I bereitet eine Europäische Rechtsschule vor und erinnert an die Möglichkeit, Universitätsabschlüsse (DU) zu bezahlen. Diese Studiengänge bieten jedoch nur eine sehr begrenzte Anzahl von Plätzen,

Kapitel 5 Notizen

1. Peter BOURDIEU, „Sozialkapital, vorläufige Anmerkungen", Proceedings of Social Science Research, No. ach 31. 1980.

2. http//Etudiinfo.com, 13. Januar 2014.

3. Muriel DARMON, *Vorbereitungsklassen. Die Entstehung einer dominanten Jugend*, Discovery, Paris, 2013, p. 248.

4. Michael PINCON und Monique P.INCON-VSHARLOT, Sociology of the bourgeoisie, La Découverte, Paris, 2007 (3. Aufl.), p. 86.

5. Peter DUBOIS, „License: the cynicism of the private SUP", auf dem Blog Histoires d'universités, 2014, https://histoiresduniversites.wordpress.com.

6. VSOUR ACCOUNTS, *The Sector and Training Place*, Juni 2012. Zum Vergleich: Dieses Verhältnis entspricht etwa einem Lehrer pro elf Schüler an einer weiterführenden Schule.

7. Das ist Paris West. Nachdem ich einen Beitrag zu diesem Thema veröffentlicht hatte, erhielt ich mehrere Reaktionen von Wissenschaftlern, die sagten, dass dies an ihrer Universität nicht der Fall sei.

8. „Neue Abiturientinnen und Abiturienten, die zu Beginn des Studienjahres 2011 für eine Lizenz registriert wurden", Informationsvermerk, Nr. $^{12.07}$, Ministerium für Hochschulbildung, Juli 2012.

9. Pascale KREMER, „Die Universität konfrontiert mit einem Zustrom von „falschen" Stipendiaten", Le Monde, 27. Mai 2013.

10. Zu Paris-XIII gehörte Kommentare, bestätigt durch die Umfrage von Le Monde (ebd.).

11. Bei einer Jugendarbeitslosenquote von 24 % hört man häufig von Moderatoren behaupten, 24 % der Jugendlichen seien arbeitslos, was offensichtlich nicht stimmt. Tatsächlich sind 7,5 % aller jungen Menschen im Alter von 16 bis 24 Jahren (und nicht nur der Erwerbsbevölkerung) arbeitslos.

12. "Die neuen Generationen angesichts des anhaltenden Scheiterns des sozialen Aufzugs", Revue de l'OFCE, Nr · 96, Januar 2006, p. 35-50.

6

Der große Sprung nach vorne der Privatschulen

„Die Anmeldung zum Cours Molière setzt die vorbehaltlose Annahme der internen Vorschriften der Schule voraus: angemessene Kleidung erforderlich (Joggen und Mütze verboten), [...] Verwendung von Laptop/Ipod/mp3... formal verboten [1].»

I I Vor 20 Jahren wurde ich von meinem Schulleiter gerufen, der gerade von einer großen High School in Rennes gekommen war. Ich hatte um eine kumulative Genehmigung gebeten, einige Stunden Unterricht in einer privaten Vorbereitung zu geben , die im Allgemeinen problemlos erteilt wurde. „Das kann ich nicht für Sie unterschreiben", sagte er mir. Wo ich herkomme, stiehlt der Privatsektor unsere besten Lehrer und unsere besten Schüler. Dagegen habe ich meine ganze Karriere gekämpft. Also kann ich nicht akzeptieren, dass du privat gehst. Es ist gegen meine Prinzipien. Ich war überrascht, denn außerhalb der Bretagne scheint der ideologische Konflikt zwischen der Schule der Republik und der Priesterschule der Vergangenheit anzugehören. Die unter Vertrag stehenden privaten Einrichtungen sind inzwischen in den öffentlichen Bildungsdienst integriert. Aber der Konflikt zwischen Privatem und Öffentlichem taucht in anderer Form wieder auf,

Private Einrichtungen haben immer mehr Schüler, vom Kindergarten bis zur Hochschule. Sie monopolisieren heute die ersten Plätze der Charts von Colleges und High Schools. Sie bestreiten die Vormachtstellung der großen Gymnasien im Propädeutikum. Bewegen wir uns auf eine Schule der zwei Geschwindigkeiten zu, in der Exzellenz mit bezahlter Schule gleichgesetzt wird? Dieses Risiko ist umso größer, als sich neben dem privaten Non-Profit-Sektor ein privatwirtschaftlich-gewerblicher Sektor mit starker Präsenz in der Vorbereitung von Wettbewerben und Berufsausbildungen durchsetzt. Abgesehen von ein paar großen, gemeinnützigen, aber teuren Schulen, ist es diese kommerzielle Privatheit, die die größte Gefahr der Gelddiskriminierung darstellt.

Vom Kindergarten

Der Kindergarten ist eines dieser Dinge, um die uns die ganze Welt beneiden soll. Wie dem auch sei, fest steht, dass frühe Beschulung das Lernen fördert. Es reduziert Ungleichheiten vor der Schule, das zeigen alle Studien. Ganz nebenbei löst es auch gewisse Kinderbetreuungsprobleme. Auch wenn keine Schulpflicht vor dem sechsten Lebensjahr besteht, sorgt der Staat deshalb seit zwanzig Jahren dafür, dass alle dreijährigen Kinder in den Kindergarten gehen.

In vielen Gemeinden erwartet Sie jedoch eine unangenehme Überraschung, wenn Sie versuchen, Ihr zweijähriges Kind anzumelden. Die zweijährige Schulbildung ist tatsächlich eingebrochen und von 35 % im Jahr 2000 auf 11 % zu Beginn des Schuljahres 2012 gefallen. Was ist passiert? Die Zahl der Kinder im Alter von zwei bis fünf Jahren stieg in den 2000er Jahren rasant an. Zusätzliche Klassen hätten eröffnet werden müssen, um 350.000 weitere Kinder aufnehmen zu können, eine Zunahme von

10%. Dieser Aufwand ist nicht erfolgt. Da sich die Regierung verpflichtet hat, alle dreijährigen Kinder aufzunehmen, wird die Schulbildung im Alter von zwei Jahren zurückgefahren, um Plätze für ältere Kinder freizugeben. Bis 2005 wuchs die Schulbevölkerung unzureichend. Anschließend wurden die Bemühungen eingestellt und die Zahl der Kinder, die den Kindergarten besuchten, ging zurück.

Hinzu kommen enorme Ungleichheiten in der

Ressourcenverteilung. So haben laut einem Bericht des Rechnungshofs 49 % der zweijährigen Kinder in Lozère einen Kindergartenplatz, aber nur ... 5 % in Seine-Saint-Denis. Ein Kind von zwanzig! Wo diese Schulbildung am nötigsten wäre, weil die Familien dort oft materiell und kulturell mittellos sind, ist sie am wenigsten entwickelt. Wir können dort die schwache Fähigkeit der Ärmsten ablesen, öffentliche Entscheidungen zu beeinflussen, aber auch ein Ungleichgewicht zwischen Stadt und Land. In Frankreich sind die Ausgaben pro Kind in ländlichen Gebieten viel höher. In der Tat ist es politisch schwierig, Klassen oder Schulen in entvölkerten ländlichen Gebieten zu schließen, auf die Gefahr hin, Schülern oder Studenten lange Transportwege aufzubürden.

Wie erwartet treibt diese fiskalische Verschärfung Familien dazu, sich dem privaten Sektor zuzuwenden. Während 11 % der Dreijährigen heute wie vor zehn Jahren in die Privatwirtschaft gehen, ist der private Anteil der zweijährigen Ausbildung von 18 % auf 24 % gestiegen. Für Familien bedeutet dies einen Mehraufwand. Gleichzeitig müssen wir die positive Rolle der Privatschulen betonen, die einen echten Bedarf decken, der von den öffentlichen Schulen nicht mehr angemessen abgedeckt wird. Beachten Sie übrigens, dass die Haushaltseinsparungen, die der Staat durch die Reduzierung seines Angebots zu erzielen hofft, teilweise illusorisch sind, da die meisten Kosten der Privatschulen, nämlich die Gehälter der Lehrer, auf ihn entfallen.

Im College macht der Privatsektor nur sehr wenig Fortschritte. Im Jahr 2013 wurde dort jeder fünfte Schüler ausgebildet, was 690.500 Schülern entspricht, ein leichter Anstieg seit 2000. Auf der Ebene der High Schools stieg der Privatsektor im gleichen Zeitraum von 20 % auf 22 %, ein deutlicher Anstieg. Private Einrichtungen konzentrieren sich auf wenige Regionen: Sie bilden mehr als ein Drittel der Studenten in Paris und mehr als die Hälfte in der Vendée aus. Es handelt sich in der Regel um Kinder aus privilegierten Verhältnissen: 36 % der Privatschüler an Colleges und 46 % an Gymnasien haben Eltern, die Führungskräfte, Geschäftsführer oder Lehrer sind. Wenig überraschend stellen wir fest, dass sich das private Angebot stärker auf die nachgefragtesten Serien S und ES konzentriert als auf die Serien L oder STMG (Wissenschaften und Technologien des Managements und Managements). In der Privatwirtschaft wird Latein häufiger unterrichtet als im öffentlichen Dienst.

Die Dynamik privater Einrichtungen basiert auf den guten Ergebnissen ihrer Studenten, die nichts Neues sind. In bestimmten privaten konfessionellen Gymnasien gab es schon immer eine Tradition der Exzellenz. Aber die Tatsache, dass diese Einrichtungen die Rangliste mit überwältigender Mehrheit dominieren, ist rätselhaft. Von den 50 Hochschulen mit den meisten Absolventen sind 48 privat. Die tapferen öffentlichen Einrichtungen, die auf der Liste bestehen, sind zwei Hochschulen mit internationaler Ausrichtung in Yvelines, die deutsch-französische Hochschule von Buc und die internationale Hochschule von Saint-Germain-en-Laye. Von den 156 High Schools mit 100% Abitur im Jahr 2013 sind 143 private High Schools. Und sie werden nicht ausgelassen für das, was das Ministerium als Mehrwert bezeichnet,

Diese privaten Exzellenzeinrichtungen stehen fast alle unter einem Assoziierungsvertrag mit dem Staat: Sie sind in den öffentlichen Bildungsdienst integriert und müssen die nationalen Programme und Stundenpläne einhalten; im Gegenzug werden die Lehrergehälter vom Staat bezahlt, was den Schulbesuch bezahlbar macht. Einrichtungen ohne Vertrag, die nur sehr wenige sind, da sie einige Zehntausend Studenten einschreiben, sind meistens für Studenten gedacht, die mit der traditionellen Bildung unzufrieden sind oder die aufgrund ihrer geringen Ergebnisse davon ausgeschlossen sind.

Allerdings kommen private High Schools außerhalb des Vertrags, die nach Exzellenz streben, auf den Markt. Heute marginal, könnten sie aufgrund der Entwicklung nationaler Strukturen und Programme, die schlecht an die Hochschulbildung angepasst sind, zumindest auf Terminalebene gedeihen. Beispielsweise wurden nach einer Reihe widersprüchlicher Änderungen die Stundenpläne der S-Serien Geschichte und Geographie reduziert. Der Mathe-Schwerpunkt der ES-Reihe stellt keine wirkliche Vertiefung mehr dar. Die Studierenden gehen daher mit Lücken an die Hochschulbildung heran. Diese Mängel laden zur Einrichtung eines Terminals ein, das Mathematik, Wirtschaftswissenschaften und

Geisteswissenschaften kombiniert, das vielen Hochschulstudiengängen entspricht und in heutigen Gymnasien nicht vorhanden ist.

Warum stimmen Führungskräfte zu, ihre Kinder auf ein privates College zu schicken, einschließlich der Rekrutierung durch die Bevölkerung? Denn sie haben das Gefühl, dass ihr Kind dort sicher ist, dass seine Persönlichkeit berücksichtigt wird und seine Entwicklung nicht behindert wird. Eine Umfrage bestätigt dies: Unabhängig davon, ob Eltern privaten Unterricht kennen oder nicht, die ersten Qualitäten, die sie daran erkennen, sind die Betreuung der Schüler und die Qualität des Unterrichts, gefolgt von den geringeren Fehlzeiten der Lehrer und der reduzierten Anzahl von Schülern pro Klasse . Prüfungserfolg und Studienniveau stehen viel weiter unten auf der Liste.

Dass die Qualität der angebotenen Bildung so oft in den Vordergrund gerückt wird, ist überraschend. Tatsächlich werden die Lehrer dieser Schulen durch die gleichen Auswahlverfahren rekrutiert wie die der Öffentlichkeit ... aber sie sind seltener zertifiziert und dreimal seltener aggregiert. Ihr akademisches Niveau ist daher niedriger. Darüber hinaus ist es für eine private Einrichtung fast ebenso schwierig wie für eine öffentliche Einrichtung, einen Lehrer loszuwerden, der keine Befriedigung gibt. Wir fragen uns daher, nach welchen Kriterien diese Einschätzung von den Eltern vorgenommen wird. Zunächst scheint es einen subjektiven Eindruck wiederzugeben. In Wirklichkeit liegt die Stärke des Privatsektors darin, von einer größeren Zahl von nicht lehrendem Personal zu profitieren,

das Ermöglichen einer genaueren Überwachung der Schüler, um ihre Schüler auswählen zu können, um diejenigen zu eliminieren, deren Niveau offensichtlich nicht angepasst ist, aber insbesondere um die Störenfriede ausschließen zu können.

Öffentliche Einrichtungen haben es deutlich schwerer, Störer zu bestrafen oder auszuschließen. Die Rektorate weisen daher die weiterführenden Schulen systematisch an, Disziplinarräte zu vermeiden. Zugegebenermaßen ist Ausschluss – immer mit anschließender Schulbildung in einer anderen Einrichtung, erinnern wir uns – eine starke Sanktion, aber es fällt auf, dass die Interessen der anderen Schüler so gut wie nie berücksichtigt werden. Unter diesem Druck ihrer Hierarchie wehren sich einige Schulleiter gegen Lehrer, die behaupten, arbeitsfähig zu sein und eine gewisse Autorität zu genießen. So habe ich gesehen, wie ein Schulleiter gegen den Ausschluss eines Schülers Einspruch erhob, der einen seiner Klassenkameraden an einer Garderobe festhakte und bei einer anderen Gelegenheit einen Stuhl quer durch die Klasse warf, der direkt über dem Kopf eines Kameraden gegen die Wand krachte. Der Schulleiter hielt es für sinnvoller, die Lehrer der Klasse in einen zweitägigen Kurs zum „Umgang mit gewalttätigen Schülern" einzuschreiben . In der Privatwirtschaft kann man sich so eine Haltung nicht vorstellen.

Eine Umfrage aus dem Jahr 2011 zeigte, dass die größten Gründe für die Sorge der Eltern um ihre Kinder stark die Schule betreffen: Erpressung, Aggression und gefährliche Spiele (Kopftuchspiel usw.) [2]. Wir stellen auch die Bedeutung fest, die der Vermittlung traditioneller Werte beigemessen wird, was für ein Drittel derjenigen, die ihr ihre Kinder anvertrauen, eine Stärke der Privatschule ist. In der Mittelstufe betrifft der Wunsch der Eltern daher in erster Linie die Fürsorge und Rücksicht auf ihr Kind. Sein Wohlergehen, seine Ausbildung, seine Sicherheit, die Aufmerksamkeit, die seiner Persönlichkeit gewidmet wird, gehen der Leistung voraus, insbesondere für kleine Kinder. Zweifel an der Fähigkeit der öffentlichen Einrichtungen, auf diese Forderungen zu reagieren, wachsen eindeutig.

Wenn die Schüler älter werden, übertrumpft der Unterricht die Bildung. Private Einrichtungen achten sehr auf ihre Ergebnisse; manchmal zu viel, wie die folgende Anekdote zeigt. Ich war eines Tages in einer Abitur-Jury, der ich vorstand [3], fasziniert, weil mehrere freie Kandidaten eine „gute" Erwähnung erhielten. Unabhängige Kandidaten sind jedoch in der Regel Studenten, die die Prüfung mehrmals nicht bestanden haben und ein sehr niedriges Niveau haben. Ich habe daher die Akten dieser Kandidaten konsultiert und festgestellt, dass sie alle von einer angesehenen Institution, der Maison d'éducation de la Légion d'honneur, stammten, die es vorgezogen hatte, sie nicht unter ihrem Namen vorzustellen, um kein Risiko einzugehen niedrigere Testenttäuschung, die sein Ansehen verfärbt haben könnte. Die Geschichte ist alt und potenzielle Praktiken haben sich in dieser Stiftung geändert. Dennoch tun dies zahlreiche vertrauliche weiterführende Schulen; was die zuvor erwähnten großartigen Ergebnisse relativiert.

Heiligtümer der Größe der konservativen Schule, die Vorklassen für die Grandes Ecoles waren immer das Privileg der riesigen öffentlichen Sekundarschulen, insbesondere in Paris. Diese Unvergleichlichkeit wird derzeit unterlaufen. Ausgehend von der von L'étudiant verbreiteten Positionierung habe ich mich auf die Synthese der zehn besten Vorstufen in jedem der sechs Bereiche konzentriert, die 2015 zu den bedeutenden Wettbewerben geführt haben6 littéraires, sept des dix meilleures prépas scientifiques, entre deux et quatre des meilleures prépas commerciales. Mais le privé sous contrat lié à Certains ordres religieux est en hausse. Lui aussi bénéficie d'une longue custom d'excellence et il schlägt souvent des conditions d'encadrement zusätzlich zu aufmerksamkeitsstarken à chaque élève que les grands lycées parisiens vor. Das Lycée Sainte-Geneviève feiert ein hundertjähriges Kind mit einem Premierenplatz in einer wissenschaftlichen Vorbereitung.

Nachfrage schafft Angebot

In der Hochschulbildung ist die Entwicklung noch deutlicher. 80 % des Anstiegs der Studierendenzahlen in den letzten zehn Jahren sind auf die private Ausbildung zurückzuführen [4]. Dort sind jetzt 18 % der Studierenden eingeschrieben, verglichen mit 13 % im Jahr 1990. In den Naturwissenschaften ist die Zahl der Studierenden zwischen 2004 und 2012 an Universitäten außerhalb der Medizin gesunken und an medizinischen Fakultäten um 40 % gestiegen. außeruniversitäre Ingenieure und insbesondere 45 % in der Privatwirtschaft. Die Schwächen der Universität (siehe vorheriges Kapitel) eröffnen auch der Privatwirtschaft Entwicklungsperspektiven. So unterzeichnete der Clapeyron-Privatkurs im Juli 2014 eine Vereinbarung mit Paris-Ouest, die es seinen Studenten ermöglicht, direkt zum zweiten Jahr des Wirtschaftsmanagements an dieser Universität zugelassen zu werden. Die Teilnahme an diesen Kursen in einer kleinen Gruppe kostet 4.880 Euro pro Jahr [5].

Privatschulen gedeihen dort, wo Bedarf besteht. Dies wird durch zwei unterschiedliche Motivationen angetrieben: den Zugang zur Beschäftigung und den Geschmack junger Menschen.

Wie könnte man die Attraktivität der Beschäftigung besser veranschaulichen als am Fall der Pflegekräfte? Dieser Beruf ist relativ unqualifiziert, da für seine Ausübung kein Abitur erforderlich ist. Sie wird schlecht bezahlt: Nur ein Viertel der Pflegekräfte verdient laut INSEE mehr als 1.500 Euro im Monat, der Anteil prekärer Verträge ist hoch. Es ist schmerzhaft: Die Arbeit besteht darin, den Kranken zu helfen , sich zu waschen, sie zu transportieren, ihnen Mahlzeiten zu bringen und ihren Gesundheitszustand unter der Aufsicht der Krankenschwestern zu überwachen. Die Rekrutierung erfolgt unter Inhabern eines staatlichen Diploms, was angesichts des anfänglichen Ausbildungsniveaus der Kandidaten nicht ganz einfach ist. Allerdings sind die vierhundert Schulen, die auf dieses Diplom vorbereiten, teuer (zwischen 2.000 und 5.000 Euro für sechs bis zehn Monate) und voll. Der Grund ? Eine Arbeitslosenquote von weniger als 3 % für diesen Beruf gilt laut der jährlichen Arbeitskräftebedarfserhebung als „unter Druck", sodass für 2015 Engpässe zu befürchten sind.

Der Zugang zu Beschäftigung ist in einer von Arbeitslosigkeit erstickten Gesellschaft Gold wert. Die unangemessenen Studiengebühren, die einkommensschwache Familien zu zahlen bereit sind, entsprechen ihrer Sorge um die Zukunft ihrer Kinder.

Bei den Erzieherinnen und Erziehern verhält es sich mehr oder weniger ähnlich, mit der zusätzlichen Attraktivität eines kindgerechten Berufes. Private Schulen vervielfachen sich, um sich auf Wettkämpfe in allen paramedizinischen Berufen vorzubereiten, Jobs mit gutem Image zu sichern, wenn auch nicht gut bezahlt.

Le développement des STS privées s'incrit dans la même logique de formations professionnelles donnant accès à l'emploi. Mais elles bénéficient d'une concurrence faussée avec leurs homologues publiques, ce qui compense en quelque sorte leur coût élevé (autour de 4 000 euros par a pour un BTS informatique, par example). En effet, les quotes introduits en 2014 par le ministère dans les STS publiques en faveur des bacheliers professionnels et technologiques écartent les bacheliers généraux, qui, pourtant, sont souvent les meilleurs éléments de ces classes. N'étant pas concerées par ces quotes, les STS privées récupèrent ces bons étudiants et obtiennent de très bons résultats.

Die lange Tradition dieser öffentlichen und privaten Einrichtungen macht das Eindringen privater Einrichtungen ohne Vertrag in diesen sehr geschlossenen Club besonders bemerkenswert. Diese neu gegründeten Einrichtungen werden mit viel teureren Studiengebühren (ca. 8.000 bis 9.000 Euro pro Jahr) bestraft als private Vertragsoberschulen. Trotzdem haben sie es geschafft, einen Platz an der Sonne zu finden, da IPESUP mit Abstand die beste wirtschaftliche und kommerzielle Vorbereitung in Frankreich ist. In diesem Bereich dominiert mittlerweile die gewinnorientierte Zubereitung die Rangliste und es wäre nicht verwunderlich, wenn diese Entwicklung eintreten würde

erstreckt sich ; zumal die am weitesten fortgeschrittenen teuren Vorbereitungskurse oft kleine Zahlen haben, was sie aus der Rangliste ausschließt, die sie dominieren werden, wenn sie ihre Anzahl erweitert haben.

Es sei darauf hingewiesen, dass das Gewicht des Privatsektors in den verschiedenen Sektoren proportional zur Rentabilität der Diplome in Bezug auf das Einstiegsgehalt ist. Die Besonderheit der wirtschaftlichen und kommerziellen Vorbereitungen liegt aber auch darin, dass sie zu zahlenden Schulen führen. Die Kultur dieser Branche ist daher seit langem mit hohen Studiengebühren vereinbar.

Wie schaffen es vertragslose private Präparate, Eltern bei einem guten kostenlosen Angebot zur Zahlung zu bewegen? Warum sollten exzellente Schüler zahlen, wenn sie durch die beste kostenlose Vorbereitung sehr gute Chancen haben, in eine gute Schule zu kommen ? Die Antwort ist einfach: Sie müssen an der Spitze stehen, ein Platz, den IPESUP in der wirtschaftlichen und kommerziellen Vorbereitung erreicht hat. Um dies zu erreichen, hat IPESUP in dem Wissen, dass nicht gute Schulen gute Schüler hervorbringen, sondern umgekehrt, systematisch Prospektionen durchgeführt. Bis 1995 dauerte die kaufmännische Vorbereitung ein Jahr. Viele Studenten wiederholten dieses Jahr, nachdem sie berechtigt waren und die mündliche Prüfung nicht bestanden hatten. Sie hatten daher eine sehr gute Chance, mit einem weiteren Jahr und ihrer Erfahrung ein Jahr später die besten Schulen zu integrieren.

Cap Higher Education ging nicht anders vor, um von der Betreuung zur Organisation eines Vorbereitungsjahres überzugehen. Im Jahr 2013 brachte das Unternehmen Cap Cube auf den Markt, eine Vorbereitung speziell für Wiederholungstäter im zweiten Jahr (die

„ Würfel "). Die Formel basiert auf der Kombination von Unterricht in den Räumlichkeiten der Schule, in geringer Anzahl aufgrund ihrer beengten Verhältnisse, und Unterricht zu Hause, eine sehr gut kontrollierte Formel, die es ermöglicht, die Steuervorteile auszunutzen und Studenten zu werben in der Schule. , deutlich günstiger als ordentliche Professoren. Durch die gute Auswahl seiner Studenten hat Cap Cube bei seiner ersten Beförderung hervorragende Ergebnisse erzielt, was ihm Glaubwürdigkeit verleiht und es ihm ermöglicht, seine Expansion in Betracht zu ziehen.

Autre stratégie mise en place standard les prépas privées, mais qui semble être parfois utilisée aussi standard Certaines prépas publiques (!) : le recrutement d'étudiants d'une autre filière que celle prévue standard les textes officiels. Depuis des années, Certaines prépas réservées aux bacheliers ES ou STIDD (sciences et innovations de l'industrie) accueillent (illégalement) des bacheliers S. Pour maquiller cette entorse aux règlements, Certaines prépas privées textual style repasser un

bac ES zu ihren finanziellen Zweitstudien aus S, was für sie nach einer Zeit der Bereitschaft und der Vorbereitung nur auf die Tests in Mathematik, Finanzen und Soziologie kein Problem darstellt. Diese Methode, das Spiel nicht zu spielen, verhindert die vom Staat ergriffenen Maßnahmen zur Neuausrichtung der Gebiete und zur Änderung der Darstellungen. Diese bockigen, sogar offensichtlich rechtswidrigen Pläne sind eine anständige Darstellung dessen, was einem Rahmen widerfährt, der offene Bereiche der Stärke bietet, um große, auflösbare Zweitbesetzungen anzuziehen.

Berufsschulen

Auch die großen privaten Wirtschafts- und Ingenieurschulen wachsen stark. Das Problem für diese Unternehmen ist die starke Konkurrenz durch leistungsstarke öffentliche oder Verbundschulen. Sie versuchen daher, entweder mit neuen Anforderungen der Arbeitgeber Schritt zu halten oder ihre hohen Kosten durch weniger Selektivität auszugleichen. Ihre Fortschritte sind mitunter verblüffend: Jeder dritte Ingenieurstudent besucht inzwischen eine Privatschule, obwohl öffentliche Schulen fast kostenlos sind.

Anders als Prépas und Lycées rekrutieren private Hochschulen ihr Personal in der Regel außerhalb des Staates. Ihre Rechtsformen sind vielfältig: Vereine, Unternehmen (oft in Konzernen integriert), Handelskammern angeschlossene Strukturen. Sie sind oft gewinnorientiert. Sie finanzieren sich allein durch Studiengebühren, können aber auch von der Umlage der Lehrlingsabgabe auf die Schulen profitieren. Sie haben daher ein besonderes Interesse daran, ihre guten Beziehungen zu Unternehmen zu pflegen.

Diese Privatschulen bieten Berufsausbildungen an, die einen guten Einstieg ins Berufsleben ermöglichen oder den Träumen von Teenagern entsprechen (Pilot, Tierarzt, Videospieldesigner, Stylist, etc.). Beispielsweise konzentriert sich die Computerausbildung auf das Internet, weil die traditionelle öffentliche Ausbildung bei der Bedarfsermittlung hinterherhinkt und weil

Internetjobs junge Menschen anziehen. Mehrere Business Schools konzentrieren sich auf Luxus, was es jungen Menschen aus sehr wohlhabenden Verhältnissen ermöglicht, ihr persönliches Wissen über das Thema, ihr soziales Netzwerk und ihre hervorragende Präsentation zu verbessern.

Free-Chef Xavier Niel hat mit der Gründung einer Computerschule aus eigenen Mitteln deutlich gemacht, dass die Bedürfnisse seines Unternehmens mit dem bestehenden Angebot nicht gedeckt sind. Offensichtlich wissen Informatik-Lehrer an Universitäten, dass es notwendig ist, Webdesigner, Business-Architekten,

Smartphone -Anwendungen, IT-Sicherheitsspezialisten usw. Aber die Studiengänge an Universitäten passen sich oft nur langsam an.

Das Gesetz veranschaulicht gut die Fähigkeit von Privatschulen, in Bereiche zu investieren, in denen ein Mangel wahrgenommen wird. Sie ist mit der Medizin der einzige angesehene Berufszweig, in dem es keine große Schule gibt. Aber in den letzten Jahren sind Initiativen aller Art aufgeblüht, um dem abzuhelfen. HEAD (School of Advanced Applied Law Studies) mobilisiert Lehrer aus Paris-I und Fachleute im Dienst des multidisziplinären Unterrichts. Für 12.800 Euro pro Jahr bietet diese Schule Master-Kurse in Französisch und Englisch an. Es liefert auch ein LLM (angelsächsisches Diplom, Äquivalent für MBA-Recht). Es wartet auf die offizielle Anerkennung, die wahrscheinlich einige Jahre dauern wird. Science Po Paris hat auch eine juristische

Fakultät im zweiten und dritten Zyklus gegründet. Die großen Business Schools bieten auch Master in Wirtschaftsrecht an. Diese Initiativen bilden den Embryo großer zukünftiger juristischer Fakultäten, von denen wir sehen können, dass sie sehr kostspielig sein werden, ob öffentlich oder privat. Der Unterschied zwischen den beiden ist auch schwer zu erkennen.

Es geht also nicht darum, den Nutzen und die Wirksamkeit von Privatschulen zu leugnen, sondern zu bedauern, dass die am Arbeitsmarkt am besten haftenden Ausbildungsgänge für die Familien so kostspielig sind.

Die Entwicklung ist auch bei den Anwendungen von Computern für die Bildung sehr stark. Öffentliche Macht kanalisiert Innovationen, auf die Gefahr hin, sie zu ersticken. Die bisherige Unfähigkeit des Ministeriums für nationale Bildung, den Computer im Klassenzimmer einzuführen, hat im Gegenteil einen Weg für private Initiativen geöffnet. Allerdings hat Frankreich in diesem Bereich einiges zu bieten: eine brillante Software-, Videospiel- und Computerdienstleistungsindustrie, öffentliche Mittel für die Weiterbildung, die Beteiligung öffentlicher Akteure wie der Public Investment Bank (BPI) oder der France Digital University (FUN).

Die Konvergenz zwischen Bildung und IT vollzieht sich schnell, um ein vielfältiges und innovatives Online-Schulungsangebot zu schaffen. Ein Ökosystem von E-Learning- und Bildungstechnologien, die „EdTechs", scheint in Frankreich zu schlüpfen, symbolisiert durch den Ausdruck „French Touch Education" in Anlehnung an die einzige französische Musikbewegung, die es geschafft hat, aus Mauritius zu exportieren. Ritter oder fast. Die von LearnAssembly im Dezember 2014 organisierte Konferenz war ein gutes Beispiel für diese Konvergenz:

Referenten kamen von großen Schulen (ESSEC,

SKEMA [School of Knowledge Economy and Management] usw.), Start-ups, die Online-Schulungen (Openclassrooms, 360 Learning usw.), Zertifizierungen (Cocertify, ProctorU), Unterstützungskurse (Acadomia) anbieten , Lernspiele (Magic Makers), Lern-Apps für Smartphones und Tablets (Myblee, EduPad etc.), aber auch Institutionen (BPI, FUN etc.), IT (Microsoft, Codewire etc.) oder Rekrutierung (Link Humans) . Überraschenderweise fehlten Schulverleger.

EdTech-Unternehmen zielten ursprünglich auf den betrieblichen Weiterbildungsmarkt ab, der den Vorteil hat, real und zahlungsfähig zu sein. Aber sie interessierten sich schnell für Lernspiele, die es französischen Start-ups gelingt, in die Vereinigten Staaten zu exportieren. Ein wesentliches Bindeglied fehlt noch, um die Schule zu investieren: die allgemeine Ausstattung der Schüler mit Computern oder Tablets.

Sie verkauften einen Teil ihrer Altersheime zu guten finanziellen Bedingungen und reinvestierten das Kapital in den Erwerb von Computerschulen, auf der Grundlage der Idee, dass ihre Fähigkeiten im Bau und Management von Einrichtungen, die das Publikum willkommen heißen, effektiv für den Unterricht eingesetzt werden könnten. Mit dem Ziel, in allen großen Städten präsent zu sein, um eine Marke aufzubauen, wandten sie sich an einen Investmentfonds, um ihre Entwicklung zu finanzieren.

Buchseite

Es sollte nicht vorgesehen sein, dass die IT außerhalb der Grundlagen bleibt. Meine Sekundarschule hat zum Beispiel eine Armada von 450 PCs für 1.800 Zweitbesetzungen verschiedener Niveaus. Auf diese Weise ist es denkbar, Lehrgruppen mit PCs aufzubauen, da ein bestimmter Raum gehalten wird und die Zeit in häufig umfangreichen Programmen geöffnet werden kann. Dennoch ist es ein völlig einzigartiger Unterschied, auf individualisiertes Computing umzusteigen. Ich ermächtige meine Zweitstudenten im ersten und einzigen Jahr, Notizen auf einem fortgeschrittenen Medium (PC, Tablet, Telefon mit externer Konsole) zu machen, aber kaum die Hälfte nutzt diese offene Tür, beide mit der Begründung, dass sie es nicht anders können Kurse - tatsächlich verbieten die Innenrichtlinien ihre Verwendung - und mit der Begründung, dass es äußerst verwirrend wäre, computerisiertes Lesematerial in allen Formaten zu haben. Während ein paar vertrauliche Stiftungen all-in gegangen sind und Zweitbesetzungen mit einer Maschine ausgestattet haben, die mit jedem der Kursbücher zu Beginn des Jahres gestapelt ist, scheint es eine Herausforderung zu sein, hier ohne einen Antrieb von Nachbarschaftsspezialisten oder dem Staat an Boden zu gewinnen. . Dies könnte schnell erfolgen, die wesentlichen Ebenen der Ausgabenpläne ändern und die Karten vollständig neu zuweisen.

Woher kommt das Geld?

Wenn es darum geht, Highschool-Schüler auf eine höhere Bildung hinzuweisen, schwirren Lehrerforen wie die Schülerforen zunehmend vor Fragen, die mit Akronymen unterbrochen sind: „Was ist die ESIA wert?", « Wer kennt das CSFMG? », « Ist es besser, zu GEM oder ESC Rennes zu gehen? » Die Zeit, in der Orientierung zwischen Prepas und Universitäten zu wählen war, ist vorbei. Aber woher kommen diese Privatschulen, die es vor zehn oder zwanzig Jahren noch nicht gab? Wie konnten sie so schnell entstehen?

Überraschenderweise kommt das Geld für diese Privatschulen zunächst aus Investmentfonds. Bildung scheint das neue Eldorado von Private Equity zu sein, jener High-End-Investmentfonds, die in Kliniken und Altersheime investiert haben. Auch die Bordeaux-Gruppe Auvence hat einen Teil ihrer Altersheime verkauft, um Informatik- und Designschulen zu kaufen. Dies verwundert, da es trotz steigender Preise schwierig erscheint, nennenswerte Gewinnspannen im Hochschulbereich zu erwirtschaften. Die Tatsache, dass konsularische Schulen wie HEC trotz ihres Prestiges nur mit dem Beitrag der Handelskammern ein finanzielles Gleichgewicht erreichen können, zeugt von der Schwierigkeit, eine hohe Rentabilität der Bildung zu erzielen. Aber vielleicht ist Prestige mit einer teuren Servicequalität verbunden?

Ein genaueres Studium der Auvence-Gruppe ermöglicht ein besseres Verständnis der Herkunft der Mittel und der Logik der Investoren. Auvence wurde 2006 in der Region Bordeaux von zwei ehemaligen hochrangigen Judokas gegründet, die Immobilienmakler wurden. Sie kauften sanierungsbedürftige medikalisierte Altersheime und wurden dann von Baufachleuten zu Verwaltern dieser Einrichtungen. Sie besaßen etwa fünfzehn Betriebe und gaben an, bis zu fünfzig erwerben zu wollen. Allerdings war ihnen klar, dass sie angesichts von Giganten mit teils fast zweihundert Betrieben die kritische Größe nicht erreichen würden. 2010 beschlossen sie daher, sich aus der Branche zurückzuziehen.

123venture ist ein Unternehmens-Venture-Capital, das vermögenden Privatpersonen renditestarke oder steuerhinterziehende Investitionen anbietet. Die von diesem Unternehmen aufgelegten Fonds kaufen und verkaufen in ziemlich konstantem Tempo Anteile an Unternehmen, die nicht an der Börse notiert sind. Sie leihen Unternehmen auch Geld, indem sie Anleihen kaufen, die möglicherweise in Aktien umgewandelt werden können, die diese Unternehmen ausgeben, um ihre Entwicklung zu finanzieren. Der Fonds ist an kleinen Unternehmen interessiert, die von Natur aus anfällig sind, und geht erhebliche Risiken ein. Diese können mit hohen Renditen belohnt werden, da kleine Unternehmen ein hohes Wachstumspotenzial haben. Der Hauptgrund für die von 123venture betriebenen Investments ist jedoch ihre steuerliche Attraktivität. [7]. Die Konten von 123venture zeigen, dass die Rentabilität ihrer Fonds in den letzten Jahren nicht sehr stark war. Viele Fonds verlieren Geld, bevor sie ihre Bestände weiterverkaufen, was bedeutet, dass sie Käufer finden müssen, um ihre Situation auszugleichen. Berücksichtigt man aber die steuerlichen Vorteile, ist die Rentabilität deutlich besser.

Investitionen in Bildung sind kurzfristig nicht unbedingt sehr rentabel. Aber der Wert von Schulen basiert auch auf ihren Immobilien, die mit steigenden Preisen steigen und ihnen eine gute finanzielle Stabilität für KMU verleihen. Für einen Investor ist es eindeutig besser, ein Unternehmen zu kaufen, dessen Wert auf Räumlichkeiten im Stadtzentrum basiert, als Maschinen mit begrenzter Lebensdauer oder die Fähigkeiten von Teams, die Gefahr laufen, sich zu zerstreuen.

Die Bildungsausgaben sind nicht sehr empfindlich gegenüber wirtschaftlichen Bedingungen. Außerdem explodiert der Schulmarkt, so dass der Investor, der sein Geld zurücknehmen will, ganz einfach weiterverkauft. Schließlich können wir davon ausgehen, dass die Nachfrage weiter steigen wird, und angesichts der jüngeren Vergangenheit können wir ernsthaft an der Fähigkeit des Nationalen Bildungswesens zweifeln, dieser gerecht zu werden. Die Ankunft von Investmentfonds ist daher logisch. Außerdem bemerken wir dass Bildungsinteressierte in der Regel Fachkräfte in der Hotellerie oder im Gesundheitswesen sind, persönliche Dienstleistungen, die einen großen Immobilienbestand erfordern.

Diese Logik birgt natürlich Risiken. „Ich freue mich, dass die Wahl auf Apax Partners gefallen ist, das die Philosophie des Managementteams von INSEEC teilt: Die Wertschöpfung im Bildungsbereich basiert in erster Linie auf der Qualität der Ausbildung [8]", sagt Catherine Lespine, General Manager der INSEEC-Gruppe, die insbesondere Business-,

Management- und Kommunikationsschulen zusammenführt. Tatsächlich erwartete niemand, ihn sagen zu hören, dass die Strategie der Gruppe auf Kostensenkungen basiere. Dennoch ist Qualität teuer und die Preise sind mittlerweile sehr nah am Maximum, das sich Familien leisten können. Die Versuchung, die Zahl der Mitarbeiter zu erhöhen oder die Unterrichtsstunden zu reduzieren, um die kurzfristige Rentabilität zu steigern und die Aktionäre zufriedenzustellen, ist daher real.

Das Aufkommen von Investitionsgeldern markierte den Übergang zu einer zweiten Generation lukrativer Privatschulen. Die Gründer haben ihre Schule mit Hilfe von Banken aufgebaut und durch internes Wachstum langsam ausgebaut. Der Rückgriff auf externe Geldgeber entspricht dem Wunsch, das Wachstum des Unternehmens zu beschleunigen oder entspricht der Übertragungszeit. Es bedeutet Integration in immer größere Gruppen. So verfügt Ionis über rund zwanzig Ingenieur-, Wirtschafts-, Computer- und Designschulen. Studialis ist eine Gruppe von vierundzwanzig Schulen, die sich auf Handel und Kreation konzentrieren, INSEEC hat vierzehn Schulen (einschließlich Supsanté, die medizinische Vorbereitung, die wir bereits kennengelernt haben [siehe S. 14]). Der Pigier-Kurs, seit Jahrzehnten berühmt für seine Sekretärinnenausbildung (er wurde 1850 gegründet),

Gleichzeitig stimuliert das Interesse großer Gruppen Kreative, die nach dem Vorbild der „New Economy", die sich im Internet bewegt, darauf hoffen können, ihr Unternehmen zu verkaufen und damit nach einigen Jahren den Jackpot zu knacken. Crossknowledge, ein kleines Unternehmen in Suresnes, das sich auf Fernmanagement-Ausbildung spezialisiert hat, wurde 2014 für 175 Millionen US-Dollar von der amerikanischen Gruppe Wiley aufgekauft.

Die Branche zieht daher Start-ups an, die von erfahrenen Geschäftsleuten oder jungen Lehrern gegründet wurden. Laut L'Express [9] ist Herbst 2014 die des Fundraising: 900.000 Euro für Lelivrescolaire.fr, 1,2 Millionen Euro für Kartable sowie für 360Learning, 3,2 Millionen Euro für Coorpacademy.

In dieser ersten Phase der Konsolidierung stellen wir das faktische Fehlen von Gruppen fest, die sich ausschließlich auf Bildung konzentrieren. Montefiore wurde von einem ehemaligen Chef von ACCOR, einem globalen Hotelgiganten, ins Leben gerufen. Der Spezialfonds Octant wurde vom Millionär Robert Zolade (85. französisches Vermögen) aufgelegt. Hinter Studialis steht der Schweizer Fonds Bregal, der von der Familie Brenninkmeijer, Eigentümer der C&A-Filialen, aufgelegt wurde. Wir haben das Gefühl, dass diese Leute sich sagten, dass es an der Zeit sei, an Bildung wie Fast Food oder Vertrieb zu denken, und dass ihre Fähigkeiten es ihnen ermöglichten, in diesen Markt zu investieren.

Die zweite Phase der Konsolidierung ist der Beginn großer Fusionen und Übernahmen, wie in anderen Sektoren auch. Ende 2013 wurde INSEEC von seinem Eigentümer, dem amerikanischen Giganten Career Education Corporation, für stolze 200 Millionen Euro an Apax Partner verkauft. Apax ist ein starker Investmentfonds, der Altran Technologies und Alain Afflelou in seinen Beständen hat. Diese Phase lässt sich so erklären: „Die Stärke der INSEEC-Gruppe liegt in ihrer Größe, ihrer starken internationalen Präsenz, ihrer breiten Palette an Programmen und ihrem Netzwerk von Alumni", sagt Frau Lespine. [10]. Wir könnten natürlich „INSEEC" durch den Namen einer beliebigen anderen Gruppe ersetzen.

Was in anderen Aktivitäten (nicht immer) gelungen ist, versuchen die Gruppen in der Bildung zu tun: Good Practices zu transferieren. Zu beachten ist, dass es nur sehr wenige Ausbildungsgänge gibt in... der Leitung von Bildungseinrichtungen . In diesem Bereich bleiben die Erfolgsrezepte sehr empirisch, wenn nicht gar ungewiss. So sehr, dass eine Gruppe versuchen wird, erfolgreiche Ideen in Bezug auf Management, Pädagogik oder Rekrutierung an ihre Schulen zu verbreiten, indem sie Informationen verbreitet oder eine kleine Forschungseinheit gründet.

Die Größe einer Gruppe ermöglicht es ihm, Formationen wie Lego zu bauen, indem er Steine kombiniert, je nach den in den verschiedenen Schulen verfügbaren Spezialisierungen. Dadurch wird verhindert, dass sich die Studierenden zu eng spezialisieren müssen oder sogar mit einer doppelten Qualifikation auf dem Arbeitsmarkt ankommen. Allerdings ist es für eine Computerschule nicht einfach, gute Managementkurse anzubieten. Eine Gruppe mit spezialisierten Schulen wird dies viel einfacher tun können. Dank dieser Ausbildungsvielfalt ist es sogar möglich, À-la-carte-Kurse in den verschiedenen Schulen der Gruppe anzubieten.

Eine weitere Stärke der Gruppen ist ihre Präsenz in mehreren Ländern, was die Organisation von Praktika und Mobilität fördert und es ermöglicht, über die Grenzen hinaus bekannt zu werden und ausländische Studierende zu werben. Die Besessenheit von Schulen besteht in der Tat darin, eine Marke aufzubauen.

Branding

Wenn die Schüler in den Foren endlos streiten, um herauszufinden, ob eine Schule besser ist als eine andere, ist der Friedensrichter im Allgemeinen das Markenimage, das sich in der Wahl der Schüler manifestiert: Unter den Schülern, die an zwei Schulen zugelassen werden, wie viele wähle die erste und wie viele die zweite? Eine der Herausforderungen beim Aufbau großer Konzerne besteht darin, starke Marken zu schaffen, was Zeit und Ressourcen erfordert. Denn das sind die Marken, die Studenten anziehen und hohe Preise rechtfertigen. Als „ehemalige Studierende der ENA" werden zunächst 50-Jährige mit mehreren beruflichen Erfolgen vorgestellt,

„X-ENSAE" usw. Die Studenten wissen, dass die Marke, mit der sie in Verbindung gebracht werden, sie während ihrer gesamten Karriere begleiten wird. Noch lange nach dem Verlassen sind sie meist begeisterte Unterstützer ihrer Schule.

Umgekehrt ist es im Dickicht gleich aussehender Abkürzungen schwierig, sich zurechtzufinden. Sehr oft sagen mir Studierende: „Ich werde an die ESCE genommen. Das ist gut ? Sie haben den Wettbewerb bestanden und sich für fünf Jahre angemeldet, ohne das Niveau und die Besonderheiten der Schule genau einschätzen zu können. Die Marke ist eine Antwort auf diese Unsicherheit. Renommierte Marken sind daher sehr begehrt.

Aber der Aufbau einer Marke braucht Zeit. Die

Standorte der großen Bildungseinrichtungen zeigen immer noch Fotos von neugotischen Kapellen, getäfelten Bibliotheken, majestätischen Giebeln, Absolventen in Roben. Ihr Logo ist ein mit mittelalterlichen Symbolen geschmücktes Wappen. Auf halbem Weg zwischen Harry Potter und Der Name der Rose ist diese Symbolik eine bedeutende Garantie für Echtheit. Der Bezug zum Brauchtum multipliziert sich mit dem Rundown namhafter Senioren. Pariser, die sich an die zerstörte Szenerie unvorbereiteter Studiensäle und eisiger Terrassen der Sorbonne gewöhnt haben, können sich die Kraft dieses einfachen Namens in der Gelehrtenwelt nicht vorstellen.

Organisationen, die diese Art von Vermächtnis nicht nutzen können, sind zu einer ernsthaften Arbeit der Präsentation, der Überzeugung, der Präsenz in den Diagrammen (was wir sehen werden, exorbitant) und dem Aufbau umfangreicher und außergewöhnlicher Strukturen verurteilt. Um es klar zu sagen, das Thema Marke beinhaltet gewichtige Spekulationen. Die Versammlungen werden eindeutig dazu verleitet, eine Schule mit einer Marke zu kaufen und die Vorteile auf ihre Schulen im Allgemeinen auszudehnen.

Abschließend ist festzustellen, dass die Schwere der nicht öffentlichen Schulen auf allen Ebenen des Schulsystems auf diese Weise zweifellos zunimmt. Die Anzahl der Zweitbesetzungen, die er unterrichtet, nimmt zu, ebenso wie seine Positionen in der Hackordnung der Schulen. Die Schwächung der staatlich finanzierten Schulen seit Mitte der 2000er-

Jahre eröffnet Möglichkeiten zur Verbreiterung privater Kuchenstücke und belastet die Lebensweise der Familien. Die überraschendste Besonderheit ist die Verbesserung von privaten, geschäftlichen und gemeinnützigen Organisationen in professionellen Bereichen. Diese Schulen sind also hauptsächlich in der Weiterbildung präsent. Ihre Anpassungsfähigkeit und ihre Aufstiegsfähigkeit sind faszinierend, zumal sie auf eine bemerkenswerte Geldmacht angewiesen sind.

Allerdings sind französische Eltern weniger bereit, für die Ausbildung ihrer Kinder zu zahlen als in Asien oder angelsächsischen Ländern. Laut einer Umfrage der britischen Bank HSBC aus dem Jahr 2014 [11] verstehen nur 50 %, dass man für ein Studium bezahlen muss, gegenüber 75 % bis 80 % anderswo. Sie gehören auch zu den am wenigsten überzeugten, dass Bildung die beste Investition ist, die sie für ihre Kinder tätigen können.

Unabhängig davon sind spezialisierte Privatschulen heute neben der Universität und den Grandes Ecoles ein fester Bestandteil des Hochschulsystems. Diese Änderung kann die Abwertung der Universität nur beschleunigen und die mit dem Familieneinkommen verbundenen Ungleichheiten zwischen der Minderheit derjenigen, die Zugang zu diesen Schulen haben, und denen, die außerhalb ihrer Türen bleiben, erheblich verstärken.

Kapitel 6 Notizen

1. Präsentation des Cours Molière auf seiner Website www.cours-moliere.com .

2. TNS SOFRES, „Die Schwierigkeiten und Erwartungen der Eltern", November 2011.

3. Die Hochschulzugangsberechtigung, die Maturitätsjurys werden formell von einem Hochschullehrer geleitet. Aber er kommt selten und ist auch in diesem Fall mit den Abläufen nicht vertraut. Innerhalb der Jury wird daher ein Vizepräsident ernannt, der faktisch die Aufgaben des Präsidenten wahrnimmt.

4. INSEE, Dreißig Jahre Wirtschafts- und Sozialleben, INSEE, Paris, 2014 , www.insee.fr.

    1. Angesichts der erregten Emotionen kündigte der Präsident von Paris-Ouest jedoch 2014 an, dieses Abkommen kündigen zu wollen.

2. Wirtschafts- und Handelswissenschaften (1) oder naturwissenschaftliche (2), naturwissenschaftliche Mathematik Physik

    (3) oder Physik-Chemie (4), Literatur- und Sozialwissenschaften (5) oder Briefe (6).

    3. Allerdings könnte die Schließung von Steuerschlupflöchern seit 2013 sehr negative Auswirkungen auf diese Fonds haben.

4. Pressemitteilung von APAX Partner, 24. Oktober 2013.

5. Emanuel DAVIDENKOFF, „Spitzenlehrer ", www.lexpress.fr, 5. Dezember 2014.

6. Christine L.AGOUTTE und Yann L.EGALES: „Die INSEEC-Gruppe will am 27. November 2014 der weltweit führende Anbieter von Luxuszügen werden.

7. *Globaler HSBC-Bericht. Der Wert der Bildung, Sprungbrett zum Erfolg* , September 2014.

7

Der globale Wissensmarkt

"Erbauende Neuigkeiten für die Menschen, die Schulwechsel als eine Methode sehen, um Geld zu verdienen: Ein anderer Bericht schätzt den weltweiten Ausbildungsmarkt auf 5,4 Billionen US-Dollar pro Jahr 2015 [gegenüber 27 Milliarden US-Dollar im Jahr 1995]1.»

VSande ist geboren, die Ergebnisse der Vorbereitungen auf die High School in Quesnay sind unglaublich: Nahezu die Hälfte der Zweitbesetzungen ging an allgemein hervorragende Schulen, zwölf davon an die École Polytechnique. Auf jeden Fall, betont der für die Prepas verantwortliche Einzelne, werden die Klassen in einem Jahr die am wenigsten besetzten sein, die die Stiftung gekannt hat. Dies ergibt sich aus der Vervielfachung der späten Abdankungen von Zweitstudien, die in Quesnay stattfanden, aber auch nach McGill (Kanada), Cambridge oder London gebracht wurden und die den seewärtigen Wind den Leiden des Mathe-Unterrichts vorziehen.

Wesentlich effektiver als bisher stürzen sich die Menschen ganz in das tiefe Ende der Globalisierung. Schulen ebenso. Diese Besonderheit ergibt sich kohärent aus dem oben Gesagten. Nimmt man den Aufstieg des geschäftlichen Privatbereichs, die

Ausweitung der Zahlungsbereitschaft der Familien, die Produktion von Versammlungen mit starker finanzieller Basis, die Schwere des Englischen und die Notwendigkeit, während der Prüfungen die Welt zu finden, zusammen, kommt man zu dem Schluss, dass Frankreich reif ist, sich anzuschließen der globale Bildungsmarkt, der sich schnell vor unseren Augen entfaltet. Dieses Kapitel erzählt daher eine Geschichte von großen Finanzkonzernen und planetarischen Strategien. Es fühlt sich ein bisschen an, als würde man von Fire Wars zu Star Wars wechseln, und doch passiert es in der Nähe von zu Hause.

Die erste Globalisierung

Trotz der Ungenauigkeit dieser Art von Messung schätzte die Unesco (Organisation der Vereinten Nationen für Erziehung, Wissenschaft und Kultur), dass im Jahr 2014 mindestens 4,5 Millionen Menschen im Ausland studierten, eine Zahl, die sich in zehn Jahren verdoppelt hat und immer schneller wächst. Die Hälfte konzentriert sich auf die fünf wichtigsten Gastländer: Vereinigte Staaten (19 %), Vereinigtes Königreich (11 %), Australien (8 %), Frankreich (7 %) und Deutschland (6 %). Andere Quellen liefern etwas andere Ergebnisse und ordnen Frankreich vor Australien und Deutschland ein. Vor allem vergisst die Unesco China, das vom Institute of International Education, einer amerikanischen Vereinigung, an dritter Stelle steht.

290.000 „internationale" Studierende [2] » waren 2012-2013 an französischen Hochschulen eingeschrieben. Sie repräsentierten einen von acht Studenten. In Großbritannien und Australien, Ländern, die sich auf die Hochschulbildung spezialisiert haben, kommt jeder fünfte Student aus dem Ausland. Es sei darauf hingewiesen, dass es Frankreich gelungen ist, seinen "Marktanteil", um den Ausdruck der OECD zu verwenden, zu halten, während der der Vereinigten Staaten seitdem zusammengebrochen ist

28 % im Jahr 2001. Die Vereinigten Staaten bleiben attraktiv, sehen sich aber einem viel stärkeren Wettbewerb als in der Vergangenheit gegenüber.

Die Globalisierung der Studentenrekrutierung führt zu ihrer Konzentration. Die besten Universitäten der Welt heißen heute weit über die Landesgrenzen hinaus willkommen. Moocs (Online-Kurse) sind eine sehr gute Möglichkeit, die Talenterkennung zu erweitern. 2013 war eine 12-jährige Pakistanerin der Star des Davoser Forums, das Unternehmer und Politiker zusammenbringt, um über das Weltgeschehen zu diskutieren. Von einem Star des amerikanischen Journalismus interviewt, sagt Khadija, dass sie sich mit zehn Jahren in einen Online-Kurs über künstliche Intelligenz eingeschrieben hat, der von der spezialisierten Firma Udacity angeboten wird. Nach erfolgreichem (!) Abschluss des Studiums schrieb sie sich für Physik ein und erhielt die Höchstnote. Ein weiteres kleines Genie erhielt ein Flugticket, um sein Studium in den Vereinigten Staaten fortzusetzen. Mit solchen Anekdoten können amerikanische Universitäten die Idee verbreiten, dass sie die brillantesten Köpfe der Welt zusammenbringen.

Offensichtlich ist das Phänomen kumulativ: Je mehr das Ansehen bestimmter Universitäten steigt, desto mehr gute Studenten aller Couleur wollen dorthin, was das Niveau weiter erhöht. So ist die London School of Economics für meine Studenten fast unzugänglich geworden, im Wettbewerb mit sehr vielen chinesischen und indischen Studenten, die ein sehr hohes Niveau haben... und die deutlich höhere Studiengebühren zahlen. In den Vereinigten Staaten kommen mehr Doktoranden von der chinesischen Universität Tsinghua, von der Sie wie ich noch nie gehört haben, als von irgendeiner amerikanischen Universität! Mehr als die Hälfte der seit 2006 an US-amerikanischen Universitäten verliehenen Doktortitel in Naturwissenschaften und Ingenieurwissenschaften wurden an internationale Studierende verliehen, hauptsächlich Chinesen, Inder und Koreaner.

Ein weiterer Grund für diesen kometenhaften Aufstieg ist gerade das Aufkommen von Entwicklungsländern. Zu den chinesischen oder indischen Eliten gehören heute Millionen von Familien, die die Mittel haben, ihre Kinder zum Studium ins Ausland zu schicken. Aus kulturellen Gründen ist das Prestige von Bildung oft sehr hoch. Der Bürgermeister eines großen Dorfes in der Provinz Sabah auf der Insel Borneo erklärte mir eines Tages voller Stolz, dass sich das ganze Dorf zusammengeschlossen habe, um einem brillanten Mitglied des Dorfes zu ermöglichen, in seinen zweiten Zyklus zu gehen. in Kalifornien. Die finanziellen Perspektiven, die sich durch die Bildungsinvestitionen dieser Bevölkerungsgruppen eröffnen, bringen die Unternehmen der Branche offensichtlich ins Speicheln. Asiaten stellen heute die Hälfte der internationalen Studierenden weltweit, Tendenz steigend. Die Zahl der ausländischen chinesischen Studenten hat sich zwischen 2000 und 2012 verfünffacht und liegt nun bei über 700.000; die Zahl der Saudis hat sich auf 60.000 versechsfacht, mehr als die der Amerikaner!

Große westliche Universitäten genießen wie ausländische Produkte hohes Ansehen. So wie früher japanische Marken angelsächsische Namen trugen (z. B. Kenwood), verwenden einige asiatische Universitäten angelsächsisch klingende Namen. Aber das Mittel täuscht nur wenige Menschen. Es sind die großen angelsächsischen Institutionen, die asiatische Studenten anziehen. Für die Pekinger Bourgeoisie ist nichts schicker, als ihre Kinder zum Lernen nach Eton zu schicken, manchmal schon in der Grundschule. Das theoretisch kommunistische Regime findet daran nichts auszusetzen: Es ist bereits fast zwanzig Jahre her, seit eine chinesische Großstadt ihren ersten in Harvard ausgebildeten Bürgermeister hatte. Es ist daher nicht verwunderlich, dass sich chinesische Studenten zunächst anstürmen Angelsächsische Länder. Sie sind 200.000 in den Vereinigten Staaten, 90.000 in Australien und fast 70.000 im Vereinigten Königreich. Dasselbe gilt für Indianer, insbesondere aus etymologischen Gründen. Soweit es ihn betrifft, lädt Frankreich zum größten Teil afrikanische und chinesische Zweitstudien ein.

Offensichtlich ist das Einladen fremder Zweitbesetzungen nicht nur eine geschäftliche Angelegenheit, sondern auch ein wesentlicher Bestandteil sensibler Macht, sozialer und politischer Wirkung. Frankreich behauptet zum Beispiel, dass die Sammlung von Zweitbesetzungen zu seiner weltweiten Wirkung beiträgt und die Frankophonie unterstützt. Die sozialistischen Nationen haben dies insgesamt gut verstanden: Wir erinnern uns, dass zahlreiche Staatsoberhäupter von Schwellenländern auf alle Kosten in der Sowjetischen Assoziation oder in China überlegten.

Andererseits ist es auf politischer Ebene, die aufgrund der nach dem 11. September in den USA, in Australien oder in Frankreich eingeführten restriktiven Visaregelungen die meisten abschreckenden Erfahrungen mit der Konzentration auf das Ausland macht. Die geringere Anziehungskraft der USA in letzter Zeit wird in hohem Maße durch diese Probleme erklärt. Auch in Frankreich sind die Schwierigkeiten ungewohnter Zweitbesetzungen, die Möglichkeit zu bekommen, ihre Prüfungen zu unterstützen, eine Bremse. Staaten in dieser Richtung scheinen zwischen schwacher Macht und der Sorge um Außenstehende hin- und hergerissen zu sein. Die logische Inkonsistenz zwischen ihren Zielen spiegelt wider, es ist gültig,

Globale Zweitbesetzungen umfassen einen bedeutenden Markt, unabhängig davon, ob die Informationen über sie etwas unsicher sind. Sie tragen sicherlich zur Wirtschaft durch die Bildungsausgaben bei, die sie möglicherweise zahlen, aber auch durch ihre laufenden Kosten. Nach einer Schätzung des englischen Service of Training brachten Zweitbesetzungen im Jahr 2009 weltweit 17 Milliarden Euro in das Unified Realm ein, davon 2,6 Milliarden für Bildungsausgaben. In den USA sprechen wir von 24 Milliarden Euro. In Australien sind die 13 Milliarden Euro, die mit weltweiten Zweitbesetzungen verbunden sind, der drittgrößte aktuelle Rekordüberschuss. Es sollte auch beachtet werden, dass unbekannte Zweitbesetzungen oft mehr zahlen als Einheimische, so dass es für Hochschulen wirklich produktiv ist, sie zu fördern.

Die Einladung unbekannter Zweitbesetzungen ist die Hauptphase der Globalisierung der Ausbildung. Für kolonialisierende Nationen wie das Assembled Realm oder Frankreich ist es eine rundum alte Praxis. Frankreich bleibt ebenfalls ein Vorbereitungsfeld für französischsprachige afrikanische Eliten. Dennoch sind wir in ein zweites Zeitalter der Globalisierung des Studiums eingetreten, das durch die Verbesserung der Systeme gekennzeichnet ist. Hochschulen begnügen sich derzeit nicht damit, Zweitstudien zu ihnen zu führen, sie verbinden sich mit ihnen, indem sie Online-Abschlüsse erstellen und sich vor allem im Ausland sichern.

Bildung, globale Industrie

Eine Schule oder Universität mit Standorten in mehreren Ländern kann als multinationale Bildung bezeichnet werden. Laut der Wissenschaftlerin Rosa Becker [3] stieg die Zahl dieser Multis von 24 im Jahr 2002 auf 82 im Jahr 2006 und 162 im Jahr 2009. Bei diesem Tempo könnten es heute etwa 400 sein. alltäglich wird , müssen mehrere Szenarien unterschieden werden. Einige Schulen schließen Vereinbarungen ab oder gründen Tochtergesellschaften, um ihren Schülern in erster Linie Studienplätze im Ausland zur Verfügung zu stellen. Andere versuchen, sich im Ausland zu entwickeln, in einer Einflusslogik oder ihren Umsatz und ihre Gewinne zu steigern, indem sie neue Studenten rekrutieren. Schließlich gibt es den Fall von Finanzkonzernen, die Schulen in verschiedenen Ländern kaufen und zu multinationalen Bildungsunternehmen werden.

In Frankreich sind ausländische Universitäten nicht sehr präsent. Aber die Finanzkonzerne investieren mit aller Macht . Viele Investmentfonds sind angelsächsisch und kommen mit einem reichen Erfahrungsschatz und respektablem Kapital auf den französischen Markt. Die Motivation dieser Fonds besteht darin, in einen neuen Markt zu investieren, während ihr heimischer Markt kurz vor der Sättigung steht. Gleichzeitig macht die langjährige Präsenz von Privatschulen diesen Markt zugänglicher als der von Ländern, in denen Bildung im Wesentlichen öffentlich und kostenlos ist. Eine weitere Motivation für Investitionen dieser Gruppen in Frankreich besteht darin, auf diese Weise in den Markt der französischsprachigen Entwicklungsländer einzudringen, deren Eliten einem versagenden nationalen Bildungssystem entkommen wollen.

Die Ankunft angelsächsischer Gruppen bewirkt eine Maßstabsänderung. Pigier, ISCOM (Higher Institute of Communication and Advertising) und die IPAC Business Schools sind damit Teil von Eduservice, das zu Duke Street gehört, einem britischen Fonds mit mehr als 2 Milliarden Euro Jahresumsatz. [4]. IFG, ESCE und EBS, drei Business Schools, wurden von Laureate International Universities übernommen. Diese riesige amerikanische Gruppe (4 Milliarden Dollar Umsatz) ist in etwa dreißig Ländern präsent und bildet 800.000 Studenten aus. Zu seinen Anteilseignern gehört der KKR-Fonds, der auf den Finanzmärkten weltweit für seine kühnen Übernahmen von schuldenfinanzierten Unternehmen bekannt ist ... die durch den Verkauf von Teilen der gekauften Unternehmen zurückgezahlt werden. Seit seiner Gründung vor fast vierzig Jahren ist dieser Fonds stolz darauf, eine durchschnittliche Rendite von 27 % erzielt zu haben, was außergewöhnlich ist.

Französische Gruppen lassen sich den Ruf dieser Phase der Globalisierung nicht entgehen. So plant die INSEEC-Gruppe unter der Führung ihres neuen Eigentümers, sich in China, Korea oder Brasilien niederzulassen. Private Gruppen haben kein Monopol auf diese Ausrichtung: Wie wir gesehen haben, haben ESSEC, Centrale und viele andere Campus im Ausland eröffnet, die Praktika für ihre Studenten aus

Frankreich, aber auch lokale Rekrutierung fördern. Wie in anderen Bereichen ist der asiatische Markt das erste Ziel. Die Central School of Hyderabad präsentiert ein interessantes Modell: Sie wird vollständig von Mahindra finanziert, einer Industriegruppe, die versucht, Wirtschaftsführer auszubilden, anstatt um jeden Preis Profit zu machen. Der indische Konzern bringt Kapital, aber auch einen starken Ruf mit. Die französische Schule bringt ihr Know-how ein,

Die internationalen Gruppen stellen den erworbenen Privatschulen finanzielle Mittel zur Verfügung, um zu investieren und ihre Position zu verbessern, sowie internationale Partner, die ihnen einen erheblichen Wettbewerbsvorteil verschaffen, in einer Zeit, in der internationale Offenheit unerlässlich wird. Große Gruppen investieren in Moocs, die eine echte wirtschaftliche Revolution darstellen. In der Tat besteht die Einschränkung der Bildung darin, dass Sie einen Lehrer vor den Schülern brauchen. Wie kann man in diesem Fall Produktivitätsgewinne erzielen? Die Erhöhung der Klassengröße verringert die Qualität. Andererseits eröffnet die Multiplikation des Lehrers per Videokonferenz fantastische Möglichkeiten: Mit einem einzigen zu zahlenden Lehrergehalt können Sie eine unendliche Anzahl von Schülern erreichen.

So hat sich Laureate International Universities an Coursera beteiligt, das Kurse von Professoren aus Stanford, Princeton, CalTech, Normale sup und Polytechnique anbietet. Für eine Gruppe mit Schulen ergeben sich hier enorme Synergiepotenziale:

Schulen beziehen Kurse von Coursera, was sie nicht viel kostet, da diese Kurse massenhaft verteilt werden. Umgekehrt bestehen sie die Prüfungen und ermöglichen damit die Zertifizierung der von Coursera angebotenen Kurse.

Eine weitere Folge der Gruppenbildung ist die Standardisierung von Managementpraktiken. Es geht darum, der gesamten Gruppe ein Modell aufzuzwingen, mit Effizienzindikatoren, zu erreichenden Zielen, Managementmethoden usw.

Seine letzte Struktur findet dieses Modell bei den im Aufbau befindlichen EMOs oder Instructive Administration Associations in den USA. Diese Abkürzung wurde durch die Beziehung zu HMOs hergestellt, Verbänden, die in den USA im Bereich des Wohlbefindens gegründet wurden. Als Vermittler zwischen der Versicherungsagentur, die die Gegenleistung erstattet, und den Notfallkliniken, Arzneimittelspezialisten oder Fachärzten, die sie erteilen, erzwingen diese HMOs Richtlinien, wie die Dauer des Krankenhausaufenthalts für eine bestimmte Krankheit oder die Marke von Medikamenten, die ein Facharzt befürworten kann.

Im Bereich der Ausbildung entwerfen EMOs (Wie erstellt man einen Plan, bewertet ihn, findet Pädagogen, wählt Zweitbesetzungen aus usw.) und überprüfen (wie viele Pädagogen pro Zweitbesetzung? Wie viele Quadratmeter pro Zweitbesetzung?). Kosten der Vorbereitung?, und so weiter.). Ebenso können sie erzieherische Verfahren fördern. Sie sollten „großartige Praktiken" wählen und sie innerhalb der Versammlung verteilen. Die EMOs haben zuvor Ressourcen in den Bereich der Vertragsschulen gesteckt: Einige amerikanische Staaten geben jedem der Betreuer von Zweitbesetzungen einen Ausbildungsgutschein, den sie in ihrer bevorzugten Stiftung verwenden, um das Prinzip der Rivalität in den Unterricht einzubringen. Sie rechnen mit einer Verbesserung der Rahmenbedingungen. Man kann sich vorstellen, dass Versammlungen von Schulen ihr Vorgehen nach diesem Modell begründen werden.

Diese Praxen sind die Partner des Scheinkapitals, das erstaunliche offene Türen zum Nutzen sucht und zwischen Interesse an Schulbildung, Freizeitvereinen, Altersheimen oder Justizvollzugsanstalten vermittelt. Anleger möchten eindeutig wissen, ob ihr Geld achtsam eingesetzt wird (Verantwortung). Aufgrund der gesammelten Erfahrung können die EMOs z. B. sagen, ab wie vielen Unterrichtsstunden eine Ausbildung nicht mehr rentabel ist; oder wie man eine Gehaltspolitik durchführt, die Lehrer ermutigt, ihr Bestes zu geben, ohne zu viel zu kosten. Aber das Spannungsverhältnis zwischen Qualität und Rentabilität ist nicht immer leicht zu verringern, und die Bildungsakteure laufen Gefahr, heftig auf die Beschlagnahme der Freiheit zu reagieren, die durch die Ankunft von EMOs impliziert wird. Für einen Lehrer sieht es aus wie ein Katastrophenfilm. Im Gesundheitsbereich führt dieses Modell, das von Ärzten stark kritisiert wird, weil sie ihre Entscheidungsfreiheit verlieren, zu hohen Verwaltungskosten. Hinsichtlich der Optimierung erweist es sich als teurer als öffentliche Systeme. Es ist möglich, dass das Gleiche in der Bildung passiert.

Bildungsfreie Zonen

Die dritte Stufe der Rakete ist die Schaffung riesiger Plattformen durch bestimmte Länder, die Bildungszentren oder Wissenszentren genannt werden, in Analogie zum Luftverkehr – ein Knotenpunkt ist ein obligatorischer Durchgangspunkt, das operative Zentrum eines Unternehmens, zu dem seine Langstrecken zusammenlaufen Flüge. Es geht darum, einen von den Behörden betreuten und verwalteten Bereich für die Einrichtung von Schulen, manchmal aber auch von Forschungszentren, bereitzustellen. Ziel ist es, Bildung als Wirtschaftssektor zu nutzen, auf den man sich verlassen kann, um Aktivitäten zu schaffen und Devisen zu verdienen. Es ist eine besondere Modalität der Globalisierung der Bildung für mehr als ein drittes Alter, da es nur bestimmte Schwellenländer betrifft.

In Singapur beispielsweise ist dies Teil einer größeren Strategie, den Inselstaat in eine wissensbasierte Wirtschaft umzuwandeln. Die Vereinigten Arabischen Emirate stellen kolossale Ressourcen in den Dienst einer Strategie der Wissens- und Kulturökonomie, die insbesondere den Bau von drei gigantischen Museen in Abu Dhabi vorsieht: den Louvre, das Guggenheim und das Zayed, sowie die Schaffung von zwei Filmen Feste.

Das Beispiel Mauritius hingegen verdeutlicht einen rein auf Bildungsdienstleistungen als Ware ausgerichteten Ansatz: „Ziel ist es, innerhalb von zehn bis fünfzehn Jahren eine Milliarde Dollar Umsatz zu erwirtschaften, also 10 % des mauritischen BIP!", heißt es der mauritische Minister für Hochschulbildung [5]. Nach diesem Plan würde Mauritius im Jahr 2020 100.000 internationale Studierende willkommen heißen (gegenüber 1.000 im Jahr 2013!). Bemerkenswert ist, dass das Ministerium für Hochschulbildung erst 2010 mit dem Ziel gegründet wurde, die Wirtschaftstätigkeit in diesem Sektor zu entwickeln. Das heißt, wenn die Ausbildung der Mauritier in den Hintergrund tritt.

Das mauritische Wissenszentrum zielt darauf ab, Studenten aus dem gesamten Indischen Ozean und Afrika zu rekrutieren. Ein öffentliches Unternehmen, Knowledge Parks Ltd, wurde gegründet, um die drei öffentlich finanzierten Campus zu verwalten. Die Einrichtungen ausländische Frauen werden ermutigt, zu kommen und sich auf diesen Campus niederzulassen. So hat die Vatel-Schule einen Hotel-Bachelor- und Master-Abschluss geschaffen, wobei die vielen Luxushotels in der Region hervorragende Orte für Praktika darstellen. Andere Studiengänge wurden dank einer internationalen Partnerschaft geschaffen, beispielsweise mit Paris-I-Panthéon-Sorbonne oder Paris-Dauphine: Das mauritische Unternehmensanalyseinstitut für Management koordiniert den von der Universität Paris-Dauphine und dem Institut d'administration angebotenen MBA des entreprises (IAE) von Paris auf den Inseln des Indischen Ozeans.

Dubai International Academic City (20.000 Studenten) will „die erste Freizone der Welt sein, die sich der Bildung widmet". Die Behörden bestehen darauf, dass die Universitäten, die sich dort niederlassen, vollständig Eigentümer ihrer Einrichtung sind und ihre Gewinne frei repatriieren können. Dubai oder Mauritius wenden daher auf die Hochschulbildung die Rezepte an, die in anderen Bereichen erfolgreich waren, beispielsweise im Textilbereich auf Mauritius. Die Insel hat die Schaffung von Freizonen gemeistert, versteht es, die für Unternehmen notwendige Infrastruktur aufzubauen, hat die nötige Glaubwürdigkeit, um ausländische Firmen davon zu überzeugen, dass sie ein Rechtsstaat ist, verlässlich, stabil, der Unternehmen in Frieden gedeihen lässt.

Aber reicht es? Mauritius könnte dank seiner billigen Arbeitskräfte im Textilbereich, im Tourismus mit seinen weißen Sandstränden anziehen. In Ausbildung? Egal wie genau wir hinsehen, der Wettbewerbsvorteil von Mauritius ist nicht offensichtlich. Diese Versuche sind daher notwendigerweise umsichtig. Schon 2011 fragte sich ein Forscher, ob es sich um eine Modeerscheinung oder eine echte Innovation handele. [6].

Mehrere Skandale haben in letzter Zeit die Entwicklung der Hubs beeinträchtigt, insbesondere Akkreditierungsprobleme: Studenten stellen nach mehreren Jahren kostspieligen Studiums fest, dass ihr Abschluss im Ausland nicht anerkannt wird. Es kam auch vor, dass die Tochtergesellschaft einer „großen westlichen Schule" in Dubai schließen musste, als sich herausstellte, dass ihre Muttergesellschaft ... eine reine Erfindung war! Beruhigen wir den Leser kurzerhand: Diese imaginäre Schule hat in einem anderen Emirat eine Filiale wiedereröffnet [7]. Diese Skandale zeigten den Behörden, dass öffentliches Eingreifen unerlässlich war, um den verliehenen Diplomen Glaubwürdigkeit zu verleihen.

Dubai hat eine regelrechte Bildungsblase erlebt. 2007 gab es dort mehr Bildungseinrichtungen als an jedem anderen Ort der Welt; So waren beispielsweise zehn der hundert besten Business Schools in Dubai, sieben in Katar und drei in Abu Dhabi vertreten. Die Finanzkrise von 2008 traf Dubai hart und reduzierte die Zahl der Expats, die ihre Kinder in diese Schulen schicken konnten, drastisch. Brandneue Campusse blieben damit halb leer und damit weit unter der Gewinnschwelle. Einige schlossen so schnell, wie sie sich geöffnet hatten. Heute sehen sie aus wie verlassene Geisterstädte nach dem Goldrausch in den Vereinigten Staaten. Dies ist die erste Wachstumskrise in der globalisierten Bildung.

Auch die Stärke des Dubai-Modells steht in dieser Krise wohl auf dem Spiel. Der freie Markt und das Fehlen von Vorschriften sind nicht unbedingt ein Allheilmittel in einem Bereich, in dem es sehr schwierig ist, das „Produkt", dh das Diplom, zu bewerten. Die Zertifizierung durch eine anerkannte Behörde bleibt ebenso wichtig wie die Festlegung von Qualitätsstandards und eine gewisse Versorgungsplanung. Dubai hat 2013 auch eine Zertifizierungsstelle eingerichtet. Schließlich verheißen die Schwierigkeiten, die bestimmte Akademiker bei der Beschaffung von Visa aufgrund ihrer politischen Positionen oder der Art ihrer Arbeit haben, nichts Gutes für die Möglichkeit, eine dauerhafte Fakultät vor Ort willkommen zu heißen.

Beachten Sie nebenbei den Kontrast zwischen den Emiraten. Die Vereinigten Arabischen Emirate bilden eine föderale Struktur, in der sieben Fürstentümer zusammengeschlossen sind, die wichtigsten sind Dubai und Abu Dhabi, die sich der Wissensökonomie auf diametral entgegengesetzte Weise nähern. Dubai erwartet sich direkte finanzielle Vorteile von den Freizonen und verzichtet auf die Kontrolle über ihre teilweise anarchische Entwicklung, während Abu Dhabi durch vorsichtige zwischenstaatliche Vereinbarungen vorgeht.

Asien erobert Asien

Malaysia, Hongkong, Südkorea und Singapur haben vergleichbare Initiativen gestartet, jedoch auf solideren Grundlagen. Singapur ist ein hoch entwickeltes Land, dessen Staat, ein mächtiger und effizienter Planer, sich seit langem auf Logistik spezialisiert hat. Singapur hat somit schlüsselfertige Städte nach China geliefert und sich sowohl um den Bau als auch um das Management von Infrastrukturen und öffentlichen Dienstleistungen gekümmert. Aufgrund seiner geografischen Lage ist Singapur für asiatische Studenten erreichbar. Die Insel hat auch die Idee des „Edu-Tourismus" entwickelt, der es ermöglicht, die Erkundung der Region mit einem Kurs in Einklang zu bringen, der von ausgezeichneten Schulen angeboten wird, die zu den besten der Welt gehören.

In der Tat ist es Singapur gelungen, mehr als 1.100 ausländische Schulen und Universitäten anzuziehen, darunter das MIT, das Imperial College London, die Münchner Technische Universität und den ersten Campus, der seit dreihundert Jahren von Yale geschaffen wurde, um den Slogan all in finesse zu verwenden, den sich die Kommunikatoren davon ausgedacht haben Institution. Übrigens waren die Lehrer und der Vorstand von Yale verärgert darüber, dass sie zu dieser Implementierung nicht konsultiert worden waren, und erfuhren, dass sie in dieser Angelegenheit keine Stimme hatten. Der Respekt vor der Tradition erstreckt sich nicht auf das Teilen von Macht ...

Die Schaffung von Hubs in Asien ist die logische Folge des wirtschaftlichen Aufschwungs Ostasiens und der Globalisierung des Bildungswesens. Asiens Platz in dieser Bewegung ändert sich schnell. Die Bildungszentren Südkoreas hoffen daher, russische Studenten anzuziehen: ein ziemliches Symbol.

einer protektionistischen Politik einzudämmen versuchen . Beispielsweise verbieten indische Technologieinstitute ihren Studenten, Auslandspraktika anzunehmen. China und Indien bremsen tendenziell den Aufbau ausländischer Universitäten, die sie als Konkurrenten ihrer eigenen Universitäten sehen, deren interne Entwicklung sie vorantreiben wollen. Sie erzielen echte Erfolge. Indische Institute für Technologie bilden aus angesehene Ingenieure. Einigen Quellen zufolge heißt China jetzt mehr als 300.000 ausländische Studenten willkommen. Vor allem studierten 2014 100.000 Amerikaner in China, eine absolut erschütternde Zahl. Wer hätte sich noch vor zehn Jahren einen so radikalen Wandel vorstellen können, diesen umgekehrten Brain-Drain? Und warum China wählen?

Die Antwort ist wenig originell: Geld. Ein MBA, der zu den Top 20 der Welt gehört und von der China Europe International Business School in Shanghai angeboten wird, kostet die Hälfte der USA, ganz zu schweigen von den niedrigen Lebenshaltungskosten. Da die Reputation chinesischer Universitäten noch aussteht, sind sie weniger wählerisch als anderswo. In der Medizin zum Beispiel hat ein indischer Student, der einen guten Abschluss anstrebt, guten

Grund, zwischen Europa und China zu schwanken, was in den Foren ein Echo findet. Im speziellen Fall der Amerikaner hat Hillary Clinton 2013 eine Stiftung gegründet, die Stipendien an Studenten vergibt, die nach China gehen möchten, um die beiden Länder näher zusammenzubringen und ein Land kennenzulernen, das immer mehr ist und sein wird eine große Macht. Aber wie in anderen Bereichen

Wie in anderen Bereichen, in der Tat ... Dieses Kapitel sieht aus wie ein Artikel von L'Expansion. Versuchen Sie, es erneut zu lesen, und ersetzen Sie "Student" durch "Client" und

„ Bildung " durch „EDV", „Fastfood" oder gar „Werkzeugmaschine": das geht sehr gut. Charakteristisch für die Globalisierung der Hochschulbildung ist, dass sie im Wesentlichen vom Markt erfolgt, wobei Bildung als Dienstleistungstätigkeit für Einzelpersonen mit hohem Mehrwert betrachtet wird, in der es erhebliche Entwicklungsmöglichkeiten gibt. rentabel .

Nach einem Slogan, der in Frankreich, aber auch in Chile oder Quebec zu hören ist,

„ Bildung ist keine Ware". Tatsächlich, ja. Es gibt eine (mehr oder weniger) zahlungsfähige Nachfrage, ein zahlendes Angebot, einen gut organisierten Markt, Finanzierung, Unternehmer, Handelsstrategien, Marken, Produktbewertungen, Zeitschriften, die dem Verbraucher bei seiner Wahl helfen, usw. . Die

Entwicklungen, die wir gerade untersucht haben, zeigen, dass es sich zunehmend um eine Ware handelt und dass dieser Trend zunehmen wird. Seltsamerweise sind diesbezügliche Bedenken in Frankreich oft im Hinblick auf internationale Handelsabkommen aufgekommen, als ob die Gefahr einer Schulkommodifizierung von außen käme, um ein öffentliches und freies französisches System zu belagern. Offensichtlich sind wir nicht mehr da.

Kapitel 7 Notizen

1. Valerie STRAUSS, „Der globale Bildungsmarkt erreicht 4,4 Billionen US-Dollar – und wächst", The Washington Post, 9. Februar 2013.

2. Dieser Begriff mag seltsam erscheinen, aber er ermöglicht es, Menschen, die zum Studieren aus dem Ausland kommen, von Menschen mit ausländischer Staatsangehörigkeit zu unterscheiden, deren Familie möglicherweise schon seit Jahren im Land ansässig ist.

3. Rosa BECKER, „Internationale Zweigcampus: Märkte und Strategien", The Observatory on Borderless Higher Education, 2009.

4. Isabelle REY-LEFEBVRE, „Privatschulen, eine Goldmine für Investoren", Le Monde Campus, März 2012.

5. Jean-Michel D.URAND, „Das Wissenszentrum nimmt Gestalt in einer gewissen Unbestimmtheit an", L'Eco austral, 13. Februar 2014.

6. Jane KNIGHT, „Bildungszentren: eine Modeerscheinung, eine Marke, eine Innovation? », Journal of Studies in International Education, No. oh 15, 2011, s. 221.

7. Leigh THOMAS, „Qualität die große

Herausforderung für private Bildungszentren", University World News, 9. März 2012.

8

Steigende Studiengebühren

„Die Reichen, wenn die Ungleichheit groß ist und ihre Einkommen deutlich über denen der Mittelschicht liegen, investieren nur ungern in öffentliche Güter wie Bildung [...] und machen sie lieber zum privaten Konsum [1].»

HAT fast eine großartige Schule besucht, Jean-Charles hat eine schöne Karriere in der Branche hingelegt, auch wenn er das Tempo für ein paar Jahre verlangsamt hat. Seine Kinder sind erwachsen geworden und er sieht, wie sie einem vertrauten Weg folgen. Wenn der entscheidende Moment kommt, um seinen Studienweg zu wählen, hat er das Gefühl, dass er seine Kinder zweifellos besser als andere unterstützen, beraten und finanzieren kann. Als er der Frage nachgeht, stellt er fest, dass die Kosten für die Hochschulbildung explodiert sind: Private Ausbildungen werden immer teurer, unverzichtbare Unterstützungskurse, bezahlte Vorbereitungskurse erfordern erhebliche Budgets. Ihm ist klar, dass er erhebliche Anstrengungen unternehmen muss, um diese Kosten zu decken und seinen Kindern ein rentables Studium zu ermöglichen. Natürlich ist bezahltes Training nichts Neues. Aber sie waren für die Kinder von Ingenieuren, sogar für Lehrer, ziemlich leicht zugänglich. Dies ist nicht mehr der Fall.

Die Inflation ist vor allem auf die Business Schools zurückzuführen, deren Gebühren heute sehr hoch sind. Dieses Kapitel beginnt mit der Beschreibung ihres Falles. Aber der Rest der tertiären Bildung folgt und hofft, die schwindenden öffentlichen Mittel und steigenden Kosten ausgleichen zu können. Kostenlos, was die Regel war, wird es zur Ausnahme?

In der Vergangenheit wurden im naturwissenschaftlichen Unterricht die Schüler des kaufmännischen Propädeutikums mit einer gewissen Geringschätzung betrachtet. Ihr Niveau in Mathematik, dem Maß aller Dinge, war niedriger als das der vorbereitenden Wissenschaften; und ihre Karrieren schienen weniger tugendhaft zu sein als die von Ärzten oder Ingenieuren. Der Spitzname, mit dem die Schüler dieser Vorbereitungen versehen wurden, die "Gewürze",

übersetzt diese Herablassung gut. Die Schulen trugen noch das Stigma der Zeit, als sie die Positionen mehr oder weniger begabter „Papasöhne" legitimierten.

Aber einer meiner Klassenkameraden, ein Centralier, der zu IBM gekommen war, bemerkte, dass Absolventen einer Wirtschaftsschule, zugegebenermaßen weniger Computer-affin als er und die nie die gleiche Arbeitsfähigkeit wie er bewiesen hatten, Notizen schrieben und mündlich vorstellten viel besser als er und schnell zu den Höhen des Unternehmens entwickelt. Es war Anfang der 1980er Jahre. Business Schools begannen zu übernehmen. Dieser Trend ist seither nicht mehr zu leugnen, zumal immer mehr BWL-Absolventen in den

Belegschaften großer Unternehmen tätig sind. Diese Verlagerung von Wissenschaft und Literatur zum Handel ist darüber hinaus von Bedeutung für die Entwicklung der Werteskala in Frankreich. Heute schicken Eltern ihre Kinder selbstbewusst auf die Handelsschule.

zu zahlende Rechnung getrübt . Eine Wirtschaftsschule einer Ingenieurschule vorzuziehen, ist in der Tat nicht kostenneutral. Während die meisten Ingenieurschulen öffentlich und preisgünstig bleiben, sind Business Schools sehr teuer.

Die großen Business Schools haben aufgrund ihres Status schon immer eine Gebühr erhoben. Sie sind nicht direkt dem Ministerium für Hochschulbildung unterstellt. Einige der wichtigsten sind heute von den Industrie- und Handelskammern (CCI) abhängig, insbesondere HEC, ESCP Europe und Novancia, die wiederum von der CCI der Île-de-France, der BEM Management School (Bordeaux), Grenoble EM und Toulouse abhängen Wirtschaftsschule. Nachdem ESSEC Ende der 1970er Jahre kurz vor dem Bankrott stand, wird ESSEC mit der IHK von Val-d'Oise verbunden. Neben diesem konsularischen Status gibt es Schulen mit privatem Status, die in der Regel Vereine oder vereinfachte Aktiengesellschaften sind. Die überwiegende Mehrheit der Schulen, obwohl zahlend, ist daher nicht gewinnorientiert, dies ist wichtig zu betonen.

Um die Finanzdaten vollständig zu verstehen, ist es auch notwendig, sich im Maquis der Diplome zurechtzufinden. In den 1930er Jahren führten Business Schools in Anlehnung an Ingenieurschulen die Einstellung nach einem, dann zwei Jahren Vorbereitungsklasse ein. Einige, sogenannte Integrierte Vorbereitungen, rekrutieren jedoch auf Maturitätsstufe (siehe S. 119). In den meisten Fällen führen Business Schools zu Diplomen der Stufe Bac + 5, die dem Master-Abschluss entsprechen. Die Schulzeit dauert dort also drei Jahre (after prep) bzw. fünf Jahre (postbac). Sie haben auch Diplome namens Bachelor in Business Administration (BBA) entwickelt, die in sind allgemeines Niveau bac + 4 (amerikanische Norm), umso seltener Niveau bac + 3 (englische Norm). Um die Dinge etwas aufzupeppen, stellen sie auch konzentrierte Hochschulabschlüsse oder Expert of Science (MS) und Expert in Business Organization (MBA) aus, die in einem Jahr oder etwas länger fertig sind. Diese unleugbaren Niveauanerkennungen sind für Absolventen mit einem bac+4- oder bac+5-Niveau vorgesehen, von denen inzwischen eine beträchtliche Anzahl am Berufsleben teilnimmt.

Schließlich haben sich die Rekrutierungstechniken für diese Schulen in letzter Zeit erheblich verbessert, mit gleichen Bestätigungen im ersten oder zweiten Jahr, die für Zweitbesetzungen vom College vorgeschlagen werden, und Wettbewerben, die an Zweitbesetzungen aus akademischen Vorstufen angepasst sind.

Diese Vielzahl von Schulen ist weder hinsichtlich der Erschwernis des Zugangs, noch hinsichtlich der Vergütung für die Hauptarbeit, noch hinsichtlich des Berufsweges gleichwertig. Die jährlichen Rankings und Preisrekorde , die von verschiedenen Presseorganen erstellt werden, ergeben sehr einheitliche Ergebnisse. Die besten sind die Schulen, die nach zweijähriger Vorbereitung auswählen. Schulen mit koordinierter Anordnung sind wesentlich weniger renommiert. In den höchsten Punkt der Rangliste, in Richtung 10. Stelle, mischen sich ohnehin Schulen wie IESEG, in Climb, und ESSCA ein. Einige BBAs, die im Ranking fehlen, weil sie nicht auf Expertenniveau sind, können ebenfalls von Managern bewertet werden.

Liebe Business Schools

Eine Business School ist mit erheblichen Kosten verbunden, die bei Schulen mit integrierter Vorbereitung für die Mehrheit der Familien unerschwinglich sind, da mindestens fünf Jahre Studium in Höhe von mindestens 40.000 Euro finanziert werden müssen und diese Schulen private Einrichtungen leisten befreit Stipendiatinnen und Stipendiaten nicht von Studiengebühren. Die Preiserhöhungen haben in diesen Schulen seit 2006 mehr als 50 % erreicht [2]. Viele Eltern, die die Größenordnungen ihrer Studienzeit im Auge behalten hatten, sind von dieser Entwicklung schockiert. Zwischen 27.400 Euro für ein dreijähriges Studium bei Audencia und 39.500 Euro bei ESSEC sind nun zu zahlen.

Bei dreijährigen Schulen kommen die Kosten für zwei Jahre Vorbereitung hinzu. Die meisten Prépas sind öffentlich oder hängen von katholischen Einrichtungen ab, deren Studiengebühren 2.000 Euro bis 3.000 Euro pro Jahr betragen. Es gibt auch gewinnorientierte Vorbereitungskurse (IPESUP-PREPASUP, PREPACOM, Intégrale usw.). Ihr hervorragendes Niveau wird mit 8.500 Euro bis 9.500 Euro pro Jahr vergütet. Die Studiengebühren werden natürlich durch die Wohnkosten belastet, für Studierende, die nicht in unmittelbarer Nähe des Campus wohnen. Da diese oft abgelegen oder schwer zugänglich sind, bleibt die Mehrheit der Studierenden vor Ort. Dank des Wohngeldes sind diese Ausgaben jedoch minimal. Insgesamt ist die

Investition für Familien meist sehr hoch. In einigen Fällen kann es jedoch reduziert werden.

Eine Schule sticht hervor: Die Télécom School of Management stellt 15.450 Euro in Rechnung

„ nur " drei Jahre Studium. Die einzige Schule mit öffentlichem Status in der Branche, da sie mit einer Ingenieurschule verbunden ist, hat sie einen guten Standard. Schließlich ist die Paris-Dauphine-Universität, die durch die Anerkennung ihrer Absolventen einer Business School gleichgestellt wird, auch von öffentlichem Status und viel kostengünstiger, auch wenn die Registrierungsgebühren schnell steigen.

Die angegebenen Studiengebühren beziehen sich auf den Masterstudiengang. Spezialisierte Master kosten in der Regel zwischen 12.000 und 22.000 Euro für ein Jahr und MBAs zwischen 35.000 und 48.000 Euro für zehn bis sechzehn Monate, was im Vergleich zu amerikanischen MBAs mit bis zu 120.000 Euro recht bescheiden ist! Diese Preise mögen überhöht erscheinen. Angesichts der Kaufkraft der meisten Familien sind sie es definitiv.

Diese Bewertungen sollten jedoch abgemildert werden, da diese Kurse oft Teil von Weiterbildungen sind, insbesondere von EMBAs (E für Executive). Sie können von Arbeitgebern finanziert werden, insbesondere im Rahmen eines dualen Studiums. So sind etwa 30 % der ESSEC-Studenten Auszubildende, da die Schule zahlreiche Partnerschaften aufgebaut hat, die es ihnen ermöglichen, während ihres

Studiums beispielsweise in der Marktfinanzierung zu arbeiten. Der Lehrling wird bezahlt und seine Studiengebühren werden übernommen. Darüber hinaus ist der Erhalt eines dieser Diplome ein spektakulärer Karrierebeschleuniger.

Dieser rasche Anstieg hat zu einer gewissen Erosion der Rentabilität von Diplomen geführt, wobei die Gehälter weniger schnell gestiegen sind als die Studiengebühren. So entsprach eine dreijährige Ausbildung im Jahr 2014 fast vierzehn Gehaltsmonaten für junge Absolventen, gegenüber weniger als zehn im Jahr 2006. Für fünfjährige Schulen entsprechen die Studiengebühren neunzehn bis zwanzig Gehaltsmonaten. Diese Schätzung ist ein Minimum, da die Angaben zu den Gehältern , die von den Schulen selbst stammen, wahrscheinlich um 20 % bis 30 % zu hoch angesetzt sind. Der Aufwand derer, die ihr Studium über Kredite finanzieren, steigt also.

Bitte beachten Sie, dass die ausgewiesenen Studiengebühren nicht netto sind. Hinzu kommen nicht zu vernachlässigende Nebenkosten, wie Auswahlkosten, Verwaltungskosten bei einer Pause, Kosten der Teilnahme an Integrationswochenenden, oft Mehrkosten bei Auslandspraktika sowie die Anschaffung von Büchern (die ggf stellen im ersten Jahr ein Budget von 1.500 Euro dar). Die Vereinigten Staaten sind in diesem Bereich ein Sonderfall: Während ein dickes Lehrbuch in Europa in der Regel um die 50 Euro wert ist, kann es jenseits des Atlantiks, wo der Markt blockiert ist, bis zu 320 Dollar kosten. Die Lehrenden zwingen die Nachschlagewerke für ihren Kurs auf, bezahlen sie aber nicht und sind daher nicht sehr preisbewusst. Die Verlage bringen ständig neue Versionen heraus, um die Entwicklung des Gebrauchtmarktes zu bremsen, und begleiten die Bücher mit

Computerdateien von variablem Interesse, die die Preise in die Höhe treiben. Diese sind zwischen 2004 und 2014 um 82 % und seit 1978 insgesamt um 812 % gestiegen, dreimal schneller als die Lebenshaltungskosten. Dieses Problem ist sehr ernst geworden: Die Kosten für Universitätslehrbücher erreichen für einige Studenten 1.200 Dollar und führen dazu, dass viele von ihnen aufhören, sie zu erwerben. Dieses Phänomen wird unter den Faktoren des Scheiterns an der Universität genannt. Die Kosten für Universitätslehrbücher belaufen sich für einige Studenten auf 1.200 Dollar und führen dazu, dass viele von ihnen auf den Kauf verzichten. Dieses Phänomen wird unter den Faktoren des Scheiterns an der Universität genannt. Die Kosten für Universitätslehrbücher belaufen sich für einige Studenten auf 1.200 Dollar und führen dazu, dass viele von ihnen auf den Kauf verzichten. Dieses Phänomen wird unter den Faktoren des Scheiterns an der Universität genannt.

In Frankreich erheben die Schulen auch Gebühren für die Anmeldung zu Wettbewerben. Ein beträchtliches Budget für Familien und manchmal Anlass für Missbrauch. Gemeinsame Wettbewerbe für Business Schools mit integrierter Vorbereitung kosten 120 Euro, plus 80 Euro pro Schule für Accès, 225 Euro und 30 Euro pro Schule darüber hinaus für Sesam usw. Insgesamt zahlt der Student, der mehrere Wettbewerbe zur Erhöhung seiner Chancen vorlegt, ab 500 Euro bis 800 Euro.

Die Anmeldung zu Auswahlverfahren an den Grandes Ecoles kostet in der Regel um die 100, 150

Euro. Ausnahmen: Der gemeinsame Mines Ponts-Wettbewerb kostet 265 Euro, die normalen Schulwettbewerbe sind kostenlos. Meist sind Stipendiatinnen und Stipendiaten von den Teilnahmegebühren für Auswahlverfahren befreit. In der Online-Zeitung Rue89 bezifferte ein Student, was ihn die Wettbewerbe mehrerer Journalistenschulen inklusive Transport- und Übernachtungskosten gekostet hatten: 1.861 Euro.

Wie dem auch sei, es kann ebenfalls kostspielig sein, sich in der Opposition durchzusetzen. Eine Zweitbesetzung verdeutlichte mir, dass sie endlich ihr bevorzugtes zweifaches Niveau erreicht hatte, eine aufgezeichnete und praktisch kostenlose Vorbereitung. Auf jeden Fall hatte sie, während sie wartete, um zu sehen, ob sie anerkannt wurde, ihre Einschreibung an der ESSCA nach Abschluss des Auswahltests genehmigt ... und 1.500 nicht erstattungsfähige Euro bezahlt. Ein paar Rivalitäten spielen gekonnt auf diesem Instrument. Sie bieten ein paar Meetings an, bis zu sechs für Connection. Es ist einfacher, die Opposition in der ersten Sitzung zu überholen, die bestimmte Aufsteiger anzieht. Einmal eingeräumt, möchten sie vielleicht die Nachwirkungen anderer späterer und erhabenerer Rivalitäten abwarten, bevor sie sich endgültig verpflichten. Wie dem auch sei, um ihren Platz nicht zu verlieren, sollten sie insgesamt 10 % nicht erstattungsfähige Einzahlungen oder etwa 800 Euro zahlen.

Das Rennen um die Sterne

Die Zunahme der Rechte erklärt sich durch die Zunahme der Kosten, insbesondere der Lehrergehälter, die durch die infernalische Mechanik der Schulbewertung verstärkt werden. Ihre akademische Qualität wird anhand von Veröffentlichungen in wissenschaftlichen Zeitschriften und der Anzahl der "CNRS-Sterne" ihrer Fakultät beurteilt. Dieses Kriterium bestimmt insbesondere die Erlangung internationaler Labels (EQUIS, AACSB, EPAS) und die Platzierung der Schule in nationalen (L'Étudiant, Challenges etc.) und internationalen (Financial Times etc.) Rankings. Letztere sind besonders wichtig für die Schulen an der Tabellenspitze, für die die internationale Dimension von hoher strategischer Bedeutung ist. Heute sind 40 % bis 70 % der Dozenten an den großen Business Schools und 20 % ihrer Studenten Ausländer. Zusätzlich,

Die Qualität der Ausbildung mit der ihrer Forschung gleichzusetzen, ist höchst fragwürdig. Zweifellos beruht die Vorrangstellung dieses Kriteriums hauptsächlich auf der Tatsache, dass es messbar ist, wohingegen die Fähigkeit einer Institution, ihren Studierenden beim Fortschritt zu helfen, sehr schwer zu quantifizieren ist. Aber ob relevant oder nicht, dieses Kriterium hat sich durchgesetzt und den Schulen bleibt nichts anderes übrig, als am Wettbewerb teilzunehmen, wenn sie nicht aus den Charts verschwinden wollen.

Der Wettlauf um CNRS-Veröffentlichungen und -Stars

führt jedoch zu einer unglaublichen Lohndrift. Die Schulen belohnen die Veröffentlichungen ihrer Lehrer, deren Ansehen sich auf ihnen widerspiegelt. Der Bonus, der einem Lehrer für einen Artikel in einer hochkarätigen Zeitschrift gewährt wird, betrüge somit laut Rechnungshof 3 am ESC Toulouse 12.000 Euro . Fragwürdige Praktiken erhöhen die Zahl der Publikationen einer Institution künstlich. So kann ein Akademiker akzeptieren, dass ein Lehrer einer Schule für ein paar tausend Euro Mitautor eines Artikels wird, von dem er keine Zeile geschrieben hat. Eine Schule kann auch einen jungen Arzt rekrutieren, da sie weiß, dass Veröffentlichungen nach dem Erhalt seiner Doktorarbeit folgen werden. Den weit verbreiteten Wissenschaftlern kann der Titel (und die Vergütung) eines außerordentlichen Professors verliehen werden, damit ihre Veröffentlichungen der Schule gutgeschrieben werden können.

Professoren, die voraussichtlich in internationalen Zeitschriften publizieren, werden zu exorbitanten Preisen rekrutiert oder sogar von anderen Hochschulen abgeworben, sodass Fachleute von einem „Mercato" sprechen. Da dieser Markt international ist, liegt die Vergütung in Frankreich zwangsläufig nahe an dem Niveau, das anderswo, insbesondere in den Vereinigten Staaten, erzielt wird. Ganz konkret verdient ein ausgewiesener Akademiker an der Universität 4.000 bis 6.000 Euro im Monat, doppelt so viel wie an einer französischen Grande Ecole und sogar etwas mehr in den USA. 4 . Die Globalisierung des Lehrermarktes beschleunigt sich in vielen Disziplinen. Das höhere Gehalt für Star-Lehrer sollte daher steigen und die Einschreibegebühren belasten. Darüber hinaus müssen Lehrkräfte zum Veröffentlichen Zeit zum Recherchieren haben, sodass ihre Lehraufgaben reduziert werden müssen, was sie für die Schule, die sie beschäftigt, umso teurer macht.

Weitere Ursachen für Kostensteigerungen können identifiziert werden: IT-Ausrüstung, die immer ausgefeilter wird, muss häufig ersetzt werden; Viele Schulen haben in Immobilien investiert, um sie zu modernisieren und auf die steigenden Schülerzahlen zu reagieren. Schließlich werden die Angebote, insbesondere in den Bereichen Orientierung, Praktikumsnachbereitung und Integration ehemaliger Studierender, ständig erweitert und mobilisieren kostspielige Arbeitskräfte.

Angesichts dieser Inflation haben die Schulen wenig Spielraum, weil einige Mittel stagnieren oder sinken. 11 % der Mittel der konsularischen Wirtschaftsschulen stammen von den IHKs, 10 % aus der betrieblichen Lehrlingsabgabe, die Bundesländer stellen 3 % der Budgets. Weiterbildungsdienste stellen 8 % der Ressourcen bereit, hauptsächlich in den am besten bewerteten Schulen, und 10 % stammen von Stiftungen. 58 % des Budgets werden daher durch Studiengebühren bereitgestellt. Der Ressourcenmangel der IHKs schränkt ihr Engagement ein; die wirtschaftliche Lage ist weder für die Lehrlingsabgabe noch für die Beiträge der Regionen günstig. Einige Sponsoring-Operationen können zusätzliche, aber begrenzte Mittel bereitstellen, die sich auf die am besten ausgestatteten Einrichtungen konzentrieren. Endlich,

Steigende Kosten werden jedoch nur dann zu steigenden Preisen, wenn eine Nachfrage nach diesem Preis besteht. Mit anderen Worten, genügend Familien müssen bereit sein, hohe Summen zu zahlen. Doch die Lage ist angespannt.

Der Anstieg der Bildungskosten hat sich ab etwa 2011 verlangsamt. ESSEC bleibt die teuerste Schule, hat ihre Kosten jedoch nicht erhöht, nachdem sie eine ganze Weile zweistellig gestiegen war. Sicherheit zusätzlich in Toulouse und Grenoble. Eine Obergrenze könnte erreicht worden sein: 2012 entschieden sich 1.100 Zweitbesetzungen, die einen Schulplatz bekommen hatten, gegen den Besitz, also konnten sich 21 von 37 Wirtschaftshochschulen in diesem Jahr nicht durchsetzen. Verteilen Sie jeden der Plätze, die für Rivalität eingerichtet sind. Die weniger angesehenen Schulen wie die ESC von Brest, La Rochelle, Chambéry oder Dijon haben die meisten Probleme. Dementsprechend selektieren sie immer mehr durchgleiche Konfirmationen. Gymnasien, soweit es für sie wichtig ist, koordinieren gelegentlich Extrarivalitäten im September oder sogar versetzten Schuljahresbeginn gegen Ende des Hauptsemesters, die es denkbar machen, umorientierungsbedürftige Zweitstudien nachzuholen. Trotzdem ist die Zahl der Nachwuchstalente in den letzten Jahren stark zurückgegangen: Sie sank von 7.114 im Jahr 2008 auf 5.412 im Jahr 2014 für die Sesam-Rivalität und von 7.008 im Jahr 2010 auf 5.512 im Jahr 2014 für Accès. Offensichtlich kämpfen die Wächter darum, finanziell mitzuhalten.

Die besten Business Colleges befinden sich in einer völlig anderen Situation. Der Anstieg der Kosten wird durch die Globalisierung des Marktes denkbar. Die Positionierung der besten Verwaltungsasse, die jedes Jahr von der Monetary Times veröffentlicht wird, platziert französische Schulen erstaunlich gut, wobei 19 unter den wichtigsten 100 auftauchen. Sieben französische MBA-Programme sind ebenfalls unter den besten 100, wie aus der Positionierung von The Financial Analyst hervorgeht. Diese Schulen sind daher bereit, unbekannte Zweitbesetzungen auszuwählen und hohe Studiengebühren zu erheben.

Wenn aber die Grandes Écoles in drei Jahren sehr teuer werden, dann nicht, um die Taschen ihrer Aktionäre zu füllen – die haben in der Regel keine –, sondern um die wachsenden Kosten zu decken – selbst hohe Studiengebühren reichen nicht aus.

Profitables Studium

Ist es angemessen, so hohe Registrierungsgebühren zu zahlen? Die Stellensuchmaschine Adzuna.fr verglich die Verdienste verschiedener Ausbildungsstufen. Es stellt sich heraus, dass das Studium, auch wenn es teuer ist, äußerst profitabel ist. Während seines Berufslebens verdient ein BWL-Absolvent durchschnittlich 700.000 Euro mehr als ein Abitur + 2! In den USA durchgeführte Studien bestätigen dies und zeigen, dass der finanzielle Vorteil des Diploms seit Anfang der 1980er Jahre stetig zugenommen hat.

Diese 700.000 Euro relativieren die Studiengebühren der Grandes Écoles. Wie ein in der Einleitung zitierter Gymnasiast sagte: „Es lohnt sich". Das einzige Problem ist, am Anfang das nötige Kapital zu haben. Infolgedessen geht das Geld an das Geld, die Reichsten haben Zugang zu den Studien, die ihnen das beste Einkommen sichern.

Die hohen Registrierungsgebühren fördern die Entstehung des gewerblichen Privatsektors, indem sie einen Preisstandard setzen, der sie wettbewerbsfähig macht. Die Erhöhung erstreckt sich dann auf Business Schools nach dem Abitur und dann auf alle privaten Schulungen. So sind die Kosten für Physioschulen, deren durchschnittliche Jahresgebühren 2012 durchschnittlich 3.800 Euro betrugen, aber 8.700 Euro erreichen könnten, in die Höhe geschossen. In den Jahren 2014-2015 kündigten einige Schulen in der Île-de-France Anmeldegebühren von 11.500 Euro an. Die Inflation betrifft auch die staatlich finanzierten Schulen. Sciences Po Paris hat 2003 den Stein ins Rollen gebracht und dann regelmäßig erhöht. Das Studium ist für Stipendiatinnen und Stipendiaten kostenlos, dann erhöhen sich die Gebühren entsprechend dem Familienquotienten, bis zu 9.940 Euro pro Jahr für ein Bachelorstudium und 13.700 Euro für ein Masterstudium, für einen Studierenden, dessen Eltern ein zu versteuerndes Einkommen von mehr als 66.334 Euro pro Jahr haben Einheit, die hoch ist. Es sollte jedoch beachtet werden, dass die Registrierungsgebühren schneller wachsen als die Einnahmen, und zwar auf ein Viertel davon pro Aktie, bevor sie auf nur noch ein Fünftel oder für wohlhabende Familien sogar noch viel weniger fallen. Dem Mittelstand wird daher die größte Anstrengung abverlangt.

Diese Politik ist heftig kritisiert worden, weil das Institut erhebliche öffentliche Subventionen erhält und weil es den Anschein hat, dass die Registrierungsgebühren unter anderem dazu verwendet wurden, die beträchtlichen Bezüge der Geschäftsführung zu finanzieren. Die Studenten der UNEF (National Union of Students of France) schreiben auf ihrer Seite:

Ziel 2013 [die neue Einschreibegebührenordnung] ist zutiefst beleidigend für die Tausenden von Studenten aus der Mittelschicht, die bereits große Probleme haben, ihr Studium zu finanzieren, und von denen einige wahrscheinlich nie an Sciences Po gedacht hätten, wenn die Reform schon drin gewesen wäre Platz. Tatsächlich gibt beispielsweise der Sohn eines Hochschullehrers 3.450 bis 6.000 Euro pro Jahr für das Masterstudium nach der neuen Regelung aus, also zwei Monatsgehälter eines seiner Elternteile, all dies, ohne offensichtlich die Lebenshaltungskosten in Paris mitzurechnen. Sind die Söhne von Hochschullehrern als privilegiert anzusehen? Am Ende der Tabelle das gleiche Szenario: Sicherlich wird es mehr Freibeträge geben, aber eine Familie mit einem monatlichen Einkommen von 2.000 Euro pro Elternteil sieht ihre Studiengebühren fast verdoppelt, von 530 auf 900 Euro pro Monat.

Die anderen IEPs verfolgen nach und nach die gleiche Strategie, wie beispielsweise Dauphine, das den Status einer großen Einrichtung hat und daher die Registrierungsgebühren frei festlegen kann. Alle gelten mehr oder weniger progressiv nach den Ressourcen der Familien, die Rechte gehen bis zu 3.800 Euro bei Sciences Po Toulouse und 5.940 Euro bei Dauphine. Das IEP von Aix-en-Provence geht noch weiter. Es entwickelt Partnerschaften mit verschiedenen privaten Organisationen in Frankreich oder im Ausland – es engagiert sich auch in der bildungsfreien Zone von Mauritius. Gegen eine Vergütung von 1.000 Euro pro Student kennzeichnet Sciences Po Aix eine Ausbildung, insbesondere einen Master 2 in Politikwissenschaft, ohne dass das Institut oder seine Lehrenden an den Kursen teilnehmen. Diese Parallelkurse sind sehr teuer, da die Anmeldegebühren teilweise 10.000 Euro pro Jahr überschreiten. Aber die Qualität der Bildung ist umstritten. Lehrer von Sciences Po Aix prangern die Ausbildung an, die sie für zweifelhaft halten, "geführt von Amateuren [5] » und die anderen IEPs drohen damit, das IEP von Aix von ihrem gemeinsamen Wettbewerb auszuschließen, wenn diese Praktiken fortgesetzt werden. In der Tat, warum teuer bezahlen für das, was viel billiger erhältlich ist Aix, schon weil die akademischen Anforderungen geringer sind?Die Gefahr einer Abwertung der Diplome und damit der Marke „Sciences Po" ist real.Diese Kontroverse führte im Herbst 2014 zum Abgang des Direktors des IEP von Aix.

Aus einer langen republikanischen Tradition geerbt, sind öffentliche Ingenieurschulen fast kostenlos. So wurde die École Polytechnique 1794 von der Public Works Commission auf Betreiben des Committee of Public Safety gegründet. Sein Status wurde 1804 von Napoleon militarisiert, um Studenten besser kontrollieren zu können, die dazu neigten, das Regime herauszufordern. Um die Rekrutierung der Schule zu demokratisieren und um keinen begabten Schüler aufgrund seiner Mittellosigkeit auszuschließen, "erhalten die zukünftigen Schüler bei ihrer Gründung die Straßenkosten eines Kanoniers erster Klasse oder 15 Sous a Tag, und sie müssen einen Lohn von 900 Franken pro Jahr [beziehen]".

Diese Bedenken sind sehr aktuell. Eine Lehre, die nach Geld selektiert, begeht großes Unrecht, beraubt sich aber auch ihrer Begabung. Aber hier sind die Ingenieurschulen, die durch die Ansteckung gewonnen haben: Die neun Schulen der Gruppe École des Mines erhöhten 2014 die Gebühren von 850 Euro auf 1.850 Euro für Studenten aus Frankreich und der Europäischen Union. Die vier Schulen, die das Verteidigungsministerium forderte, forderten 2015 Anmeldegebühren von 2.300 Euro fast doppelt so hoch wie im Vorjahr. Auch die neue Centrale Supelec-Gruppe dürfte für 2015 eine Aufstockung verkünden. Diese Aufstockung wird von der gleichen Dynamik getragen wie die Business Schools (Lehrergehälter, Studentenwerke, Modernisierungsinvestitionen).

In einer globalisierten Wirtschaft ist dieser Anstieg nicht unbedingt schockierend: Wenn Ingenieure mit

Absolventen der Grandes Ecoles ins Ausland gehen, wie es die meisten bekunden, ist es dann konsequent, weiterhin fast 300.000 Euro öffentliche Gelder auszugeben, um jeden von ihnen auszubilden? Das Problem ist bereits öffentlich in Spanien, wo die Auswanderung junger Akademiker nach Deutschland oder Lateinamerika für die Gemeinschaft einen Nettoverlust von 200.000 Euro pro Absolvent bedeutet.

Natürlich machen es die steigenden Gehälter den öffentlichen Institutionen schwer, ihre Lehrer zu halten. Stellen wir uns vor, ein brillanter Wirtschaftswissenschaftler, der die besten Schulen durchlaufen und in amerikanischen Zeitschriften veröffentlicht hat, lehrt an der London School of Economics (LSE). Als Forscher in Frankreich wird er auch gebeten, Kurse an französischen Universitäten zu geben. Kann er den offiziellen Satz von 60 Euro pro Unterrichtsstunde akzeptieren, während er das Triple über den Kanal gewinnt? Dies wäre nicht nur eine ineffiziente Verwendung seiner Zeit, ein Argument, auf das Ökonomen besonders empfindlich reagieren, sondern die LSE könnte sich fragen, warum sie ihm 200 Euro zahlen sollte, wenn er sich bereit erklärt, für 60 Euro zu arbeiten.

Hochschulen werden daher kreativ, um ihre Lehrenden besser zu bezahlen. Der Kleingruppenunterricht wird wie der Amphitheaterunterricht vergütet, der jedoch mehr Vorbereitung erfordert. Mehr oder weniger versteckte Budgets finanzieren Prämien für die Erstellung von Kursen oder die Organisation von

Unterricht (was alles andere als skandalös ist). Kursstunden werden bezahlt, ohne gegeben zu sein (was viel fragwürdiger ist). Der Rechnungshof hat Sciences Po Paris (erneut!) wegen der Undurchsichtigkeit seiner Gehaltspraktiken und der hohen Vergütung bestimmter Lehrer festgenagelt. Einige würden Vollzeit bezahlt, während sie nur 30 % der fälligen Dienstleistung erbringen.

Finanziell erstickt, drohen mehrere Universitäten mit Schliessung, um Aufmerksamkeit zu erregen, ihre Vergabe neu zu verhandeln, aber auch ganz einfach, weil ihre Verantwortlichen keine andere Lösung sehen. Andere bemühen sich um zusätzliche Finanzierung durch Studenten und flirten mit der Gesetzgebung und der Kontrolle durch das Ministerium. Auch die UNEF ist mehrfach vor Gericht gegangen, um die Erhöhung der Studiengebühren zu verhindern. Universitäten greifen daher zu hinterhältigen Mitteln, um Gebühren zu erhöhen. Anmeldegebühren, Anmeldung bei der Universitätsbibliothek oder beim Sportverband lassen die Studiengebühren laut UNEF auf 600 Euro pro Jahr in Straßburg und sogar auf 800 Euro am Institut für Wirtschaftsverwaltung (IAE) in Grenoble-II steigen.

Eine Technik, die eine wesentlich stärkere Steigerung ermöglicht, besteht darin, Universitätsdiplome zu schaffen, die keinen nationalen Status haben und daher der Einschreibegebührentabelle entgehen. So bietet die Paul-Cézanne-Universität in Marseille Universitätsabschlüsse für 6.000 Euro an; das IAE der Universität Aix-Marseille verlangt von manchen Meistern 8.400 Euro für die Erstausbildung und noch viel mehr für die Weiterbildung. Bei Paris-I mieten Organisationen, die Weiterbildung anbieten, Klassenzimmer von der Universität. Aus Mangel an Mitteln erhöhte sie die Miete und zwang die Ausbildung, die Anmeldegebühren zu erhöhen. Die Vorbereitung auf die Aufnahmeprüfung für den Master an der Sciences Po Paris, deren Merkmal darin bestand, viel billiger als die von IPESUP zu sein, wurde beispielsweise wegen der von der Universität betriebenen Reifenpanne teurer. Infolgedessen verlor es an Wettbewerbsfähigkeit ... zur Genugtuung einiger Lehrer, die es bedauerten, dass ihre besten Schüler diese Ausbildung begannen und dann zu Sciences Po gingen, anstatt sich auf ihren Master-Abschluss in Paris-I [7 vorzubereiten].

Im Allgemeinen können Vorbereitungen für Wettbewerbe, die nicht vom Ministerium reguliert werden, da sie nicht auf nationale Diplome vorbereiten, weit über die normalen Anmeldegebühren hinaus in Rechnung gestellt werden. Vor zehn Jahren waren sie fast kostenlos. 2013 wurde die Vorbereitung für die von ENS Cachan organisierte Aggregation mit 6.400 Euro in Rechnung gestellt! Auch die Kopplung eines Hochschulstudiums mit einer privaten Ausbildung macht es möglich, hohe Gebühren zu verlangen. Die von einem Geschäftsmann gegründete Schule Ferrières, eine neue Luxusschule, die 2016 im ehemaligen Besitz der Rothschilds ihre Pforten öffnen soll, wird mit der Universität Paris-Est-Marne-la-Vallée zusammenarbeiten. Die handverlesenen Studenten, die 18.000 Euro pro Jahr zahlen, erhalten Kurse von Akademikern und erhalten eine Berufslizenz. Die berufsbildenden Schulen, die durch keine Rechtsvorschriften eingeschränkt sind, passen ihre Studiengebühren ihren finanziellen Bedürfnissen an. Die CFJ, eine als Verein eingetragene Journalistenschule, erhöhte die Studiengebühren 2013 auf einen Schlag um 40 % auf 5.000 Euro (halbe weniger für Stipendiaten), weil die Rückkehr zum finanziellen Gleichgewicht zwingend erforderlich war. Angesichts eines Defizits von 2 Millionen Euro in ihrem Ausbildungssektor beschloss die AP-HP (Assistance publique-hôpitaux de Paris) Ende 2014 plötzlich, die Anmeldegebühren für die Krankenpflegeschule von 300 Euro pro Jahr auf ... 8.000 zu erhöhen Euro, außer für Studenten, die eine Subvention vom Regional Council oder Pôle Emploi erhalten. Überraschenderweise könnte diese Regelung rückwirkend gelten, Studierende im dritten Jahr werden um 24.000 Euro gebeten. Angesichts der Vergütung von Pflegekräften wird die Rekrutierung sehr schwierig.

Eine kürzlich durchgeführte Reform wird die Finanzierungsprobleme der Schulen verschärfen, indem ihnen die Mittel entzogen werden, die sie derzeit aus der Gewerbesteuer beziehen. Unternehmen beteiligen sich an der Finanzierung der Ausbildung über die Lehrlingsabgabe, die 0,5 % des gezahlten Lohnes beträgt, also 2,8 Milliarden Euro [8]. Ein erheblicher Teil dieser Summe wird nach Ermessen der Unternehmen vergeben, die von den Einrichtungen, von Gymnasien bis zu großen Schulen, angeworben werden. Das Lernen hat sich in der Tat stark verändert. Er bildet weiterhin Schreiner und Metzger aus, aber auch Ingenieure und Führungskräfte. Jeder zehnte Gymnasiast ist Auszubildender.

Die Reform von 2014 hat die Verteilung der Steuer grundlegend verändert, die jetzt hauptsächlich von den Regionen bestimmt wird. In dem Bestreben, den

Forderungen kleiner lokaler Unternehmen nachzukommen und ihre Ausgaben zu begrenzen, leiten sie die Mittel an die Berufsoberschulen um, wodurch die regionalen Zuschüsse für die genannten Oberschulen um denselben Betrag gekürzt werden. Für die Grandes Ecoles ist der Schlag hart, denn dieser Geldsegen machte bis zu 20 % ihres Budgets aus. Für die Grandes Écoles stehen 200 Millionen Euro auf dem Spiel, viel mehr für die gesamte Hochschulbildung.

Dies dürfte die Einrichtungen dazu zwingen, ihre Tarife zu erhöhen oder ihre Dienstleistungen zu reduzieren.

Was ist mit ausländischen Studierenden?

Weit hinter den Vereinigten Staaten und dem Vereinigten Königreich ist Frankreich das drittgrößte Gastland für ausländische Studierende, ungefähr gleichauf mit Deutschland und Australien. Etwa einer von fünfzehn ausländischen Studenten entscheidet sich für Frankreich, ein Anteil, der auf einen schnell wachsenden Markt zutrifft. Jeder achte Student in Frankreich ist Ausländer. In einem im Januar 2015 veröffentlichten Bericht schlug France Stratégie unverblümt vor, die Immatrikulationsgebühren für Ausländer außerhalb der Europäischen Union von 183 Euro auf 6.000 Euro für einen Bachelor, von 254 Euro auf 12.000 Euro für einen Master und von 500 Euro auf 15.000 Euro zu erhöhen in der Ingenieurschule. Ziel wäre es, Mittel und Wege zu finden, um die Hochschulbildung auf den Stand der Technik zu bringen.

Das Land befindet sich heute in einer zwiespältigen Situation. An der Hochschule zahlen Ausländer wie die anderen im ersten Zyklus 183 Euro pro Jahr. An anderer Stelle gehen die Gebührenerhöhungen jedoch mit einer Preisdiskriminierung von Nicht-EU-Ausländern einher, die auch Gegenstand von Beschwerden von Studentenorganisationen beim Staatsrat ist. So zahlten Schüler in den neun öffentlichen Schulen von Mines Telecom im Jahr 2014 1.850 Euro gegenüber 850 Euro im Jahr 2013, aber diejenigen, deren Eltern außerhalb der Europäischen Union leben, zahlen jetzt 3.800 Euro. Diese Vervierfachung ist mit der Kürzung des staatlichen Zuschusses verbunden. Bei Sciences Po Paris haben Ausländer Anspruch auf den Höchstsatz (13.700 Euro), unabhängig von ihren familiären Einkünften,

Die Politik gegenüber ausländischen Studierenden schwankt zwischen zwei teilweise widersprüchlichen Zielen: Frankreich zu einem Willkommensland zu machen, insbesondere für französischsprachige Menschen, um den kulturellen Einfluss des Landes zu betonen oder die Hochschulbildung zu einem Exportprodukt zu machen, wie z nach Großbritannien oder Australien. Diese beiden Politiken zielen nicht auf dieselben Studenten ab, schon allein wegen ihrer geografischen Herkunft: Diejenigen, die bereit sind, hohe Studiengebühren zu zahlen, kommen hauptsächlich aus Europa und Asien, während fast die Hälfte der ausländischen Studenten in Frankreich Afrikaner sind. Die internationale Einflussnahme basiert wie in

Deutschland auf der freien Zulassung, während das wirtschaftliche Ziel auf der Platzierung in internationalen Rankings, der Qualität und dem Umfang der studentischen Dienstleistungen basiert.

Die Politik der freien Zulassung zugunsten ausländischer Studierender wird in Deutschland kritisiert, die demografische Situation spricht jedoch stark dafür. Schweden, das in den 2000er Jahren von einem kostspieligen Zustrom überwältigt wurde, erhob 2011 hohe Studiengebühren, wodurch die Zahl der ausländischen Studenten von außerhalb der EU um fünf sank. Quebec, das französischen Studenten seit 1978 ebenso günstige finanzielle Bedingungen bietet wie den Einwohnern von Quebec, plant, diesen Vorteil abzuschaffen, was die Provinz Belle 75 Millionen Dollar kosten wird.

Die in Frankreich empfohlene Orientierungsänderung, die bereits Ende 2014 vom Minister für Hochschulbildung erwähnt wurde, wäre eine Revolution, die die empfangene Öffentlichkeit erheblich verändern würde. Eine umfassende Stipendienpolitik würde den Einbruch der Zahl der Studierenden mit begrenzten finanziellen Mitteln verhindern, schätzt der Bericht von France Strategy. Man mag sich fragen, auf welcher Grundlage diese Hilfe gewährt würde.

Damit die Menge unbekannter Zweitbesetzungen dort bleiben kann, müsste Frankreich außerdem die Möglichkeit haben, sich mit den Altenglischen Sachsen zu messen, indem es Zweitbesetzungen einlädt, die in der Lage sind, hohe Bildungskosten zu zahlen. Tatsächlich ist Australien das Land, in dem das Studium am teuersten ist, was es nicht davon abhält, unzählige Zweitstudien, insbesondere Asiaten, anzuziehen. Tatsächlich sind amerikanische und überraschenderweise englische Colleges übertrieben teuer. Wie dem auch sei, die ansprechende Qualität der englischen Sprache ist von grundlegender Bedeutung. Darüber hinaus bieten diese Colleges, die in weltweiten Rankings, zum Beispiel der Shanghai-Positionierung, tief positioniert sind, ein hohes Maß an Zweitbesetzungsverwaltungen. In Frankreich wählt Sciences Po effektiv zahlende, unbekannte Zweitbesetzungen aus. Zum Beispiel ist eine Bezeichnung der Schule an dem Ort, der für die aufgehende Sonne bekannt ist, für alle Zeiten so präsent, dass die Japaner, die sich auf offene Regulierung in Frankreich konzentrieren wollen, auf diese Schule angewiesen sind; Japanisch sprechende Personen laden Zweitbesetzungen bei ihrem Auftritt ein, um mit ihrer Koordination zu arbeiten. Davon ist die Hochschule weit entfernt. Es lädt Zweitbesetzungen in materiellen Verhältnissen nicht zum Halsabschneider ein.

Geschäftsleute?

In Moo (1995) wirft die Schriftstellerin Jane Smiley einen scharfen, amüsierten Blick auf die Lehrer einer amerikanischen Universität. Am Rande dieser Gemeinschaft, oder vielleicht an der Spitze, ist Dr. Gift, ein Ökonom, ein KMU für sich. Als Lehrer, Forscher und Berater verliert er nie sein materielles Interesse aus den Augen. Er zeichnet sich durch einen ausgeprägten Sinn für Berechnungen und eine verdrehte Vorstellungskraft aus, wenn es ums Gewinnen geht. Er ist natürlich viel wohlhabender als seine Kollegen. Dieser Charakter ist der Prototyp eines neuen Modells von Lehrer-Unternehmern. Die Logik des Sternensystems, das von großer Ungleichheit in der Einkommensverteilung geprägt ist, wird damit in die Bildung importiert. Tennis zum Beispiel hat Hunderte von professionellen Spielern,

Aus dieser Sicht sind die großen amerikanischen Universitäten führend. Bereits 1998 war die Columbia University in die Schlagzeilen geraten, als es ihr gelang, den Star-Ökonomen Robert Barro aus Harvard für 300.000 Dollar pro Jahr zu schnappen, plus 150.000 Dollar an Nebenleistungen, was viel höher war als die damaligen Gehälter (und bis heute unverhältnismäßig zu der Vergütung). ein französischer Akademiker). Ein solches Gehalt wäre heute lächerlich. Laut einer spezialisierten Website (www.thebestschools.org) werden die Top 10 der amerikanischen Akademiker im Jahr 2013 von David Silvers, Professor für Dermatologie an der Columbia

University, dominiert, dessen Jahresgehalt 4,33 Millionen US-Dollar beträgt! Der bewundernde Kommentar der Seite: Er wird genauso bezahlt wie Basketball- oder Fußballtrainer der Universität ...

Diese Vergütungshierarchie findet sich bei veröffentlichten Autoren. Lehrbücher stellen für die meisten Akademiker eine bescheidene Einkommensergänzung dar, aber der Ökonom Gregory Mankiw hat 20 Millionen Exemplare seiner Principles of Economics verkauft, zu einem Stückpreis von 50 Euro in Frankreich und 292 Dollar in den Vereinigten Staaten (!), was ihn zum Multimillionär macht.

Diese Logik wird durch Online-Kurse, Moocs, erweitert. Udemy zum Beispiel lädt jeden ein, der seinen Kurs online anbieten möchte, und entscheidet, zu welchem Preis er verkauft wird. Diese Kurse würden einen durchschnittlichen Gewinn von 7.000 $ pro Jahr darstellen. Aber einige Starlehrer verdienen Hunderttausende von Dollar im Jahr. Wir bewegen uns tatsächlich von einer Welt, in der es einen Lehrer für hundert Schüler gab, mit sehr wenigen Optionen für sie, zu einer Welt, in der sich der Starlehrer über das Internet unendlich vermehren kann. Anstatt mehr oder weniger gute Lehrer zu haben, die alle die gleiche Vergütung erhalten, bewegen wir uns zumindest auf universitärer Ebene in Richtung einer extremen Differenzierung.

Die Hochschulbildung läuft daher Gefahr, die Lehrenden bald von ihrem Wirtschaftsmodell zu beeindrucken, das darauf bedacht ist, ihren

Marktwert zu maximieren und ihn so gut wie möglich zu verhandeln. Eine durchaus nachvollziehbare Entwicklung: Wenn ein Bildungsmarkt eingerichtet wird, warum sollen nicht nur Lehrer davon profitieren? Allerdings ist zu befürchten, dass sich die Niveauunterschiede zwischen den Betrieben vergrößern und die Logik der Kommodifizierung beschleunigt wird.

Gehaltsdifferenzierung bedeutet nicht, dass wir in eine Ära des Lehrerüberflusses eintreten. Die Eigenschaft des Sternensystems besteht darin, nur für Sterne zu gelten. Die Sprachlehrer einer Business School in Bordeaux starteten eine Petition, als ihr Stundenlohn nach einem Statuswechsel plötzlich von 41 auf 30 Euro pro Stunde sank. Das ist weniger als ein zertifizierter Highschool-Lehrer.

Darüber hinaus könnten sich Verstöße gegen die Ethik vervielfachen. Wir haben einen Blick auf die obskuren Arrangements geworfen, die mit der Zuschreibung wissenschaftlicher Veröffentlichungen verbunden sind. Einige Lehrer machen Überstunden bis zu dem Punkt, an dem ihre Kollegen an der Ernsthaftigkeit ihrer Arbeit zweifeln. Andere korrigieren Kopien von Wettbewerben in der Kette: bis zu sechshundert Kopien von Eintritt in die Business School in drei Wochen, Leistung, die voraussetzt, diagonal zu lesen oder einen Teil der Korrekturen zu vergeben, relativ gut bezahlt.

Der Aufwärtstrend der Preise ist daher im höheren Segment sehr deutlich. Es ist schwer zu erkennen, was es in Frage stellen könnte. Angesichts wirtschaftlicher Unsicherheiten mobilisieren Familien die ihnen zur Verfügung stehenden Vermögenswerte, einschließlich ihrer Möglichkeiten

Aufwand , sofern vorhanden. Natürlich machen die aktuellen Preise viele Kurse für die Mehrheit der Bevölkerung unerreichbar. Das ist schockierend und widerspricht dem Grundsatz, dass Bildung als wesentliche Dienstleistung für alle zugänglich sein sollte. Viele Schulen, die sich des Problems bewusst sind, arbeiten aktiv daran, die Finanzierung ihrer Schüler zu erhöhen oder den Ärmsten auf Gebühren zu verzichten. Diese Politik, die in verstreuter Reihenfolge durchgeführt wird, verhindert die Vorstellung, dass ein Schüler, selbst aus bescheidenen Verhältnissen, die besten Schulen besuchen kann, ohne etwas für das Nötigste zu bezahlen.

Kapitel 8 Notizen

1. Branko MILANOVIC und RoyVAN DERWEIDE, „Ungleichheit ist schlecht für das Einkommenswachstum der Armen (aber nicht für das der Reichen)", Vox EU, 29. November 2014.

2. Diese und die folgenden Schätzungen wurden durch das Kreuzen mehrerer Quellen erhalten, insbesondere der Ranglisten von L'Étudiant und L'Express sowie der Aufzeichnungen des Boivigny-Instituts.

3. VSOUR ACCOUNTS, The Business and Management Schools (ESCG): eine zu regulierende Entwicklung, Februar 2013.

4. Siehe Jessica GOURDON, „Behind the Scenes of the Transfer Window Star Teachers", L'Express, 4. Mai 2011.

5. Louise FESSARD und Jean-Marie L. FORESTRY, „Sciences Po Aix vermarktet seine Diplome im Ausland", Mediapart, 3. Oktober 2014.

6. Website der Ecole Polytechnique,

7. Diese Ausbildung verschwand 2014 angesichts von Protesten der UNEF, die sich systematisch gegen eine bezahlte Ausbildung an der Universität stellt.

8. Die Realität ist viel komplexer: Die Rate unterscheidet sich je nach Region und Unternehmen;

es gibt nicht eine, sondern drei Steuern usw. Seit 2002 wurde die Lehre sechsmal reformiert! Weitere Informationen finden Sie im Senatsbericht von François Patriat (2013).

9

Wie soll er sein Studium finanzieren?

S your islas ist sehr verärgert: Seine Eltern haben auf mich gehört und nur zugestimmt, seine Business School zu finanzieren, wenn er unter die Top 20 kommt; andernfalls geht er zur Vorbereitung. Denn für eine mittelmäßige Schule zu bezahlen, ist keine rentable Investition, wenn man die Wahl seines Studiums hat. Ein Student bereitet sich darauf vor, Glion beizutreten, einer renommierten und überteuerten Schweizer Hotelfachschule. „Die Hälfte zahlen meine Eltern, den Rest nehme ich einen Kredit auf", erklärt sie. Auch bei François Quesnay entdecken die Schüler, dass ihre Eltern nicht unbedingt die Schule ihrer Träume finanzieren werden.

Wie wir gesehen haben, kostet Bildung immer mehr. Dieser Trend dürfte zunehmen. Für die meisten Studenten wird die Sicherung der Finanzierung zu einer wichtigen und komplizierten Aufgabe: ein Unternehmen für ein duales Studium finden, die verschiedenen Arten bestehender Stipendien erkunden, die Schulen auswählen, die die meisten Beihilfen gewähren, mit seiner Bank verhandeln. Wenn wir eine neue Spezialisierung für Coaches vorschlagen würden, so ist die Beratung zur Studienfinanzierung zweifellos eine Aufgabe mit Zukunft.

Der Preisanstieg wird sich fortsetzen

Die Studiengebühren für Business Schools stabilisieren sich, aber der allgemeine Aufwärtstrend wird voraussichtlich anhalten. Die Gesamtkosten eines Studenten liegen in Frankreich etwas unter dem Durchschnitt der OECD-Länder, einer Gruppe, zu der entwickelte Länder, aber auch die Türkei oder Mexiko gehören. Da diese den Durchschnitt nach unten ziehen, wäre es normal, dass Frankreich über dem Durchschnitt liegt. Eine durchschnittliche Hochschulbildung kostet in Frankreich 60.000 Dollar gegenüber 90.000 Dollar in den skandinavischen Ländern, ein enormer Unterschied, der sich sowohl durch die kürzere Studiendauer in Frankreich (durchschnittlich vier Jahre gegenüber fünf in den nordischen Ländern) als auch durch erklären lässt geringere jährliche Ausgaben pro Student. Wir können daher davon ausgehen, dass der Anstieg anhalten wird,

Diese Mehrausgaben könnten durchaus vom Staatshaushalt aufgefangen werden. Auch wenn in den letzten Jahren vor allem die angelsächsischen Länder auf sich aufmerksam gemacht haben, deren Hochschulsystem die Umrisse eines globalen Bildungsmarktes zu zeichnen scheinen, darf nicht vergessen werden, dass in anderen Ländern wie Deutschland oder Schweden generell studiert wird an Universitäten, die nicht in Konkurrenz zueinander stehen und nahezu kostenlos sind. Gemessen an der Wirtschaftsleistung dieser Länder hat sich dieses System bewährt.

Aber diese Organisation würde eine starke Erhöhung der öffentlichen Finanzierung voraussetzen, was im gegenwärtigen Kontext unwahrscheinlich ist, wo der Vorgesetzte bereits mit einem beispiellosen Mangel an Mitteln konfrontiert ist. Laut OECD sinkt in Frankreich der Anteil der öffentlichen Subventionen, der von 85,3 % im Jahr 1995 auf 81,9 % im Jahr 2010 einbrach. Staatliche Hochschulrivalitäten sind 2013 um 5 % zurückgegangen. 2014 wird kaum besser1.

Es muss gesagt werden, dass die Zahl der Zweitstudien explodiert ist: 2013 waren es 2,3 Millionen gegenüber 1,2 Millionen von 1980. Diese Zweitstudien bleiben länger in der Weiterbildung: etwa mehr als zwei Jahre, zum Beispiel das Doppelte der Anfang der 1980er Jahre. Insgesamt verfügten 2013 49 % der Jugendlichen über eine Hochschulanerkennung, gegenüber 42,5 % im Jahr 2005, und das Ziel von einem von zwei Jugendlichen soll 2015 erreicht werden. Auf diese Weise wäre eine deutliche Vermögensausweitung von grundlegender Bedeutung gewesen um mit der im Wesentlichen kostenlosen Schulbildung Schritt zu halten. Es ist nicht vorgekommen.

Der Mangel betrifft zunächst die Hochschulen. Ein Viertel davon steht kurz vor der Insolvenz, einige Stiftungen wurden unter Vormundschaft gestellt. Besser sind die Verhältnisse in den Grandes Ecoles oder den IUTs. In jedem Fall erhöhen sich die staatlichen Zuschüsse weniger schnell als die Erweiterung und wesentlich weniger schnell als die Gebühren. Arbeitskredite für öffentliche

Designschulen gingen 2013-2014 sogar um 20 % zurück. Die Tatsachen bestätigen wirklich, dass monetäre Anforderungen schwer zu lockern sind. Finish des Aufsehers von Télécom Paris Tech: «Wir müssen uns bewegen, um das Geld dort zu bekommen, wo es ist2.» Der Chef von Dauphine wird genauer: «Wir werden bald der praktisch kostenlosen Hochschulbildung entkommen müssen3.»

Business Schools fordern eine Änderung ihres Status. Sie sind jetzt den IHKs angegliedert und streben nach mehr Autonomie bei der Mittelbeschaffung. Die für 2013 geplante Reform wurde aus politischen Gründen verschoben. Deren Status soll dem von Aktiengesellschaften angenähert werden, wobei gleichzeitig sichergestellt werden soll, dass die Mehrheit ihres Kapitals in den Händen der IHK verbleibt. In der Zwischenzeit bleiben die Studiengebühren der wichtigste Hebel, um zu spielen.

Wie man bezahlt?

Am Mittwochmorgen haben die Erstklässler ihre erste Unterrichtsstunde im großen Amphitheater der Dauphine. Vor mir Hunderte von kleinen leuchtenden Äpfeln: Alle haben ein MacBook. Wenn ich die Folie auf dem Bildschirm hinter mir wechsle, erscheinen Hunderte von Hightech-Smartphones und die Schüler machen Fotos von der gerade erschienenen Grafik oder dem Diagramm. Während eines Kleingruppenunterrichts verwendet ein Schüler einen massiven und unansehnlichen Computer, der sich von den stromlinienförmigen Maschinen aus gebürstetem Aluminium abhebt, die in der Einrichtung die Norm sind. Die Informationen stammen von ZEP nach einer Vereinbarung mit Dauphine. Renommierte Institutionen rekrutieren eindeutig aus den wohlhabenden Kategorien. Und die Anderen?

Der Anteil der Studierenden, deren Familien das Studium finanzieren können, nimmt mit steigenden Kosten und Dauer stark ab. Aber die Entwicklung der Ausgaben betrifft nicht alle Formationen und ist noch nicht von der Bevölkerung integriert. Familien werden daher unvorbereitet erwischt. Sie leben mit dem Bild von Jules Ferrys Schule, öffentlich und kostenlos, und haben zum Beispiel die Sparanstrengungen nicht erkannt, die Familien in Erwartung der Hochschulbildung ihrer Kinder in Asien unternehmen. Nicht alle jungen Menschen haben daher die finanziellen Mittel, um ihr Studium zu wählen. Es ist ziemlich offensichtlich, wenn man die vorherigen Kapitel liest, aber es ist immer noch ein Schock.

Auch die zahlenden Schulen sind sich dessen bewusst, bieten verschiedene Hilfestellungen an und machen dies bekannt. „Damit die Schulkosten kein Hindernis für Ihre Zukunftspläne sind, stehen Ihnen mehrere Finanzierungslösungen zur Verfügung", schreibt die ESCOM School of Chemistry auf ihrer Seite. Je mehr Geld Bildungsungleichheiten verstärkt, desto mehr wird ihr Abbau entgegen aller Realität als wesentliches Ziel dargestellt. So erklärte der vorläufige Verwalter des neuen IEP, das 2014 eröffnet wurde, dass „die Einrichtung am Rande der Hauptstadt es [ihm] ermöglichen wird, den Sektor Sciences Po in oft vernachlässigten Gebieten der Île-de-France [4] zu etablieren ". Aussage, die nicht beibehalten würde Achtung, wenn sich dieses neue IEP nicht in... Saint-Germain-en-Laye befindet, einer Stadt im sehr wohlhabenden Departement Yvelines, wo das Durchschnittseinkommen 60.000 Euro pro Haushalt beträgt.

Gleichzeitig mit steigenden Bildungskosten zieht sie ein breiteres und damit populäreres Publikum an, für das Geldmangel ein Grund ist, das Studium vorzeitig abzubrechen; denn selbst ein Jahr des kostenlosen Studiums hat hohe Kosten, nämlich den Verzicht auf ein Gehalt. Zwei Ökonomen haben zudem gezeigt, dass eine jährliche Förderung von 1.500 Euro die Wahrscheinlichkeit einer Immatrikulation oder Wiedereinschreibung an einer Universität um zwei bis fünf Prozentpunkte und die eines Masterabschlusses um fünf Prozentpunkte erhöht. [5] . Daher ist es gut, dass Geldmangel einem Studium im Wege steht. Die Frage der Finanzierung ist daher entscheidend.

Eine Antwort auf das Problem ist, Zweitbesetzungen einen Lebensunterhalt zu verschaffen. In Frankreich gibt es keine schwedische „Zweitbesetzungsvergütung", und die RSA ist für diese Einstufung nicht verfügbar. Stipendien werden wiederum auf der Grundlage freundlicher Standards gewährt. In Frankreich werden sie für besonders bescheidene Familien gespart: Für ein alleinstehendes Kind sollte der vollständige Lohn unter 2.200 Euro im Monat liegen, die Prämie beträgt auf dieser Ebene 1.000 Euro für das Jahr, was einen Zentimeter anspricht, keine Berufung. 2014 konnte der Zuschuss 5.500 Euro pro Jahr nicht übersteigen, eine Summe, die der des RSA entspricht und weit unter der Existenzminimumgrenze liegt.

Der Kreis der Stipendiatinnen und Stipendiaten in der Weiterbildung hat sich erweitert, aufgrund der Bildung von "Nullsatzstipendien" (es wird kein Geld gezahlt, der Empfänger ist jedoch von den Bildungskosten befreit) und aufgrund der Tatsache, dass die Weiterbildung verfügbar ist, um freundliche Klassen zu senken . Sie beträgt derzeit mehr als ein Drittel, und die vom Staat gezahlten Summen haben sich seit etwa 1995 um die Hälfte erhöht. Wie dem auch sei, nur jeder achte Zweitstudent erhält eine Auszeichnung von mehr als 300 Euro pro Monat.

Die bescheidene Menge an Stipendien wird etwas durch das Unterkunftsstipendium ausgeglichen, dessen Teil frei von der Lebensweise ist, die darum bittet, sich als falsch zu erweisen. Abgesehen von Hochschulen haben einige wenige Schulen, zum

Beispiel IEPs und konsularische Wirtschaftshochschulen, Stipendiaten von allen oder einem Teil der Einberufungskosten ausgeschlossen. HEC ist derzeit für alle staatlichen Stipendiaten kostenlos, während ESCP-Stipendiaten von einem Teil der Immatrikulationsgebühren ausgeschlossen sind. Die Summe der Zuwendungen im Rahmen der Unternehmensförderung ist bei der ESSEC (350.000 Euro im Jahr 2013) um ein Vielfaches geringer als bei der HEC (1.750.000 Euro), dort ist aber dennoch eine Förderung möglich. Mit Ausnahme der HEC absolvieren zwischen 10 % und 30 % der Business School-Studenten ein ein-, zwei- oder dreijähriges duales Studium im Rahmen einer Ausbildung oder eines Professionalisierungsvertrags. Doppelter Vorteil: Die Studiengebühren werden vom Unternehmen übernommen und der Student wird entlohnt. Im Gegenzug verbringt er einen Teil seiner Zeit in einem Unternehmen. Für sein Studium weniger verfügbar, ist es für ihn schwieriger, während seiner Ausbildung ein Auslandspraktikum zu absolvieren. Schulen verlangen im Allgemeinen mehr für Werkstudenten, da sie wissen, dass die Unternehmen die Rechnung bezahlen. Ebenso können die meisten Berufsausbildungen berufsbegleitend absolviert werden, insbesondere die Vorbereitung auf eine BTS oder eine DUT.

Ausleihen, aber dann?

Wie kann man die höhere Bildung derjenigen bezahlen, die zu reich sind, um von ausreichender Hilfe zu profitieren, und gleichzeitig zu arm sind, um eine kostspielige Ausbildung zu finanzieren? Die Gefahr, den Mittelstand zu verdrängen, ist groß. An der Sciences Po Paris hat die Einführung hoher, aber stark einkommensabhängiger Einschreibegebühren dazu geführt, dass sowohl der Anteil der Stipendiaten gestiegen ist, auch wenn er die vom Ministerium vorgegebene Schwelle von 30 % nicht erreicht, und eine Erhöhung des Anteils der Studierenden aus den privilegiertesten Kategorien; was diese Befürchtung zu bestätigen scheint.

Die logische Lösung für den Mittelstand ist die Kreditaufnahme. Denn wenn die Diplome rentabel sind, stellen sie die Erwartung eines zukünftigen Einkommens dar, das es ermöglicht, sich auszuzahlen. Die Grandes Ecoles haben oft Vereinbarungen mit den Banken, die nur allzu gerne neue Kunden gewinnen, die zukünftige Führungskräfte sind. Einer meiner Freunde erzählte mir stolz, dass seine Tochter, eine brillante Absolventin der École des mines, die ihre Ausbildung mit einem Master-Abschluss am MIT abschließen wollte, von ihrem Bankier sehr gut aufgenommen worden sei. Studiendarlehen mit einer Obergrenze von 25.000 Euro hatte er ihr zwei gewährt, zum königlichen Zinssatz von 1,6 %. Damit finanziert sie ihre gesamte Ausbildung. Was die Rückzahlung des Darlehens betrifft, wäre es nicht verwunderlich, wenn sein erster Arbeitgeber sich darum kümmern würde. Ein junger leitender Freund von mir, der sich entschied, einen MBA vorzubereiten, um seine Karriere anzukurbeln, entschied sich für den Doppelabschluss London School of Business/Columbia. Die Registrierungsgebühr von 120.000 Dollar (ja: einhundertzwanzigtausend Dollar) wurde von seiner Bank problemlos vorgestreckt.

Für einen Studenten, dessen Eltern nur 500 Euro monatlich zahlen und der ab dem ersten Jahr fünf Jahre Studium finanzieren muss, ist die Sache jedoch deutlich komplizierter. Die Summe, die er braucht, ist hoch: 800 Euro im Monat für fünf Jahre sind beispielsweise 50.000 Euro. Bekommt er einen Kredit in dieser Höhe, was auch bei einem Zinssatz von 3 % nicht ganz offensichtlich ist, muss er hohe Kreditzinsen zahlen, da er erst am Ende des Studiums mit der Rückzahlung beginnt. Andererseits ist die Kreditaufnahme ein großes Risiko, wenn die Berufsaussichten nicht gesichert sind oder die angestrebte Ausbildung sehr selektiv ist und man bereit sein muss, mit diesem Risiko zu leben.

Der Staat garantiert seinerseits Darlehen für jeden Studenten, der sie beantragt. Genauer gesagt garantiert es 70 % des Ausfallrisikos, aber das Darlehen darf 15.000 Euro nicht überschreiten. Es handelt sich also um ergänzende Hilfen und nicht um globale Lösungen. Der Staat rechtfertigt sein Eingreifen mit den Schwierigkeiten der Studenten, abgesehen von denen der Grandes Ecoles, Gelddarlehen zu erhalten. Tatsächlich haben

300.000 Studierende, also jeder achte, einen Bankkredit aufgenommen. Aber die Hälfte derjenigen, die dies tun wollten, wurden durch das Fehlen einer gemeinsamen Bürgschaft blockiert, gibt die spezialisierte Website Financetesetudes.com an. Das Sprichwort „nur Reiche leihen" trifft hier sehr gut zu. Sollen wir reklamieren? Sicher ist das nicht, denn erstreckt sich das Darlehen auf eine weniger einträgliche Ausbildung als die Grandes Ecoles, stellt sich wie in angelsächsischen Ländern die Risikofrage. Im Vereinigten Königreich, das im September 2012 eine Strategie von High-College-Gebühren (9.000 Pfund oder 10.700 Euro pro Jahr) als Gegenleistung für die Zulassung zu staatlich garantierten Krediten für Zweitstudierende eingeführt hat, können 35 % bis 40 % der Vorschüsse gewährt werden nicht erstattet werden, wie aus einem Bericht des Ausschusses für öffentliche Mittel hervorgeht. Heute zahlen englische Zweitbesetzungen einen Teil in echtem Geld und wagen sich für das Gleichgewicht in die roten Zahlen, mehr als 25 oder 30 Jahre im Großen und Ganzen. Die Kreditrate liegt teilweise bei bis zu 9 %. Im Jahr 2013 ging die Zahl der Einschreibungen an Colleges um 6 % zurück, während die Zahl der Zweitbesetzungen, die die Sekundarschule verließen, ziemlich konstant blieb; die Kosten der Überprüfung scheinen einen abschreckenden Unterschied zu machen. In den USA belaufen sich Zweitbesetzungsdarlehen auf die kosmische Summe von 1.200 Milliarden Dollar. Allein staatliche Kredite beeinflussen 37 Millionen Menschen. Wie vom Establishment for School Access and Achievement angegeben, mussten 71 % der Absolventen des Jahres 2012 einen Bankkredit zurückzahlen. Insgesamt belief sich ihre Summe 2014 auf 33.000 US-Dollar. Rückzahlungen sind gedeckt (früher 15 % des Gehalts, jetzt 10 %), was sie langfristig verlängert: Zahlreiche 50-Jährige haben die Rückzahlung ihrer Zweitbesetzungsdarlehen nicht abgeschlossen. Ohne familiäre Hilfe kann ein New Yorker Zahnmediziner mit einer Verpflichtung von 400.000 Euro beschwert seinen Beruf beginnen! Man kann sich bei einer solchen Gesamtsumme vorstellen, was die Zinsbelastung angeht ... was Auswirkungen auf die von den Patienten bezahlte Rechnung haben wird.

Die Ausfallrate bei diesen Vorschüssen lag 2013 bei 12 %, doch diese Zahl spielt das Problem herunter. Um ehrlich zu sein, sind Zweitbesetzungen von der Ratenzahlung ausgeschlossen, bis sie keine Absolventen sind. Verbunden mit der Anzahl der Personen, die ihre Verbindlichkeiten zurückzahlen müssen, ist es sogar ein Viertel der ehemaligen Zweitstudierenden, die in Zahlungsverzug geraten. Dieser aktuelle Umstand ist nicht schwer zu erklären: 30 % der verschuldeten Studenten haben keinen Abschluss gemacht. Andere sind arbeitslos oder haben später Schicksalsschläge erlebt. Wenig überraschend kündigte Amerikas größte Bank, JP Morgan Chase, den Universitäten im Herbst 2013 an, keine Studiendarlehen mehr zu vergeben.

In Frankreich sind wir offensichtlich nicht da. Allerdings ist zu beachten, dass beispielsweise 34 % der Physiotherapie-Studenten im Jahr 2013 einen

Kredit zur Finanzierung ihres Studiums aufgenommen haben. In anderen Bereichen dürfte die Situation ähnlich sein.

45 % studentische Beschäftigte

Das aufkommende Finanzierungsmodell spaltet die Gesellschaft also in drei Teile: Studenten aus der Arbeiterklasse haben Anspruch auf Stipendien, die ihnen das Überleben ermöglichen, die Mittelschichten müssen auf Kredite zurückgreifen und Studenten aus privilegierten Verhältnissen ruhen auf ihrer Familie. Aber wir dürfen nicht vergessen, dass Studenten Geld verdienen können. Umfragen, die regelmäßig vom Observatory of Student Life durchgeführt werden, zeigen, dass der Anteil der Studierenden, die einer Erwerbstätigkeit nachgehen, zunimmt und 2013 45 % erreichte [6]. Noch überraschender ist, dass dieser Anteil unabhängig von der sozialen Herkunft der Studierenden nahezu gleich ist.

Natürlich muss man die Möglichkeit haben zu arbeiten, also die Zeit und die Möglichkeiten. Die wahnsinnigen Arbeitszeiten der Schüler in den Vorbereitungsklassen lassen ihnen dafür wenig Zeit. Umgekehrt sind Studierende der Geistes- und Geisteswissenschaften mit begrenzten Studienzeiten diejenigen, die am häufigsten arbeiten. Die Möglichkeiten sind abhängig von der absolvierten Ausbildung und dem Studienniveau. Aber es ist wichtig, studienbezogene Jobs von anderen zu unterscheiden.

In der Tat verbessern Praktika, Werkstudententätigkeiten oder Sommerjobs, die eine Wertschätzung der erworbenen Fähigkeiten ermöglichen, zweifellos die Ergebnisse der Studenten und ihre berufliche Integration. Mit dem Studium artikuliert, geben sie diesem eine konkrete Bedeutung und stärken die Motivation der Studierenden.

Umgekehrt stellen studienfremde Tätigkeiten das dar, was das Observatory of Understudy Life „studienbegleitende Beschäftigungen" nennt. Sie kosten Zeit, Energie und fügen der Vorbereitung nur sehr wenig hinzu. Diese Positionen sind häufig gering begabt und bestrafen Zweitbesetzungen wirklich, wenn sie bis zu einem gewissen Grad in der Halbzeit ausgeübt werden. Regelmäßig verweigern sie die letzte Option der Kontrolle ihres Stundenplans, da es schwierig ist, zusätzliche Zeit abzulehnen, die Arbeitszeit zu verkürzen, wenn Prüfungen anstehen, und ihren Stundenplan anzupassen, um Illustrationen zu bewerten. zum Semesterwechsel. Diese Positionen verringern offensichtlich den Fortschritt in Tests und erzwingen harte Entscheidungen, die zweifellos in der Übersicht des Observatoriums für das Leben als Zweitbesetzung nachzulesen sind: 33 % der Personen, die nicht arbeiten, möchten dies möglicherweise als solche tun, akzeptieren jedoch, dass sie dies nicht tun ' Sie haben keine Möglichkeit und 20 % der Berufstätigen akzeptieren, dass dies ihre Prüfungen behindert. Wir stellen fest, dass Stipendiatinnen und Stipendiaten seltener arbeiten als die anderen.

Zweitbesetzungen aus bescheidenen Stiftungen sind die Personen, die auf diese Art von Geschäft am meisten ansprechen, während die Übungen der

Nachkommen der Chefs mit ihren Prüfungen verbunden sind, durch Arbeitskonzentration auf Projekte, Einstiegspositionen und offene Türen, die von großen Firmen angeboten werden Zweitstudium an bestimmten Schulen. Ebenfalls zu beachten ist, dass die Zweitbesetzungsplätze der Grandes Ecoles dazu beitragen, zusätzliche Stellen zu sichern.

Bereichern Sie Ihren Lebenslauf

Studentische Arbeit wird zur Norm. Auch hier scheint sich das angelsächsische Modell durchzusetzen. Denn es geht nicht nur darum, das nötige Geld zu verdienen, sondern auch darum, eine gewisse Geisteshaltung zu zeigen. Die in Einstellungsgesprächen und Auswahlverfahren gestellten Fragen deuten darauf hin, dass Berufserfahrung erwartet wird. Der Student, der am Fließband arbeitete, um seinen Urlaub oder sein Studium zu finanzieren, neigte früher dazu, es als eine seinem sozialen Rang unwürdige Episode zu verbergen. Jetzt ist es umgekehrt. Als ich an einer Wettbewerbsjury teilnahm, die Führungskräfte aus dem öffentlichen Dienst rekrutierte, bemerkte ich, dass Kandidaten, Absolventen der Sciences Po oder für die ENA zugelassene Anwälte hervorhoben, dass sie die Ernte gemacht hatten oder Verkäufer bei Decathlon waren, und dass die Jury sie interessiert dazu befragte Erfahrungen. Umgekehrt kann ein guter Student durch eine Frage wie "Was machst du neben dem Studium?" verunsichert werden. ", was im Gegensatz zur Tradition der Prepas steht, in die man wie in die Religion eintritt, indem man „zwei Jahre seines Lebens ankreuzt", wie einige Studenten der CPGE sagen. Die Antwort „mein ganzes Leben widme ich meinem Studium" empfinden sie als nicht richtig, so sehr, dass Ferienjobs mittlerweile auch wie Zeilen im Lebenslauf gestaltet sind. indem er "zwei Jahre seines Lebens abschreibt", wie einige CPGE-Studenten sagen. Die Antwort „mein ganzes Leben widme ich meinem Studium" empfinden sie als nicht richtig, so sehr, dass Ferienjobs mittlerweile auch wie Zeilen im Lebenslauf gestaltet sind. indem er "zwei Jahre seines Lebens abschreibt", wie einige CPGE-Studenten sagen. Die Antwort „mein ganzes Leben widme ich meinem Studium" empfinden sie als nicht richtig, so sehr, dass Ferienjobs mittlerweile auch wie Zeilen im Lebenslauf gestaltet sind.

Paradoxerweise haben wie bei Praktika Studenten aus privilegierten Verhältnissen oft die besten Chancen, Berufserfahrung zu sammeln. Ab dem Ende des ersten Schuljahres absolvieren meine ehemaligen Schüler zweimonatige Praktika in Beratungsunternehmen, Investmentfonds, Werbeagenturen oder audiovisuellen Unternehmen, dh das streben alle Schüler an.

Tatsächlich wird der Zugang zur Beschäftigung für Studenten wie für andere zunächst durch persönliche Beziehungen erreicht. Praktika in der Londoner oder New Yorker Niederlassung eines großen französischen Konzerns landen in der Regel Studenten, deren Eltern im Unternehmen arbeiten oder jemanden kennen dort arbeiten. Sie erhalten oft eine Praktikumsvergütung von 1.000 Euro bis 1.500 Euro im Monat statt der anderswo üblichen Mindestgrenze von 400 Euro ... obwohl sie diese nicht unbedingt benötigen.

Zusammenfassend lässt sich sagen, dass Stipendien nicht ausreichen, um die finanzielle Autonomie eines Studenten zu gewährleisten. Bankdarlehen sind, abgesehen von den profitabelsten Formationen, von begrenzter und gefährlicher Höhe. Studentenjobs sind nicht so leicht zu finden und beeinträchtigen den Prüfungserfolg. Familien bleiben daher an vorderster Front bei der Finanzierung der Hochschulbildung. Können sie es sich leisten? Die Zunahme der Zahl der Stipendien und Bankdarlehen deutet darauf hin, dass dies nicht der Fall ist. Der Widerspruch zwischen dem wachsenden Bedarf an Hochschulbildung und den stagnierenden Mitteln der Familien wird sich daher verschärfen. Zumal es in fast allen Punkten dieselben Gewinner sind: Wohlhabende Familien können problemlos als Bankbürgschaft für ihren Kinderkredit fungieren und das Vorhandensein eines gut gefüllten Kontos in derselben Filiale verpflichtet den Banker praktisch zur Gewährung eines Studienkredits aus Angst, einen guten Kunden zu verlieren. Die am meisten begünstigten Familien sind auch diejenigen, die aufgrund ihrer Beziehungen die besten Jobs und die besten Praktika für ihre Kinder finden.

Die Kluft zwischen zwei Welten wird sich daher wahrscheinlich vergrößern. Auf der einen Seite verfügen die Berufsschulen, von der Informatik über die großen Wirtschafts- oder Ingenieurschulen, über die großen Wirtschafts- oder Ingenieurschulen über erhebliche materielle Ressourcen aufgrund der hohen Beiträge der Studierenden. Bei diesem Preis haben sie ein wenig Mühe, zu rekrutieren, setzen aber zunächst auf wohlhabende Familien und bieten für die anderen, aus dem Mittelstand, effektive Finanzierungslösungen an: Sie können einige Stipendiaten von den Studiengebühren befreien.

Registrierung auf der Grundlage von Förderungen, Abschluss von Vereinbarungen mit Banken, damit Studenten zinsgünstige Darlehen erhalten und die Möglichkeit, Geld zu verdienen, dank dualer Studiengänge, Praktika und verwandter Jobs mit den Fähigkeiten der Studenten,

Andererseits bieten allgemeinbildende Studiengänge, beginnend mit denen an Universitäten, aufgrund fehlender Ressourcen eine geringere Servicequalität, können aber aus politischen Gründen die Studiengebühren kaum erhöhen, bzw. da sie es sehr schwierig finden, sich etwas zu leihen.

1. Im Gegensatz dazu haben die Länder des Nordens wie Dänemark, Finnland und Schweden, die bereits anteilig am meisten in ihre Hochschulbildung investieren, trotz der Krise ihre Budgets erhöht.

2. Lucia DELAPORTE, „Studiengebühren im Hochschulbereich: Die Offensive ist gestartet",

Mediapart, 18. März 2014.

3. Lawrence B.ATSCH, Paris-Dauphine. Wenn die Uni zur Schule wird. Interviews *mit Denis Jambar*, PUF, Paris, 2014.

4. Veronique SWHERE THE, „Sciences-Po: the rise in fresh scares", Befreiung, 7. Juli 2014.

5. Gabrielle FACK und Julien G.RENET, „Verbesserung des Hochschulzugangs und -erfolgs für Studierende mit niedrigem Einkommen: Beweise aus einem großen bedarfsorientierten Stipendienprogramm", PSE Working Paper, No. ach 2013-33, 2013.

6. STUDENT LIFE BSERVATORY, Bezahlte Aktivität, Umfrage zu den Lebensbedingungen der Studenten 2013, www.ove-national.education.fr.

Fazit

U nicht persönliches Wort, zuerst. Auf dieser Stufe, empört über die Vorteile, die Geld im Schulwettbewerb bringt, und über das Schicksal von Familien, die wenig davon haben, kann sich der Leser zu Recht fragen, wie ich gewissenhaft in der Highschool-Öffentlichkeit mit der privilegiertesten Gesellschaft unterrichten kann - professionelle Komposition in der Region Paris. Wie kann ich diese wohlhabenden Studenten unterstützen, gecoacht, betreut, die ohne Schaudern vorhaben, für mehrere zehntausend Euro im Jahr in eine Schweizer Hotelfachschule oder eine spanische Veterinärschule zu gehen? Die Antwort ist ganz einfach: Sie sind im Allgemeinen großartige Schüler.

Sie wollen Erfolg haben, was nicht schlimm genug ist, aber viele haben auch eine echte intellektuelle Neugier und eine gewisse Kultur. Sie sind freundlich, bewusst und dankbar für die Bemühungen, die wir unternehmen, um ihnen zu helfen. Was einen Lehrer motiviert, ist, dass er gebraucht wird. Man könnte sich vorstellen, dass dieses Bedürfnis in schwierigen Stadtteilen am stärksten ausgeprägt ist. Aber er drückt sich aufgrund verschiedener Barrieren oder Hemmungen nur mit großen Schwierigkeiten aus. Im Gegenteil, am Lycée Quesnay zögern die Schüler, besonders die besten, nicht, die Lehrer zu fragen. Es stimmt auch, dass der Druck, der auf ihnen lastet, erheblich ist.

Und dann gibt es neben dem Geld noch die Kultur.

Gewisse bürgerliche Familien vermitteln ihren Kindern tatsächlich neben dem Geld solide Werte. Es gibt noch einige „Erben", um den Ausdruck von Bourdieu und Passeron [1] zu gebrauchen, die die Liebe zur Schule, den Sinn für Information und die oft mit einer strengen Praxis verbundenen humanistischen Qualitäten geerbt haben . Um meine Zweitstudierenden des letzten Jahres mit dem Gedanken der positiven Segregation vertraut zu machen, nehme ich oft als Beispiel die Vorteile, die Zweitstudierenden gewährt werden, wenn sie sich in einem ZEP auf den Eintritt in die Sciences Po konzentrieren. Ist es richtig ? In diesem Jahr testete eine Zweitbesetzung ihre Schulkameraden, die sich auf Sciences Po vorbereiteten und von diesen Vorteilen offensichtlich nicht profitierten: „Sie finden es nicht unvernünftig, dass sie sich ohne den ernsthaften Test im Wesentlichen im Licht koordinieren können davon, dass sie in einem ZEP sind?» Reaktion einer großartigen Zweitbesetzung, die kürzlich entdeckt hat, dass sie die Opposition der Sektion bombardiert hat: «Das wird niemals die Vorteile wettmachen, die uns unser sozialer Anfang bringt. „Es ist im Grunde so schön wie Mats Wilander, der ein Schiedsrichterproblem überarbeitet, um sich selbst beim Matchball zu unterstützen.

Es ist auch sehr klar. Jugendliche sind dort, wo ihnen ihre gesellschaftliche Anfänge zustehen, in einem Schulsystem, das nie groß war, aber unterirdisch eine entscheidende und riskante Wendung nimmt. Dieser Rahmen ist derzeit noch nicht die staatlich geförderte

Ausbildungsverwaltung, in der ich geprüft habe und in der ich fortan tätig war. Es ist alles andere als ein Problem, den unvergleichlichen Satan der Kommerzialisierung der Schule zu erschüttern, der den multinationalen Unterrichtskonzernen vermittelt wird. Das Zentrum des französischen Schulsystems bleibt öffentlich und kostenlos. Angesichts des Zusammenbruchs der mittellosen öffentlichen Hilfe und eines außergewöhnlich beeindruckenden sozialen Interesses, das von der verzweifelten Sehnsucht der Erziehungsberechtigten angetrieben wird, ihre Kinder in den Aufzug zu bringen, ist jedoch in letzter Zeit ein anderes und starkes vertrauliches Angebot gezündet worden. staatliche Hilfen zu erhalten oder sie jedenfalls vor Arbeitslosigkeit zu bewahren.

Schattenschule _

Der Ausbau dieser neuen Angebote macht System. Die Inseln der privaten Schulbildung bilden ein Archipel mit grenzenlosen Auswirkungen, gleichsam ein Schattenbildungssystem. Wie die Schattenfinanzen ist auch die Schattenschule eine weltweite Ungeheuerlichkeit, die sich schnell vor unseren Augen entwickelt hat, ohne dass wir es bemerkt haben. Sie entfernt sich wie die Schattenfinanzierung von der Leitlinie der Spezialisten. Wie sie ist diese Schattenschule wirklich nützlich und der Weg dorthin ist bares Geld.

Diese neue Anordnung führt zu neuen Disparitäten. Von hier an, auf unbestimmte Zeit, unterstrich der Vortrag über lehrreiche Ungleichgewichte, der von Pierre Bourdieu außergewöhnlich hervorgehoben wurde, die Aufgabe der Familienkultur, die der Schule ziemlich nahe kommt, über den unterschiedlichen Grad an Informationen über ein verdecktes Bildungssystem für Erziehungsberechtigte, von denen einige zu echten Experten in der Verwaltung der "Schulberufe" ihrer Jugendlichen geworden sind. Zu diesen durchgängig vorhandenen Variablen kommt derzeit noch die monetäre Komponente hinzu. Die monetäre Variable, die von Soziologen im Allgemeinen nicht beachtet wird, wird nicht einmal vom Programm für finanzielle Aspekte und Soziologien der Sekundarstufe in dem Abschnitt erwähnt, der sich der sozialen Übertragbarkeit und der Schule widmet.

Die Wahl des Bargelds beeinflusst neue Versammlungen. Tatsächlich spüren die regulären Arbeiter die negativen Auswirkungen der neuen Spielprinzipien ebenso wie die alten, aber die informierten Arbeiterschichten sind derzeit ebenfalls betroffen. Während ihre Einsicht in die Rahmenbedingungen und ihre Fähigkeit, ihren Kindern zu helfen, ihnen eine anständige Gelegenheit gab, sie zu ihrem potenziellen Nutzen zu nutzen, sind sie derzeit gezwungen, die obersten Interessen in der Schule zu übernehmen , um die Zukunft ihrer Kinder zu sichern. Kinder . Als sie auf die Schule wetten, entdecken sie den schwindelerregenden Anstieg ihrer Kosten, der den Schulwettbewerb auf ein Gebiet verlagert hat, das ihnen nicht gehört.

Wie sind wir dorthin gekommen?

Es ist tatsächlich so, dass die Schule nicht von ihrem aktuellen Umstand loskommt, wo der Abrutsch begann. Arbeitslosigkeit schmerzt in erster Linie Erziehungsberechtigte und manchmal auch Kinder enorm. Das Zertifikat wird als obligatorischer Einstiegspunkt ins Geschäft angesehen; Familien bereit sind, ihren Jugendlichen erfolgreich die Aufnahme zu ermöglichen. Der soziale Dissens breitete sich dann aus.

Instruktive Arrangements übernehmen ebenfalls ihren Teil. Die endlich erreichte praktische Einheitsschule, dann die Einführung von Sekundarschulen und die Ausweitung der Zahl der Absolventen schufen die Voraussetzungen für eine erhöhte Rivalität auf allen Ebenen des Bildungssystems. Früher gab es nicht das eine Bildungssystem, wie wir gerne meinen, sondern ein paar gleichberechtigte Rahmenbedingungen, geplant für verschiedene soziale Einordnungen. Die Möglichkeiten für ein paar hervorragende Untertanen der einfachen Arbeiterschaft, an den erstklassigen Kursen teilzunehmen, die für den Nachwuchs der Bourgeoisie abgehalten werden, genannt konservativer Elitenismus, verschleierten diese Realität idealerweise.

Mit der Massenschule, die fast allen offen steht, ist der Schuldissens zurückgegangen. Vormünder von Sonder- oder Arbeiterstiftungen sind jedoch nicht bereit, dies anzuerkennen. Sie stellen es direkt wieder her, indem sie praktikable Unterrichtsklassen erstellen, deren erheblicher Aufwand die meisten Zweitbesetzungen vermeidet. Soziale Meinungsverschiedenheiten werden ebenfalls auf Umwegen durch die Hackordnung von Nachbarschaften und Stiftungen und die Unterstützung, die beim Erwerb von Zweitlernern entsteht, rekonstruiert , was zu einem Anstieg des Anteils an guten Komponenten führt. Um erfolgreich zu sein, reicht es derzeit nicht aus, sich richtig auszudrücken und seine Lektionen gut zu lernen. In Eliteschulen ist der Anteil der Schüler, die in allen Fächern, zweisprachig,

Dabei zählt jeder mobilisierbare Nutzen: Qualität der Schule, Coaching, akademische Betreuung. Die Vermassung der Schule hat auch die Auswirkungen kleiner Unterschiede im Niveau der Abschlüsse auf die Karriere vervielfacht, die Investitionen auf manchmal verrückte Weise fördern – es kommt beispielsweise vor, dass ein an der ESCP Europe angenommener Student wiederholt HEC hat, zum Beispiel. Eine Minderheit verfügt über beträchtliche finanzielle Mittel und stellt diese Ressource in den Dienst des Erfolgs ihrer Nachkommen. Diese Zahlungsbereitschaft ist nachvollziehbar: Wie können Sie Ihrem Kind die Einschulung in die Schule seiner Wahl oder erfolgsfördernde Zusatzstunden verweigern? Bildung ist neben Gesundheit der Bereich, in dem Familien ihre finanziellen Möglichkeiten ausschöpfen. Diese Nachfrage schafft ein Angebot, das an jeden Geldbeutel angepasst ist und daher bis zu sehr guten Dienstleistungen reichen kann.

Schließlich werden die öffentlichen Gelder knapp. Das nationale Bildungsbudget hält nicht mit den Veränderungen der Demografie und der Kosten Schritt. Die Qualität der angebotenen Bildung verschlechtert sich und die Rekrutierung qualifizierter Lehrkräfte wird schwieriger. So viele Lücken, die den Privatsektor nähren. Und das Wunder der Marktwirtschaft geschieht: Das Angebot stellt sich sofort der Nachfrage

Fatalitas?

Durch die Verallgemeinerung eines kleinen, in der Lage zu sehenden Umstands, wie er folgt: Innerhalb der Balance zwischen offen und privat, die gemischte Ökonomien wie die französische Wirtschaft kennzeichnet, wurden die Waagschalen seit einem Vierteljahrhundert zugunsten der letzteren gekippt. Die Komponente der Unterrichtsarbeit findet sich im Bereich des Wohlbefindens oder der Leistungsverwaltung wieder. Jedes Mal führt die unter dem Titel Haushaltsanpassung und Wettbewerbsfähigkeit gewählte Verringerung der offenen Spekulation zur Korruption des gewährten Nutzens, auf diese Weise zur Schaffung eines privaten Angebots an der Wurzel einer Trennung durch Bargeld: das Private ist für diejenigen, die zahlen können, die Öffentlichkeit, für andere. Um diesen zweistufigen Rahmen politisch tragbar zu machen, werden kostenlose Kurse der Größe aufrechterhalten und Stipendien befähigen ein paar Zweitstudien aus bescheidenen Stiftungen, die Statur zu erreichen; aber diese Ausnahmen, die den Lauf der Show bestätigen, dienen als plausible Entschuldigung. Der Standpunkt ist oder vielleicht entmutigend. Können wir uns dem entziehen? Im gegenwärtigen Klima des Stillstands überwältigt die Unterwerfung unter das Unvermeidliche. Bildung bezahlen, um ihre Qualität zu erhalten? Die kostenlose Bildung ist in Schweden gesetzlich verankert, und die Schulen dort haben die Mittel, um zu funktionieren. Räumliche Trennung? Das Affelnet-Verfahren veranlasste ihn, in Paris in die Öffentlichkeit zurückzutreten; Der private Sektor könnte sehr gut in die Schulkarte integriert werden. Im Vereinigten Königreich oder in Spanien brach die Quotenpolitik den Trend. Die bezahlten Vorbereitungen , die von der Konkurrenz unerlässlich gemacht wurden? Es entstehen Initiativen , um Lösungen zu finden, wie z. B. SOSciencespo: Studenten von Sciences Po helfen Kandidaten beim Verfassen ihres Anschreibens, geben ihnen Probeprüfungen und beantworten ihre Fragen.

Die Fortsetzung aktueller Trends ist daher keineswegs zwangsläufig. Die Entwicklung unseres Schulsystems könnte auf anderen, gerechteren und effektiveren Grundlagen aufbauen. Denn der Kampf gegen das Schulversagen der Ärmsten ist heute der sicherste Weg, die Leistungsfähigkeit unseres Schulsystems zu verbessern und den gesellschaftlichen Zusammenhalt zu stärken.

Es ist eine gesellschaftliche Entscheidung.

DANKE SCHÖN

DAS ENDE

Buchseite

www.ingramcontent.com/pod-product-compliance
Lightning Source LLC
Chambersburg PA
CBHW052341220526
45465CB00003BA/901